LE LIVRE DU DIVAN

STENDHAL

HISTOIRE DE LA PEINTURE EN ITALIE

I

ÉTABLISSEMENT DU TEXTE ET PRÉFACE PAR
HENRI MARTINEAU

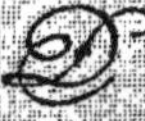

PARIS
LE DIVAN
37, Rue Bonaparte, 37

MCMXXIX

HISTOIRE
DE LA PEINTURE
EN ITALIE

I

CETTE ÉDITION A ÉTÉ TIRÉE A 1.825 EXEMPLAIRES : 25 EXEMPLAIRES NUMÉROTÉS DE I A XXV SUR PAPIER DE RIVES TEINTÉ, ET 1.800 EXEMPLAIRES NUMÉROTÉS DE 1 A 1.800 SUR VERGÉ LAFUMA.

EXEMPLAIRE № 1266

STENDHAL

—

HISTOIRE
DE LA
PEINTURE
EN ITALIE

Les Carraches s'éloignèrent de l'affectation qui était à la mode, et parurent froids.
Tom. V.

TOME PREMIER

PARIS
LE DIVAN
37, Rue Bonaparte, 37

MCMXXIX

PRÉFACE DE L'ÉDITEUR

La vraie découverte de l'Italie par Henri Beyle a lieu en 1811, lors de son second séjour sur cette terre des arts et de la volupté. Onze ans auparavant, quand il s'enivrait de liberté pour la première fois et qu'il humait pour ainsi dire dans l'air un parfum qui le grisait déjà, mais dont il ne devait découvrir les vraies sources que de longues années plus tard, il ne faisait en effet que pressentir tous ces plaisirs du cœur, des sens et de l'esprit, qu'il appelait dès cette heure avec tant d'avidité. Sa trop grande jeunesse, sa timidité, la sujétion de son emploi administratif, puis de ses devoirs de soldat, l'empêchèrent d'organiser sa vie à sa guise. Par surcroît il était malade et n'avait guère plus d'assurance que d'argent. Aussi regagna-t-il la France en emportant de la patrie de ses rêves une vision charmante et de lourds espoirs, plutôt qu'une connaissance avertie.

Il devait attendre dix ans l'occasion d'y retourner. Il revient alors en touriste, la poche suffisamment garnie, maître de tout son temps, et il a la chance de rencontrer dès ses premiers pas à Milan cette grande passion sans quoi la vie lui paraîtra toujours sans goût. Toutefois il n'est pas tellement occupé d'Angela Pietragrua qu'à Milan, à Bologne, à Florence, puis à Rome et à Naples, il n'ait le loisir de visiter les musées et les églises. Il sent même d'autant plus profondément la beauté esthétique qu'il est amoureux : la contemplation d'un tableau voluptueux le dispose aux émotions tendres qu'il attend encore de sa maîtresse.

Il sait en outre « qu'en étudiant les beaux-arts on apprend à les sentir[1] *», et que la jouissance d'un amateur est d'autant plus grande que sa science est plus approfondie. Aussi déplore-t-il son ignorance et éprouve-t-il le besoin de guides qui lui apportent pour les beaux-arts l'équivalent de ce que le* Lycée *de la Harpe lui a enseigné sur les belles-lettres. Il achète quelques ouvrages spéciaux, au premier rang desquels la* Storia pittorica dell'Italia *de Lanzi. Il en fait des résumés dont il aperçoit aussitôt tout le profit qu'il pourra tirer.*

Il songe donc, — et cette première idée

1. *Vies de Haydn, de Mozart et de Métastase*, édition du Divan p. 72.

lui vient le 29 octobre 1811[1], *— à composer pour lui-même un précis de peinture, tout fait de traductions et de morceaux choisis. Sans perdre une minute, et entre deux rendez-vous, il se met à noircir du papier.*

Rentré à Paris, avec cet esprit méthodique et toujours réfléchi qu'il faut bien lui reconnaître même au cours de ses plus fougueux emballements, Beyle se met en mesure de réaliser son projet. Il va acheter rue de la Michaudière de gros registres reliés en vert, et il s'attelle à la tâche avec d'autant plus d'ardeur qu'en écrivant sur la peinture et sur l'Italie il lui semble encore « parler d'amour » à ce beau pays, ainsi qu'à la maîtresse qu'il brûle de revoir et dont il trace le nom en tête de son travail.

Il est soutenu de plus par la pensée que cette histoire, comblant une lacune de la librairie en France, pourra trouver facilement un éditeur et lui procurer assez d'argent pour hâter son retour en Italie. Qui sait même si l'auteur n'en saurait tirer ce renom littéraire auquel, abandonnant pour un temps ses comédies, il n'a certes point renoncé?

Dans une note marginale de son manus-

1. Et non pas seulement en 1813 comme il l'a écrit plus tard sur un exemplaire des *Vies de Haydn*, etc. Cf. édition du Divan, p. 73.

crit il explique, le jour où il trace les premières lignes, pourquoi il entreprend une aussi considérable besogne:

« Je compte un jour retourner en Italie et la voir à mon aise. Il y a quatre choses à observer : la nature du sol, le climat et les beautés naturelles, comme la vallée d'Izelle, la vue du Vésuve, etc...

2° Le caractère des habitants.

3° La peinture et les autres arts du dessin.

4° La musique.

Pour avoir du plaisir par ces deux derniers moyens, j'avais besoin d'étudier ces arts et d'avoir pour la peinture un indicateur fait par moi, afin que les sentiments d'un auteur quel qu'il fût ne vinssent pas troubler les miens et me porter à la discussion au moment où il faut sentir. J'ai donc résolu de faire un extrait de l'histoire de la musique de Burney et un autre extrait de celle de la peinture, qui formeront mon vade-mecum, si jamais je retourne *in quel pezzo di ciel caduto in terra.* »

Ce programme, si vaste qu'il soit, Beyle l'a à peu près complètement rempli. La nature du sol, le climat, les paysages et le caractère des habitants, sans compter tant de regards pénétrants sur les arts, voilà le sujet des deux éditions de Rome, Naples et

Florence, *en 1817 et en 1826, comme des* Promenades dans Rome, *en 1829. La musique est étudiée à son tour dans les* Vies de Haydn, Mozart et Métastase, *en 1814, et dans la* Vie de Rossini, *en 1824. Pour la peinture, les lecteurs connaissent les deux tomes de l'*Histoire de la peinture en Italie, *parus en 1817.*

Encore ces deux tomes, les seuls que publia Stendhal, ne traitent-ils que de la seule école de Florence et n'ont-ils utilisé qu'une partie, une petite partie, un tiers environ, des treize gros cahiers verts où en sept mois, à partir du 4 décembre 1811, l'auteur a fait copier l'ébauche presque complète de sa grande histoire générale.

***

Depuis son retour à Paris à la fin de 1811 et jusqu'au 30 mai 1817, date où il envoie à son imprimeur sa dernière copie et ses dernières corrections, Beyle ne cesse guère cependant de penser à ce vaste ouvrage. Si, la première esquisse une fois terminée, il ne lui donne plus ses soins que par à-coups, du moins ne le perd-il jamais de vue et, durant toutes les étapes d'une vie alors bien mouvementée, en refait-il avec obstination les principaux chapitres.

Partant pour la Russie, environ le temps qu'il vient de terminer son esquisse générale, Beyle en emporte une copie que, dans le désordre de la retraite, il perd avec toutes les corrections dont il l'avait enrichie.

A son retour, les loisirs lui manquent, et surtout le goût de se remettre au travail. A Sagan seulement, où en 1813 l'ont conduit ses fonctions, il a l'idée de prendre dans son journal quelques pages sur la psychologie des Allemands pour en illustrer sa théorie du beau idéal moderne.

Ce n'est ensuite qu'après la chute de l'Empire, quand ayant mis très vite sur pied ses Vies de Haydn, de Mozart et de Métastase, *que Beyle en Italie se replonge vraiment dans les manuscrits de son* Histoire de la Peinture. *A peine arrivé à Milan, il jette successivement sur le papier, les 14 et 20 août 1814, les premiers brouillons de son introduction, presque entièrement extraite de Robertson. Ainsi qu'il le note sur la couverture de ses cahiers, il ne saurait plus y avoir désormais pour lui de bonheur sans travail. Il écrit avec délices d'abord: il est tout heureux de la rêverie que font naître en lui la musique et l'amour; et cette rêverie lui suggère sur l'art des pensées gracieuses et fécondes. Mais bientôt, il cherche plutôt à se consoler de ses premières brouilles avec la*

Pietragrua; assez bon psychologue pour savoir qu'il trouvera, sinon l'oubli complet du moins une distraction suffisante, dans la poursuite ininterrompue de son aride besogne. Au lieu de se tuer, comme il en eut un instant l'idée, il s'enivre des idées nouvelles qui montent en lui sous la dictée du désespoir. Il éprouve vraiment que l'art est « comme un refuge ouvert aux cœurs infortunés ». Il biffe sur ses papiers jusqu'au nom de l'infidèle, et apprenant le 14 janvier 1815, la mort de la comtesse Daru, il décide de dédier à sa mémoire l'œuvre en train, dont il se plaît toujours à attendre la gloire.

Ainsi toutes les réflexions personnelles, toutes les théories générales qui lui viennent sous l'empire de la passion, les thèses souvent hasardeuses qu'il ébauche dans la joie ou la douleur, il les incorpore patiemment à l'amalgame des traductions diverses et des résumés de lecture qui formaient la première trame de cette Histoire. Ce n'est que par refontes successives, repentirs continuels, qu'il arrive à donner à celle-ci une couleur personnelle.

A l'époque où il commence d'en écrire, Henri Beyle ne sait en effet pas grand'chose de l'histoire des peintres. Il emprunte de toutes mains aux auteurs qu'il consulte et il s'approprie souvent des pages entières auxquelles il ne fait subir que de légers changements. Par ailleurs, il condense, coupe ou allonge, mêlant à plaisir le bien d'autrui de ses réflexions personnelles. Il ne lui est pas loisible en premier lieu de modifier les dates ou les particularités des existences qu'il retrace, ni, dans leurs grandes lignes, les descriptions des tableaux dont il parle. Il y a là toute une matière que les critiques d'art ne peuvent que répéter à l'envi. Beyle, de plus, est trop ignorant encore, il a trop peu vu par lui-même il se méfie à juste titre de son propre jugement; aussi n'a-t-il nulle vergogne de faire siens les rapprochements et les classifications d'autrui. Du reste, presque partout au cours de son travail, il inscrit dans la marge le nom de l'auteur qui l'a documenté. Sans doute, le faisait-il pour pouvoir, le cas échéant, retrouver ses références, et cette précaution a bien facilité la tâche de tous ceux qui ont entrepris de rechercher ses sources. Son ouvrage, en effet, est aux deux tiers, une sorte de compilation; mais compilation dont l'auteur a vraiment lu et si bien fondu ensemble une quantité énorme de matériaux divers que, n'y eût-il rien ajouté de personnel, et nous verrons que tel n'est pas son cas, il eût encore fait œuvre quasi originale en juxtaposant dans une aussi adroite mosaïque tant de rensei-

gnements disséminés. Faut-il citer ici, avec les noms de Mengs, de Quatremère de Quincy, de Reynolds, ceux de Lanzi, Bossi, Amoretti, Venturi, Vasari, Condivi et Cicognara, et de tant d'autres[1], *plus ignorés encore, et que Beyle a su utiliser avec fruit?*

Rappelons une fois pour toutes qu'étudiant les tempéraments et les caractères, ce livre doit également beaucoup à Cabanis, à Lavater et à Pinel, comme aussi à l'abbé Dubos et, sur les mêmes sujets et dans son étude des anciens, à Montesquieu sous l'influence de qui il fut du reste entièrement écrit. Ses chapitres courts et bondissants, où une pensée parfois obscure s'exprime volontiers sur le ton tour à tour de l'épigramme et de l'éloquence fleurie, en témoignent assez.

Pour les anecdotes qui ajoutent tant de piquant au récit, elles sont prises dans les livres des écrivains qui ont, avant lui, voyagé en Italie : Guichardin, de Brosses, Lalande, Ancillon.

Il ne faut pas oublier enfin que Beyle prend systématiquement le contrepied des

1. Pour le détail des emprunts de Stendhal il faut se reporter aux travaux capitaux de M. Paul Arbelet qui les a minutieusement étudiés d'abord dans une grosse thèse de doctorat : *L'Histoire de la Peinture en Italie et les plagiats de Stendhal*; Paris, Calmann-Lévy, 1914, — et ensuite dans sa très précieuse édition de l'*Histoire de la Peinture en Italie*, chez Champion, en 1924.

idées, alors célèbres, de Winckelmann qu'il feint avec malice du reste d'ignorer. Il n'en combat que plus directement sa théorie d'un beau idéal fixe, traditionnel et qui convient à tous, pour affirmer au contraire qu'il existe autant de types de beauté que l'on peut dénombrer de races, de gouvernements et de climats.

Bref, comme il l'écrit lui-même, à plusieurs reprises, en marge de ses brouillons : « Sur vingt pages, dix-neuf au moins sont traduites, et, si je n'ai pas cité les originaux, c'est pour ne pas distraire l'attention du lecteur par huit ou dix noms accumulés constamment au bas de chaque page. »

Toutes ces raisons ne sont pas de mauvaises défaites ; d'autant plus qu'il ne publia pas son livre sous son nom et que suivant sa propre expression un anonyme ne peut pas être un voleur de gloire. *Il importe surtout de bien tenir compte des mœurs du temps : on était d'ordinaire, il y a cent ans, aussi sobre de références qu'on l'est peu aujourd'hui où l'on se plaît à en accumuler, sans prendre garde que les notes copieuses et la pesante érudition masquent bien souvent une absence totale de pensée.*

C'est la pensée au contraire qui importe à Beyle. La pensée et son expression. Aussi soigne-t-il son style, pourchasse-t-il les négligences, les platitudes, en même temps qu'il estompe pour ainsi dire les morceaux trop brillantés. Déjà, comme durant toute sa vie, il entend bien ne jamais écrire comme Rousseau ou Chateaubriand : il a horreur de leur emphase. Il recherche une élocution simple et claire, d'où la pensée jaillira dans toute sa nudité vigoureuse.

Beyle se conforme de plus en plus vers cet idéal à mesure qu'il recopie son ouvrage dont toutes les parties ont été refaites plusieurs fois, comme l'attestent les quatre états successifs de la Vie de Michel-Ange *qu'on a retrouvés dans ses papiers. En même temps, passionné de faits et d'idées qu'il prend partout où il les trouve, il truffe sans cesse le bien d'autrui de réflexions personnelles si nombreuses et si importantes que son travail, quel que soit le nombre des éléments empruntés qui s'y rencontrent, finit par figurer un dessin précis et qui toujours est si bien à lui, et est si bien lui-même, qu'on y peut relever à chaque page quelques-unes des idées propres du beylisme. Aussi demanderons-nous à tous ceux qui le dédaignent le plus aujourd'hui s'ils pensent découvrir chez beaucoup de critiques d'art de notre époque moins d'emprunts à leurs devanciers, en même temps qu'un accent si particulier qu'on ne puisse le confondre avec aucun autre ? Est-il également un seul de ces critiques assuré de se faire lire, et de susciter encore tant d'intérêt, dans cent ans*[1] *?*

Il est en effet remarquable de voir combien la formation intellectuelle de Stendhal fut précoce. Il se cultivera toute sa vie, s'amplifiera constamment, mais très jeune il était déjà en possession de cette méthode pour goûter la vie et toutes ses manifestations qu'il n'abandonnera plus désormais.

Quand il commence à étudier la peinture, il peut bien en ignorer autant les œuvres que l'histoire, il pressent néanmoins ce qu'il y veut découvrir, ce qui doit satisfaire le mieux ses goûts et son intelligence.

*
* *

Encore élève à l'école Centrale de Grenoble, il avait montré quelque disposition pour le dessin et avait même obtenu dans cette branche un accessit et un prix. Celui-ci consistait dans l'ouvrage de l'abbé Dubos : Réflexions sur la poésie et la peinture. *Il y devait puiser — plus que dans les cours où son maître L.-J. Jay lui racontait la vie des grands artistes, — ces premières idées qui forment les assises élémentaires*

1. Cf. sur cette question des plagiats de Stendhal les *Vies de Haydn, de Mozart et de Métastase*, édition du Divan, préface de l'éditeur, pp. XXIII-XXVII.

de son système des beaux-arts. Elles devaient d'autant plus le séduire qu'elles cadraient exactement avec ce que par ailleurs lui enseignait son grand-père Gagnon sur la connaissance du cœur humain : un peintre doit s'attacher avant tout à l'expression et pour cela bien connaître les passions.

En ce temps, les arts, suivant sa propre expression, « s'emparaient de son imagination, par la voie des sens ». Les émotions chez lui ne naîtront jamais autrement et les idées mêmes n'auront souvent pas d'autres sources : les sens sont frappés, l'imagination s'enflamme et la faculté raisonnante entre en jeu pour disserter à son tour et décupler tout plaisir par une analyse infinie.

A cette époque, où ses sens s'éveillent le livre de l'abbé Dubos arrive donc à point pour le conduire, avant même qu'il ait connu et étudié les œuvres, à les classer et à en expliquer les origines. Il admet aussitôt avec son guide que les climats, ayant engendré les différents empéraments, influent au premier chef sur les passions et expliquent pour une bonne part la genèse des arts. C'est une donnée acquise et que plus tard il n'aura qu'à fortifier et à enrichir. La découverte de l'Idéologie de Destutt de Tracy achèvera bientôt de le pousser dans une voie que de son existence entière il n'abandonnera plus.

Pour le moment, à Paris qu'il vient de gagner après ses succès en mathématique, il poursuit assidûment son éducation artistique : il connaît le Louvre et se fait même inscrire, le 4 Ventôse an VIII, à l'école des Beaux-Arts, où il a pour professeur le peintre Regnault.

Mais deux mois plus tard son cousin Daru l'emmène à sa suite en Italie. Durant ce premier voyage, Beyle, nous l'avons vu, n'a guère le temps ni surtout l'occasion de s'occuper d'art plastique.

A son retour en France, nous le savons par son Journal, *il fréquente le Louvre. Puis dans les années suivantes, il visite tour à tour les musées d'Allemagne. Les œuvres d'art l'intéressent de plus en plus et il a une mémoire visuelle à ce point précieuse qu'il n'oublie plus ce qu'il a vu.*

Se montrant déjà moins sensible à la couleur qu'à la ligne, fidèle en cela aux préceptes de l'abbé Dubos, il cherche surtout l'expression humaine dans un tableau. Ce qu'il y prétend découvrir avant tout, c'est le sentiment, la passion : il aime la peinture, comme il aimera la musique et le paysage lui-même, en psychologue.

Presque à la fin de sa vie, dans son Voyage dans le midi de la France, *il* *affirme ainsi préférer souvent Lesueur à Poussin, parce qu'il lui trouve plus d'ex*pression. *Toujours il exalte l'âme qui a quelque chose à dire et non les qualités techniques du peintre.*

Ne nous étonnons donc pas si dans le livre qu'il lui a plu de consacrer à la peinture, ces mêmes préoccupations dominent d'un bout à l'autre. Elles revêtent du reste son œuvre d'une teinte uniforme, elles en font un ensemble presque homogène. L'auteur s'efforce de la pousser ainsi de plus en plus dans une direction si rigoureuse qu'on y peut aussi bien voir une étude de l'homme qu'une étude des beaux-arts.

Mais ni le style propre de Stendhal, ni le parti-pris de tout ramener à la psychologie, n'auraient pu produire à eux seuls cet effet de parfaite unité si le procédé de composition ne le mettait encore en lumière. Tous les traits de mœurs, les anecdotes que Beyle emprunte à tant et tant d'historiens ses prédécesseurs, il les adapte à sa propre taille. Il ne craint pas de se mettre partout en scène, imaginant d'avoir passé trois ans en Toscane pour étudier l'art du pays, disant qu'il a fréquenté les bourgeois de Paris sous la Révolution, ajoutant que tel jour il se trouvait en tel lieu, accumulant des affirmations dont l'inexactitude même confère du mouvement, de la vraisemblance et de la vie à cette œuvre touffue, compliquée, paradoxale, qui aurait pu être ennuyeuse et qui ne l'est jamais[1].

*
* *

Il ne faudrait croire cependant ni que tous les jugements de Beyle ne fassent que calquer ceux de ses contemporains, ni non plus que tout soit invention dans son livre. Il y a encore beaucoup de vérité et de bon sens dans ce qu'il y apporte lui-même. Quand parut l'ouvrage, l'auteur possédait l'acquit de longues années d'études et d'observations attentives que facilitaient encore son don de réflexion et son excellente mémoire visuelle. N'oublions pas que Delacroix qualifiait de « morceau de génie » sa description du Jugement dernier de Michel-Ange. Et l'on chercherait avant lui quel autre écrivain a insisté avec autant de netteté et de force sur le fait qu'il faut encadrer l'histoire des peintres dans celle

1. Pas plus que je n'ai pensé à surcharger cette édition de notes pour relever les erreurs de Beyle que la lecture d'un dictionnaire suffit à rectifier, je n'ai cru devoir chaque fois indiquer que les dates de ses voyages sont presque partout de pures fantaisies, que souvent il parle de villes qu'il n'a pas visitées et qu'il décrit des tableaux qu'il n'a point vus. Ainsi il n'est pas allé à Londres avant la publication de son livre ; il se ne trouvait pas sur les rives du Niémen le 6 juin 1812 ; il n'a pas lu Shakespeare à Rome, en 1802, avec son ami Crozet (appelé Seyssins dans le livre), etc. etc...

de leur temps. C'est ce qu'a bien exprimé le juge le plus autorisé, M. Paul Arbelet, et qui sur ce chapitre lui fut cependant toujours sévère, quand il assure que Stendhal mieux que quiconque possédait le sens aigu de l'histoire.

*On ne doit pas au surplus juger les deux tomes de l'*Histoire de la Peinture en Italie *comme il serait permis de le faire pour une œuvre achevée. Beyle n'a donné en réalité que l'histoire de la peinture florentine. Qui voudrait connaître le jugement de l'auteur sur les peintres des autres écoles, et savoir ce qu'il goûtait entre toutes choses, devrait ouvrir encore, à défaut des manuscrits inédits,* Rome, Naples et Florence, les Promenades dans Rome, les Mémoires d'un Touriste, *ces pages inachevées et ces « salons » aux idées piquantes, dont une partie seulement a été réunie dans un volume de* Mélanges. *Là Beyle juge encore en toute alacrité les grands peintres de tous les temps et les artistes, ses contemporains. Là, il explique que Raphaël et Le Corrège lui donnent de ces émotions douces et voluptueuses du genre de celles qu'il demande à la musique. Il reconnaît ailleurs le talent de David, mais s'élève contre ses disciples, froids imitateurs des anciens, copistes de la plus froide convention. Et tandis qu'il loue*

Prudhon et Ingres pour leur vérité d'expression, Girodet et Vernet lui paraissent gourmés et sans hardiesse. Il sait enfin, l'un des premiers, distinguer de la tourbe des peintres du temps un Sigalon et un Delacroix.

*Ainsi la lecture de l'œuvre presque entière de Stendhal est nécessaire à qui veut, sur les artistes comme sur les beaux-arts, connaître ses idées. Nulle part cependant on ne les trouve si abondantes, et si fougueuses, que dans l'*Histoire de la Peinture. *En même temps, les aperçus sur les lettres, les mœurs, l'histoire, la politique et la religion y abondent. Partout on rencontre ces idées maîtresses que très tôt, Beyle avait élaborées, mûri par une vie aventureuse, des lectures nombreuses et la fréquentation sous des cieux différents d'un fort grand nombre d'individus. Partout, il cherche à clarifier les données souvent disparates de ses recherches et à systématiser l'ensemble de ses connaissances. Elève des idéologues, il veut établir la science à la base de la critique d'art et l'expérience à l'origine du sentiment esthétique. Il ne saurait comprendre et expliquer le génie des peintres italiens, objets de son étude, qu'après avoir minutieusement exposé le caractère de leur race et l'histoire de leur temps. Les climats, fait-il remarquer, dé-*

terminent les tempéraments et les tempéraments réagissent de telle ou telle façon suivant les lois politiques et l'état des mœurs de chaque époque. Inutile d'insister une fois de plus sur tout ce qu'en cette matière précise, il emprunte à Helvétius, Cabanis, Dubos, Montesquieu et même à cette Madame de Stael qu'il n'aime pas, mais dont il se souvient avec à-propos, — inutile également de montrer combien Taine à son tour sera son tributaire. Il faut bien insister cependant sur le fait que chez lui toutes ces vues ne forment pas un système rigide, mais qu'elles éclatent un peu partout en fusées, comme des intuitions éblouissantes, brusques et profondes.

Le nœud de son livre est constitué par la dissertation sur le beau idéal *chez les anciens et les modernes où Beyle remonte jusqu'aux Grecs pour bien prouver que l'art n'est ni immobile, ni absolu et n'est qu'un produit de la race et du temps. Il revient encore à ce sujet sur les connaissances que doit posséder un bon peintre et non moins un historien averti. Car toutes ces théories, toutes ces analyses doivent, but suprême de l'art, conduire à mieux sentir.*

Beyle est trop bon sensualiste pour ne pas poser en principe qu'il faut que la peinture fasse plaisir à l'œil, mais en réalité, le coloris, le dessin, la perspective ne sont pour lui que des moyens qui servent au peintre à projeter un jour nouveau sur le cœur humain. Pour son propre compte, il cherche avant tout, en présence d'une toile ou d'une statue, des rêveries sentimentales et il n'est vraiment sensible qu'aux éléments musicaux de la peinture. Tous les arts se ramènent, dans son étroit système, à l'émotion et de la sorte le moraliste, le psychologue reparaît partout.

*Mérimée, dans la fameuse brochure où il a, sous les simples initiales d'*H. B.*, tracé de Beyle un portrait bien curieux dans lequel la divination se mêle à l'incompréhension, avait bien saisi ce caractère de la critique d'art de son ami. Ce qui lui avait fait écrire cette page singulièrement perspicace : « Il est pourtant très Français dans ses opinions sur la peinture, bien qu'il prétende la juger en Italien. Il apprécie les maîtres avec des idées françaises, c'est-à-dire au point de vue littéraire. Les tableaux des écoles d'Italie sont examinés par lui comme des drames. C'est encore la façon de juger en France, où l'on n'a ni le sentiment de la forme ni un goût inné pour la couleur. Il faut une sensibilité particulière et un exercice prolongé pour aimer et comprendre la forme et la couleur. Beyle prête des passions dramatiques à une Vierge de Raphaël. J'ai toujours soupçonné qu'il aimait les* *grands peintres des écoles lombarde et florentine parce que leurs ouvrages le faisaient penser à bien des choses auxquelles sans doute les maîtres ne pensaient pas. C'est le propre des Français de tout juger par l'esprit... »*

En admettant ainsi l'évolution de l'idée du beau et en plaçant la physiologie à la base de toutes ses études, Beyle tient déjà le fil conducteur de toute son œuvre, car la même idéologie qu'il applique ici à la peinture, le guidera quand il parlera de la musique ou qu'il dissertera de l'amour ou bien même quand, avec Racine et Shakspeare, *il développera ses idées romantiques dans le domaine des lettres pures. Sa définition du romantisme, prenons-y garde, est déjà trouvée en 1817 : il convient que chaque artiste donne le plus de plaisir possible aux hommes de son siècle, et il est impossible d'exprimer ce que l'on n'a pas éprouvé. Il faut donc, conclut-il, avoir de l'âme pour sentir et qui n'a pas été amoureux ne saurait pas plus peindre que disserter sur la peinture. Ainsi sous leurs outrances leurs contradictions, leurs emprunts et leur forme abrupte, les deux volumes de Stendhal, avec leur constant parti pris de replacer les peintres dans leur milieu et de confronter sans cesse les mœurs d'une époque au génie des artistes enfantés par elle, nous semblent assez pleins de vues justes, neuves et fécondes pour constituer à leur époque un ouvrage sensationnel, et qui légitimait amplement la prétention de l'auteur quand, en 1834, il lui prit idée de postuler une chaire d'histoire de l'art au Collège de France. Ampère l'avait bien compris, et il s'engagea à soutenir sa candidature. Mais Paulin Paris lui fut préféré.*

*
* *

Depuis la chute de Napoléon Beyle vit donc en Italie; il s'y débat dans des difficultés d'argent toujours croissantes. Il écrit à Paris le 18 mai 1816 au baron Joinville, commissaire-ordonnateur, et au duc de Feltre, ministre de la guerre, pour toucher sa demi-solde et l'arriéré qu'on lui doit. Il n'obtiendra du reste pleine satisfaction qu'en 1819.

Il est assez naturel, dans ces conditions, qu'il ait pensé de nouveau que la publication de son Histoire de la Peinture *pourrait lui procurer quelques ressources. L'idée dut prendre corps très rapidement : alors en trente ou quarante jours d'un travail acharné, se soutenant par le café, il mit au point les premiers chapitres, il en raccorda les parties les plus avancées et les envoya à Louis Crozet, alors ingénieur des ponts et chaussées, à Troyes, avec la mission de les revoir, de les faire imprimer, d'en corriger les épreuves, d'assurer la mise en vente et d'envoyer les exemplaires de service.*

En juin 1816, Crozet a traité avec Didot et Beyle transmet à ce dernier ses instructions. Il semble surtout tenir aux titres, au haut des pages, variant avec le contenu de chaque page. Désir dont du reste ni l'imprimeur, ni Crozet, ne tiendront compte.

La mission de Crozet, il faut bien le dire, n'est pas mince. Si Beyle la résume énergiquement en trois mots : « Agis, décide, finis », il n'en fallait que plus de tact, de patience et de loisirs pour la mener à bien. Crozet doit d'abord discuter les idées du livre avec l'auteur; il ne lui ménage pas ses avertissements et il s'évertue en particulier à lui faire adoucir certaines théories, certains passages dangereux qui pouvaient être signalés tant en France à la police sourcilleuse de la Restauration, qu'en Italie au sévère gouvernement autrichien. Ces craintes n'étaient pas vaines et quand en 1828 Stendhal sera expulsé de Milan, ce sera en grande partie pour avoir écrit cet ouvrage, qui plus tard l'empêchera d'être accrédité comme consul à Trieste.

Beyle, toujours docile à la critique, accepte d'autant plus volontiers les sugges-

tions de Crozet qu'il se rend parfaitement compte du caractère tendancieux de son ouvrage. Mais son esprit insouciant, frondeur, épigrammatique, reprend vite le dessus. Il n'adoucit un mot que pour en souligner un autre tout aussi scabreux. Sa seule précaution, en réalité, fut de ne pas signer son livre. Il aimait exprimer nettement sa pensée, dussent les conséquences le surprendre et l'affliger. Aussi, quand il ajoute au texte quelque ligne corrective et lénifiante, ne fait-il souvent que verser de l'huile sur le feu, comme pour cette note mise au dernier moment à la fin de l'introduction, et qui choqua tant, nous le verrons, le journal des Débats.

Coup sur coup, il envoie à Crozet la suite d'un manuscrit qu'il ne livre que par fragments, des memoranda pour vérifier les parties déjà expédiées, des paragraphes à intercaler, quelques renseignements à ajouter dans la description d'un tableau, des exemples pour éclairer une théorie, des dates à corriger...

Ainsi jusqu'à la dernière minute, jusqu'en février 1817, où il envoie de Naples la fin du Jugement dernier *de Michel-Ange écrite sur des notes prises à Rome les semaines précédentes, jusqu'en mai même, Beyle apporte des changements à son livre, le grossit, le complète. Et*

Crozet doit juger du bien-fondé des modifications proposées, ajuster les raccords, faire disparaître les répétitions. Rôle important certes, mais qui ne mérite toutefois pas qu'on en fasse, comme certains l'auraient voulu, un collaborateur véritable[1].

L'ouvrage parut en deux tomes, chez P. Didot aîné, dans les derniers jours de juillet 1817. Le Journal de la Librairie l'annonça le 2 août. Il avait pour titre : Histoire de la Peinture en Italie *par M. B. A. A. Le premier volume portait la dédicace que l'on verra plus loin (Cf. première dédicace, p. 1); et chacun des deux tomes arborait une épigraphe différente fidèlement reproduite dans le même ordre sur chacun des deux volumes de la présente édition.*

Il avait fallu environ dix mois pour l'imprimer, car outre les corrections adressées à chaque instant par un auteur qui écrivait d'Italie, les relations étaient forcément lentes entre l'imprimeur de Paris et Crozet qui durant tout ce temps séjournait d'ordinaire en province.

Cette lenteur n'empêcha pas les feuilles imprimées au fur et à mesure de fourmiller de fautes d'impression. Pour dissi-

1. Félix Faure, autre ami de l'auteur, joua pour le même ouvrage un rôle analogue de factotum, moins important toutefois que celui de Crozet.

muler les plus grosses, et aussi pour amender parfois un texte trop osé, on dut, nous apprend M. D. Muller, tirer vingt-sept cartons. Il restait néanmoins tant de fautes que Beyle envoya à Crozet, qui n'en publia qu'une partie, de nombreux errata.

Beyle recevant les premières feuilles avait immédiatement fait ses remarques. Il écrivait : « très content du papier et de la ponctuation; très choqué des imparfaits par o; j'étois, anglois. Qui a autorisé M. D. à changer l'orthographe du manuscrit? Chacun est ridicule à ses risques et périls. »

L'Histoire de la Peinture en Italie *avait été, bien entendu, imprimée aux frais de l'auteur et lui coûta 3.574 francs, somme à laquelle il faut joindre les frais d'affiches, de brochure, d'envoi et de magasinage.*

Sur les mille exemplaires du tirage qui se vendaient douze francs les deux tomes, il semble qu'il n'en avait été écoulé au bout de sept ans que deux cent quatre-vingt-quatre.

Aussi, en 1825, pour faire partir les trois quarts restant de l'édition, Beyle en consigne-t-il un certain nombre d'exemplaires chez l'éditeur Sautelet, après y avoir introduit un ou deux cartons nouveaux qui modifiaient quelques notes, et après avoir surtout changé les épigraphes[1] *et le nom de l'auteur. L'énigmatique M. B. A. A. disparaît des titres au profit de Stendhal, pseudonyme déjà connu par la publication de* Rome, Naples et Florence, *de la* Vie de Rossini, *et de* Racine et Shakspeare.

Cette fausse seconde édition est suivie en 1831 d'une troisième qui, tout comme la précédente, n'est qu'un simple remaniement de la première et constitue une nouvelle tentative pour en écouler les derniers exemplaires. Cette fois, Beyle reprend les épigraphes de 1817, laisse le nom désormais acquis de Stendhal, ne change plus rien aux notes du premier texte, mais indique comme éditeur Alphonse Levavasseur qui, cette année même, allait publier Le Rouge et le Noir.

En 1840, il restait néanmoins en magasin cent vingt-cinq des mille exemplaires tirés vingt-trois ans plus tôt.

Ces singularités d'édition ne sont pas les seules que l'on doive signaler. On sait que Beyle, fort avisé en cela, ne voulut pas faire paraître son livre sous son nom véritable. Il avait pensé un moment le signer : Jules-Onuphe Lani, de Nice. Il se contenta de lui donner ce titre : His-

1. Les deux tomes portaient alors la même épigraphe constituée par six vers empruntés au *Manfred* de Monti.

toire de la Peinture en Italie *par M. B. A. A. On lit généralement ces initiales ainsi: Monsieur Beyle, ancien auditeur. C'est la version de Colomb, et elle semble d'autant moins douteuse que l'on connaît quelques rarissimes exemplaires qui, sous le millésime de 1817, portent en toutes lettres : « par M. Beyle, ex auditeur au Conseil d'État. » Ce sont les seuls, souligne justement M. Arbelet, de toute l'œuvre publiée du vivant de Beyle, ayant jamais porté le nom véritable de leur auteur.*

Il est à remarquer toutefois que les quatre lettres initiales qui masquaient l'écrivain permettaient d'autres interprétations. Et Beyle, désireux d'égarer les curieux, ne se fit pas faute d'user de leur imprécision. Ainsi les lettres d'envoi de ce livre aux notabilités françaises et étrangères ont dû être signées Aubertin fils, *si nous en croyons du moins un brouillon conservé dans les manuscrits de Grenoble*[1].

Paris, le septembre *1818*.

Monsieur, l'auteur de l'*histoire de la Peinture* a l'honneur de présenter un exemplaire de cet ouvrage à l'Institut de

[1] L. R. 5896, tome I.

Milan. Il pense que c'est en Italie qu'il faut chercher les véritables juges des ouvrages sur les arts. Ceci n'est point un vain compliment, c'est une conséquence exacte des théories exposées dans l'ouvrage.

L'auteur ne cherche que la vérité. Il supplie les personnes qui pourront l'honorer de quelque attention de le traiter lui et ses théories avec la dernière rigueur.

Il éprouve un vif sentiment de peine de ne pouvoir compter au nombre de ses juges l'immortel Appiani dont le beau talent faisait tant d'honneur à la Lombardie et à l'Italie toute entière.

J'ai l'honneur d'être, M. le Secrétaire, votre très humble et très obéissant serviteur.

B. A. AUBERTIN,

rue Favart, nº 8.

*Cet Aubertin fils, qui se dit ainsi chargé par son père de la distribution de l'*Histoire de la Peinture en Italie *datant ses lettres soit de Paris, soit de Genève, devait envoyer des exemplaires aux sociétés savantes de Milan, de Rome, de Florence, etc., etc., variant seulement les formules appropriées.*

D'autre part, il existe un exemplaire

annoté de la main de Stendhal. Après avoir appartenu à M. Blanchard de Farges qui en a publié les remarques et variantes, il est aujourd'hui la propriété de M. Jacques Doucet. Il porte imprimé au dos de la reliure ce nom supposé d'Aubertin[1] *sous lequel l'auteur désigne encore à maintes reprises son ouvrage dans sa correspondance.*

*Mais la question de la lecture du nom d'auteur est simple et n'a fait couler que peu d'encre au prix de celle des dédicaces de l'*Histoire de la Peinture en Italie. *Certains exemplaires de la première édition portent en effet une dédicace pompeuse et assez énigmatique que l'on trouvera ici en tête du premier volume, sous la désignation de première dédicace (cf. p. 1). Dédicace qui du reste semble avoir été bientôt enlevée des exemplaires invendus.*

*Puis lorsque l'*Histoire *fut rééditée en 1854 chez Michel-Lévy, Colomb qui donnait tous ses soins à cette édition la fit précéder d'une dédicace nouvelle trouvée dans les papiers de Beyle et qui s'adressait en clair à l'empereur Napoléon. On la trouvera plus loin (p. 3).*

Sans doute est-ce cette seconde dédicace

1. Les deux tomes reliés certainement par les soins de Beyle portent cette indication : « Histoire de la Peinture en Italie, Aubertin » et tout en bas le chiffre vrai de l'auteur : H. B.

qui abusa des hommes comme Sainte-Beuve, Chuquet et Tourneux. Trompés par les termes sybillins de la première, ils avancèrent que celle-ci offrait déjà l'ouvrage à Napoléon. Mais les recherches de M. Paul Arbelet ont clairement établi [1] *que cette première dédicace fut écrite pour Alexandre Ier, empereur de Russie, à une heure où l'auteur sans ressources en Italie songeait aller gagner son pain comme professeur en Russie.*

Encore faut-il avoir la clef de ce rébus, car les termes en sont à dessein si vagues qu'ils pouvaient tout aussi bien s'appliquer à Alexandre Ier, à Napoléon, ou même à Louis XVIII. Et Beyle eût sans doute été enchanté de mystifier à cet égard les royalistes.

*Plusieurs notes enfin de l'édition de 1817 sont signées R. C., comme celles que Romain Colomb a mises en un assez grand nombre d'endroits dans l'édition des œuvres complètes publiée plus tard par ses soins. Mais Colomb n'a point eu de part à l'édition de 1817. M. Paul Arbelet, à qui il faut toujours revenir quand on parle de l'*Histoire de la Peinture, *fait remarquer que ces notes, qui sont bien dues à Stendhal, rappellent, comme celles qui au cours du même*

1. *Stendhal a-t-il dédié à Napoléon son Histoire de la Peinture ?* Soirées du Stendhal-Club, 2e série.

livre sont également signées Ri. Ch. les initiales des noms de Rioust et Chevalier, polémistes qui eurent maille à partir avec les tribunaux de la Restauration. Leurs initiales « deviennent pour Beyle comme le signe secret de la prudence ».

* * *

*Nous avons vu que l'*Histoire de la Peinture en Italie *n'eut que peu de succès. Beyle cependant, pensant moins à la gloire que lui pourrait apporter un livre non signé, qu'aux ressources qu'il tirerait de sa vente, après avoir fait un service judicieux, s'ingénia pour obtenir quelques articles en France, en Angleterre, en Italie.*

Le premier article en France semble celui, non signé, qui parut le 12 novembre 1817 dans le Journal de Paris. *Puis Crozet, sous les initiales D. C. parla du livre dans le* Moniteur Universel *du 23 septembre. L'année suivante, pressé par de Mareste qui fut, à dater de cette époque, l'agent actif de la propagande beyliste, Lingay, secrétaire du ministre Decazes et rédacteur des* Débats, *réussit à faire passer dans son journal, à la date du 6 mars 1818, tout un feuilleton des plus bienveillants, signé Z. Mais trois jours après les* Débats *démentirent officiellement leur collaborateur et attaquèrent furieusement un livre qui, en plus de quelques traits assez incisifs contre sa rédaction, sapait la morale et les plus sages principes.*

On comprend que Beyle, qui n'avait à ce jour qu'une sympathie fort modérée pour cette feuille, ne perdit plus jamais l'occasion de la railler.

En Angleterre la presse montra plus de compréhension. La Revue d'Edimbourg, *si chère au cœur de Beyle, tout en faisant de fortes réserves sur les préjugés de l'auteur, consacra dans son numéro du 1er octobre 1819 vingt pages d'éloges mitigés de critiques à un livre somme toute curieux, et en donna une analyse minutieuse et impartiale.*

Enfin, sous la signature S, où l'on a voulu reconnaître Beyle lui-même déjà collaborateur de cet organe, le Galignani's *Magazine* and Paris Monthly Review *affirmait que rien n'est plus délicieux, amusant et instructif que l'*Histoire de la Peinture en Italie.

Avec moins d'enthousiasme et plus de restrictions acerbes, les périodiques italiens, la Biblioteca Italiana *et l'*Antologia, *signalèrent du moins à leurs lecteurs un ouvrage qui les intéressait au premier chef.*

* * *

Ce n'est plus la même sorte de curiosité

qui nous pousse à rouvrir l'Histoire de la Peinture en Italie. *Et sans doute Beyle « puffait-il » un peu (aujourd'hui, on dirait* bluffait-il, *ou mieux se blousait-il), quand il pensait que son livre, par son intérêt propre « en avait pour cent cinquante ans dans le ventre ». Non, c'est moins pour nous documenter sur Léonard de Vinci ou sur Michel-Ange que nous reprenons ces volumes que pour retrouver l'âme partout présente de Stendhal. Même dans les morceaux les moins poussés nous la retrouvons au tournant de chaque phrase. Mais c'est peut-être l'étude de ses manuscrits qui nous renseigne le mieux sur lui-même et sur ses singuliers procédés de composition. On y peut vérifier, pas à pas, sa méthode de travail et voir comment il utilisait ce qu'on a voulu appeler ses plagiats, — comment, sur le squelette des faits précis mais empruntés, il savait par ses raccords, ses idées personnelles et ses théories, faire naître de la chair.*

On peut pour une grande part consulter ces manuscrits à la Bibliothèque municipale de Grenoble[1] *où ils sont rassemblés dans les treize volumes cotés R. 289 ou dispersés aux tomes II, IV, VII, IX, XV et XVII de R. 5896. Ils contiennent non*

1. Quelques cahiers aussi, mais moins importants, appartiennent à des collections particulières.

*seulement les ébauches primitives et quelques versions plus poussées de ce que Beyle a publié en 1817, mais encore, et particulièrement sous la première cote, force pages inédites qui appartiennent à l'esquisse générale de cette histoire complète de l'*Histoire de la Peinture en Italie, *que l'auteur avait eu un moment, on le sait, l'idée d'écrire et qu'il dut sacrifier le jour où il décida de publier seulement deux volumes sur l'école florentine, et encore celle-ci singulièrement tronquée.*

Quand il commençait l'impression de ces deux tomes, Beyle avait déjà renoncé à l'ensemble de son projet trop grandiose. Il lui aurait fallu encore deux ans de soins pour réaliser son premier plan. Et il éprouva le besoin de changer de sujet, de faire autre chose. Il doutait aussi parfois de la valeur de son ouvrage. Jamais homme au fond ne fut plus modeste. Près d'avoir trente-quatre ans, il croyait préférable à sa gloire dans les vingt ans qui allaient suivre de revenir à Letellier, *cette pièce inachevée à laquelle il travaillait depuis si longtemps, et « de tâcher de faire une vingtaine de comédies ». Alors, il achèvera peut-être la* Peinture, *et, plus vieux, il écrira ses campagnes ou mémoires moraux ou militaires. Il termine la lettre à Crozet où se trahit tant de lassitude, par cette réflexion désinvolte* *qui est bien dans le tour ordinaire de sa correspondance à ses amis : « Il me faudrait deux ans pour finir l'*Histoire*, 4 vol. D'autant plus qu'il faut inventer le beau idéal du coloris et du clair-obscur, ce qui est presque aussi difficile que celui des statues. Comme cela tient de bien plus près aux cuisses de nos maîtresses, les plats bourgeois de Paris sont trop bégueules pour que je leur montre ce beau spectacle. »*

Aussi ne faut-il voir qu'une simple manœuvre de publicité dans les affirmations du prospectus qui accompagnait l'ouvrage et où l'auteur prenait en quelque sorte l'engagement de continuer son entreprise et de publier encore de nouveaux volumes. En fait ce projet était tout aussi abandonné que celui d'une édition enrichie de gravure et reproduisant en hors-textes les principales œuvres décrites[1].

Il est croyable néanmoins que si le succès eût couronné l'œuvre fragmentaire publiée en 1817, et quel que fût le découragement que son auteur ait montré devant l'énormité de la tâche qu'il lui restait à accomplir, il se fût remis au travail et eût donné à l'éditeur de nouveaux tomes où il aurait étudié tour à tour les écoles de Bologne, de Parme, de Mantoue, de Venise, de Rome.

1. Plus tard Beyle ne désira plus orner son livre que de quatre planches gravées. Il y renonça également.

Les grandes lignes en étaient tracées, et répétons-le, on peut lire dans les manuscrits de Grenoble, parmi bien d'autres notes plus fragmentaires, de nombreux chapitres sur les peintres vénitiens, sur Jules Romain, plusieurs études successives sur Raphaël et une Vie du Corrège. Toutes ces pages appartiennent à cette rapide esquisse générale, écrite en décembre 1811 et dans les six premiers mois de 1812. Il faut bien reconnaître qu'elles sont pour une bonne part de simples résumés de lecture, des compilations, quelque chose comme le grossier bâti que chaque critique, avant tout travail original, doit construire quand il s'occupe d'un auteur qu'il n'a pu approcher et au sujet duquel il est bien obligé de copier chez ses prédéesseurs tous les renseignements matériels.

Beyle n'a guère eu le temps d'ajouter à ce premier canevas ces touches répétées et légères qui recréaient peu à peu tout ce que cet auteur singulier s'appropriait sans gêne. Et précisément parce que sa méthode de composition était celle des transmutations progressives et qu'il n'arrivait à incorporer d'ordinaire à sa propre substance la nourriture ramassée un peu partout qu'après l'avoir patiemment transformée au cours de nombreuses versions successives, il nous est donc tout au plus permis de considérer comme des matériaux à peine digérés ces études encore inédites que renferment les registres verts de la rue de la Michaudière et qui ne sont guère que le fruit d'une première élaboration ou d'une seconde tout au plus. Valent-elles néanmoins la peine d'être exhumées ? C'est ce que s'est demandé déjà l'exécuteur testamentaire de Beyle, son cousin Romain Colomb duquel, en toute justice, on ne peut pas plus mettre en doute la sagacité que le dévouement. Au cours d'une longue consultation[1] *que j'aurai quelque jour l'occasion de citer en entier il arrivait à cette conclusion, après avoir bien montré le caractère de ce travail préparatoire : « Ce qu'il y a de certain c'est que la lecture de cette précieuse compilation est très intéressante, et que les faits qu'elle réunit sont disséminés dans des centaines de volumes... Il me semble que l'ouvrage tel quel serait utile et d'une lecture fort agréable pour toutes les personnes curieuses de l'histoire de la peinture en Italie. »*

Cette opinion est fort raisonnable et d'un ton sagement modéré.

Colomb cependant a reculé devant l'édition complète des pages inédites des manuscrits verts. Il a seulement donné dans les Mélanges d'art *quelques pages d'une* Vie

1. Dans les manuscrits de Grenoble, tome V de R. 5896, p. 138. Cette consultation est datée du 29 juin 1845.

d'André del Sarto *et d'une* Vie de Raphaël, *qui ne proviennent pas directement des manuscrits de Grenoble, et dont il devait avoir une copie aujourd'hui disparue. De son côté, M. Paul Arbelet, en appendice à son édition de l'*Histoire de la Peinture en Italie (*Champion, édit.*) *dont on ne surpassera jamais la richesse critique, a donné quelques très courts fragments jusqu'alors inédits, empruntés aux manuscrits de Grenoble. Sans doute aurai-je, à mon tour, un jour prochain, plus d'audace et extrairai-je encore, des cahiers où dorment les esquisses non utilisées par Beyle, mainte page qui me paraît digne d'être mise au jour.*

*
* *

*J'ai pensé toutefois qu'il serait malséant de rompre l'harmonie de l'*Histoire de la Peinture *telle que l'auteur l'a voulu donner au public, aussi la présente édition suit-elle simplement l'édition originale, celle de 1817. Elle la suit pas à pas, mais toutefois elle ne la reproduit point absolument.*

De nombreuses fautes s'y étaient glissées et Beyle avait établi une longue liste d'errata, qui fut placée à la fin de chacun des volumes de 1817. Mais la feuille des errata que Beyle avait envoyée à Crozet était bien plus chargée de corrections que celle qui fut reproduite: un brouillon conservé à la bibliothèque de Grenoble (R. 5896, tome IV) m'a permis d'apporter à mon propre travail toutes les retouches dont Beyle voulait amender le sien. Quelques autres corrections figurent encore de sa main sur un exemplaire de cet ouvrage qui appartenait à sa bibliothèque, et que M. Jacques Doucet m'a permis de consulter avec une bonne grâce dont je le remercie vivement.

On connaît encore un autre exemplaire également annoté par Henri Beyle, c'est l'exemplaire Tourneux. Je ne l'ai point vu personnellement. Mais les quelques éclaircissements qu'il apporte à son tour ne m'ont cependant point échappé, et je les ai empruntés à l'indispensable édition de M. Paul Arbelet, de qui les remarques si personnelles et si hautement autorisées m'ont toujours été fort utiles. De même enfin, je n'ai point négligé les quelques heureuses corrections que Colomb lui-même avait apportées auparavant dans l'édition de 1854.

C'est ainsi, par l'addition patiente des recherches et des gains de nos devanciers, que nous pouvons offrir aux dévots de Stendhal un texte aussi conforme que possible aux rigueurs et aux nuances de sa subtile pensée.

Henri MARTINEAU.

PREMIÈRE DÉDICACE [1]

AU PLUS GRAND
DES SOUVERAINS EXISTANTS,
A L'HOMME JUSTE
QUI EUT ÉTÉ LIBÉRAL PAR SON CŒUR,
QUAND MÊME LA POLITIQUE
NE LUI EUT PAS DIT
QUE C'EST AUJOURD'HUI
LE SEUL MOYEN DE RÉGNER.

1. Cette dédicace figurait sur quelques-uns des exemplaires de la première édition. On peut la lire de la main de Stendhal, perdue dans un des manuscrits de Grenoble. R. 5896, tome 15, p. 89. N. D. L. E.

SECONDE DÉDICACE [1]

A SA MAJESTÉ
NAPOLÉON LE GRAND
EMPEREUR DES FRANÇAIS
RETENU A L'ILE DE SAINTE-HÉLÈNE

Sire,

Je ne puis dédier plus convenablement l'*Histoire de la peinture*, écrite en langue française, qu'au grand homme qui avait donné à la patrie ce beau musée qui n'a pu exister dès qu'il n'a plus été soutenu par sa main puissante. L'avoir tout entier n'était peut-être pas nécessaire, le perdre ainsi est le comble de l'avilissement. Et comme, dans mon système, avec des

1. Cette dédicace figure pour la première fois en tête de l'édition de l'*Histoire de la Peinture en Italie* parue dans les œuvres complètes chez Lévy, en 1854, et due aux soins de R. Colomb. N. D. L. E.

cœurs avilis on peut bien faire des érudits, mais non des artistes, il est à craindre que la France n'ait perdu, avec le plus grand homme qu'elle ait jamais produit, son école naissante.

Dans des circonstances plus heureuses pour la patrie et pour vous, Sire, je ne vous aurais point fait de dédicace : votre gloire corrigeait tout ; mais je trouvais détestable votre système d'éducation. Aussi, au jour du danger vous n'avez plus trouvé que des âmes faibles parmi vos favoris, et les Carnot, les Thibaudeau, les Flaugergues, sont sortis des rangs de ceux que vous n'aimiez pas.

Malgré cette faute, qui a été plus nuisible à vous qu'à la patrie, l'équitable postérité pleurera la bataille de Waterloo, comme ayant reculé d'un siècle les idées libérales. Elle verra que l'action de créer exige de la force, et que sans les Romulus, les Numa ne pourraient exister. Vous avez étouffé les partis pendant quatorze ans, vous avez forcé le *Chouan* et le *Jacobin* à être Français, et ce nom, Sire, vous l'avez porté si haut, que tôt ou tard ils s'embrasseront au pied de vos trophées. Ce bienfait, le plus grand que la nation pût recevoir, assure à la France une immanquable liberté.

Puisse le ciel, Sire, vous accorder des

jours assez longs pour voir la France heureuse par la constitution que la dernière de vos Chambres des communes lui a léguée [1]. Alors, Sire, elle vous pardonnera le seul acte de faiblesse qu'elle ait à vous reprocher : de n'avoir pas saisi la dictature après Waterloo, et d'avoir désespéré du salut de la patrie.

Alors la postérité, redevenue impartiale, hésitera seulement si elle doit placer votre nom à côté ou au-dessus de celui d'Alexandre, et vos plats ennemis ne seront connus que par le bonheur qu'ils auront eu d'être vos ennemis.

Je suis avec le plus profond respect,

Sire,

De Votre Majesté Impériale et Royale,

Le très humble et très obéissant serviteur et s. par mes vœux.

LE SOLDAT QUE VOUS PRITES A LA BOUTONNIÈRE A GOERLITZ.

Bon mouvement ; si vous doutez de votre histoire, rassurez-vous.

1. Il s'agit de la déclaration de la Chambre des représentants, délibérée dans la séance du 6 juillet 1815, et portée au quartier général des souverains alliés par cinq commissaires.

Cette déclaration énergique portait les signatures de MM. Lanjuinais, président ; — Dumolard, Bédoch, Clément (du Doubs), Hello, secrétaires de la Chambre.

Le 8 juillet 1815 la Chambre fut fermée sur l'ordre de Louis XVIII.

(*Note de Romain Colomb.*)

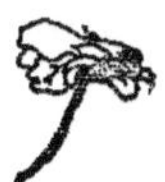

INTRODUCTION

Vous savez que, vers l'an 400 de notre ère, les habitants de l'Allemagne et de la Russie, c'est-à-dire les hommes les plus libres, les plus intrépides et les plus féroces dont l'histoire fasse mention, eurent l'idée de venir habiter la France et l'Italie[1].

Voici un trait de leur caractère :

Sur la côte de Poméranie, Harald, roi de Danemark, avait fondé une ville qu'il nomma Julin ou Jomsbourg. Il y avait envoyé une colonie de jeunes Danois, sous la conduite de Palna-Toke, un de ses guerriers.

Ce gouverneur, dit l'histoire, défendit d'y prononcer le nom de la peur, même au milieu des dangers les plus imminents. Jamais un citoyen de Jomsbourg ne pouvait céder au nombre, quelque grand qu'il fût ; il devait se battre intrépidement sans reculer d'un pas, et la vue d'une mort certaine n'était pas une excuse.

Quelques jeunes guerriers de Jomsbourg

1. Tacite, Robertson, Mallet.

ayant fait une irruption dans les Etats d'un puissant seigneur norvégien, nommé Haquin, furent surpris et vaincus, malgré l'opiniâtreté de leur résistance.

Les plus distingués ayant été faits prisonniers, les vainqueurs les condamnèrent à mort, conformément à l'usage du temps.

Cette nouvelle, loin de les affliger, fut pour eux un sujet de joie ; le premier se contenta de dire, sans changer de visage et sans donner le moindre signe d'effroi : « Pourquoi ne m'arriverait-il pas la même chose qui est arrivée à mon père ? Il est mort, et je mourrai. » Un guerrier nommé Torchill, qui leur tranchait la tête, ayant demandé au second ce qu'il pensait, il répondit qu'il se souvenait trop bien des lois de Julin pour prononcer quelques parole qui pût réjouir ses ennemis. A la même question, le troisième répondit qu'il se trouvait heureux de mourir avec sa gloire, et qu'il préférait son sort à une vie infâme comme celle de Torchill.

Le quatrième fit une réponse plus longue et plus singulière : « Je souffre la mort de bon cœur, et cette heure m'est agréable ; je te prie seulement, ajouta-t-il en s'adressant à Torchill, de me trancher la tête le plus prestement qu'il te sera possible, car c'est une question que nous avons souvent agitée à Julin, de savoir si l'on conserve quelque sentiment après avoir été décapité; c'est pourquoi je vais prendre ce couteau d'une main : si, la tête tranchée, je le porte contre toi, ce sera une marque que je n'ai pas entièrement perdu le sentiment ; si je le laisse tomber, ce sera la preuve du contraire. Hâte-toi de décider la question. » Torchill, ajoute l'historien, se hâta de lui trancher la tête, et le couteau tomba. Le cinquième montra la même tranquillité, et mourut en raillant ses ennemis. Le sixième recommanda à Torchill de le frapper au visage. « Je me tiendrai immobile, et tu observeras si je ferme seulement les yeux ; car nous sommes habitués, à Jomsbourg, à ne pas remuer, même en recevant le coup de la mort ; nous nous exerçons à cela entre nous. » Il mourut en tenant sa promesse. Le septième était un jeune homme d'une grande beauté, et à la fleur de l'âge ; sa longue chevelure blonde flottait en boucles sur ses épaules. Torchill lui ayant demandé s'il redoutait la mort : « Je la reçois volontiers, dit-il, puisque j'ai rempli le plus grand devoir de la vie, et que j'ai vu mourir tous ceux à qui je ne puis survivre ; je te prie seulement qu'aucun esclave ne touche mes cheveux, et que mon sang ne les salisse point. »

Ces guerriers du Nord avaient un second principe de grandeur : ils étaient libres ;

mais, une fois qu'ils eurent occupé la France et l'Italie, et se furent partagé les vaincus comme des troupeaux de bétail, on ne vit plus que des tyrans et des esclaves. Toute justice, toute vertu, toute tranquillité disparut de dessus la surface de la malheureuse Europe.

Les Barbares y opérèrent si bien pendant cinq siècles, et, vers le commencement du onzième, la société féodale était devenue un tel tissu d'horreurs, de violences et d'injustices légales, que tous, tyrans comme esclaves, désirèrent un changement. La vie si misérable des sauvages de l'Amérique leur eût fait envie, et avec raison.

Vers l'an 900, les villes d'Italie, profitant de la position du pays que la mer environne, tentèrent un peu de commerce avec Alexandrie d'Egypte et Constantinople. A peine les Italiens eurent-ils quelque idée de la propriété, qu'on les voit aimer la liberté avec la passion des anciens Romains. Cet amour s'accrut avec leurs richesses, et vous savez que, pendant les douzième et treizième siècles, tout le commerce d'Europe fut entre les mains des Lombards (1150). Tandis qu'ils s'enrichissaient au dehors, leurs pays se couvrait d'une foule de républiques.

C'est aux papes qu'il faut attribuer la

sagacité italienne. Par là ils jetèrent les semences de l'esprit républicain. Les marchands des villes d'Italie comprirent tout de suite qu'il est inutile d'amasser des richesses lorsqu'on a un maître pour en dépouiller.

Dans le moyen âge, comme de nos jours, la force faisait tous les droits ; mais aujourd'hui la puissance cherche à donner à ses actions l'apparence de la justice. Il y a mille ans que l'idée même de *justice* existait à peine dans la tête de quelque baron puissant, qui, confiné dans son château, pendant les longues journées d'hiver, s'était quelquefois avisé de réfléchir. Le commun des hommes réduits à l'état de brute ne songeait chaque jour qu'à se procurer les aliments nécessaires à sa subsistance. Les papes, dont la puissance ne consistait que dans celle de quelques idées, avaient donc, au milieu de ces sauvages dégradés, le rôle du monde le plus difficile à jouer. Comme il fallait ou périr ou être habile, là, comme ailleurs, le talent naquit de la nécessité. Sous ce rapport, plusieurs papes du moyen âge ont été des hommes extraordinaires.

On sent bien qu'il ne s'agit ici ni de religion, ni à plus forte raison de morale. Ils ont su, sans force physique, dominer sur des animaux féroces, qui ne connaissaient que l'empire de la force : voilà leur grandeur.

Pour être riches et puissants, ils n'eurent qu'à bien établir qu'il y avait un enfer, que certaines fautes y conduisaient, et qu'ils avaient le pouvoir d'effacer ces fautes. Tout le reste de la religion fut fait pour amener ce petit nombre de vérités.

Nous rions aujourd'hui des moines qui allaient vendre leurs indulgences dans les cabarets ; mais nous sommes moins conséquents que ceux qui les achetaient. Une absolution d'assassinat coûtait vingt écus [1]. Le seigneur d'une ville avait-il besoin de se défaire d'une vingtaine de citoyens récalcitrants, il faisait une dépense de quatre cents écus, et, son indulgence dans la poche, leur faisait couper la tête sans nulle crainte de l'enfer. Comment lui en serait-il resté ? Celui qui lui vendait l'indulgence n'avait-il pas le pouvoir de *lier* et de *délier* sur la terre [2] ? Le prêtre qui donnait l'absolution pouvait avoir tort ; mais elle était bonne pour celui qui la recevait, ou il n'y a plus de catholicisme. C'est à la ferme croyance dans le sacre-

1. Robertson.

2. « ...Et quoique j'eusse tué plusieurs hommes, le vicaire de Dieu m'avait pardonné par l'autorité de sa loi, » dit Benvenuto Cellini sur le point d'être mis à mort, et faisant son examen de conscience en 1538. (*Vita*, I, 417, édit. des classiques.)

ment de la pénitence et dans les indulgences qu'il faut attribuer les mœurs si sanguinaires et si énergiques des républiques italiennes. Il y avait aussi des indulgences pour des péchés plus aimables, et vous apercevez dans le lointain la renaissance des beaux-arts.

Chaque année, l'Italie voyait quelqu'une de ses villes passer sous le joug d'un tyran, ou le chasser de ses murs. Cet état de république naissante, ou de tyrannie mal affermie, faisant la cour aux riches, qui fut celui de toutes les cités pendant les deux ou trois siècles qui précédèrent les arts, donne un singulier ensemble de civilisation. Les passions des gens riches, excitées par le loisir, l'opulence et le climat, ne peuvent trouver de frein que dans l'opinion publique ou la religion. Or, de ces deux liens, le premier n'existe pas encore, et le second s'évanouit au moyen d'indulgences achetées et de confesseurs à gages. C'est en vain qu'on demanderait à la froide expérience de nos jours l'image des tempêtes qui agitaient ces âmes italiennes. Le lion rugissant a été enlevé à ses forêts et réduit au vil état domestique. Pour le revoir dans toute sa fierté, il faut pénétrer dans les Calabres [1].

1. Les Italiens du treizième siècle ont un analogue vivant: la race des *Afghans*, au royaume de *Caubul*.

Les nerfs des peuples du midi leur font concevoir vivement les tourments de l'enfer. Rien ne borne leur libéralité envers les choses ou les personnes qu'ils regardent comme sacrées.

Telle est la troisième cause de l'éclat extraordinaire que jetèrent les arts en Italie. Il fallait un peuple riche, rempli de passions, et souverainement religieux. Un enchaînement de hasards uniques fit naître ce peuple, et il lui fut donné de recevoir les plaisirs les plus vifs par quelques couleurs étendues sur une toile.

« La patrie, dit Platon, nom si tendre aux Crétois. » Il en est de même de la beauté au delà des Alpes. Après trois siècles de malheurs, et quels malheurs ! les plus affreux, ceux qui avilissent, on n'entend encore prononcer nulle part comme en Italie : « O Dio, com'è bello [1] ! »

En Europe, l'éclipse des lumières de l'antiquité avait été complète. Les moines que les croisades conduisirent en Orient prirent quelques idées chez les Grecs de Constantinople et chez les Arabes, peuples subtils qui faisaient consister la science plutôt dans la finesse des aperçus que dans

1. Ces mœurs passionnées, dont l'amour et la religion font la base, existent encore dans un petit coin du monde ; on peut les observer dans la nature ; mais il faut aller aux îles Açores. (Voyez *History of the Azores.*, Londres, 1813.)

la vérité des observations. C'est ainsi que nous est venue la théologie scolastique, dont on se moque tant aujourd'hui ; théologie qui n'est pas plus absurde qu'une autre, et qui exige, pour être apprise comme la savait un moine du treizième siècle, une force de tête, un degré d'attention, de sagacité et de mémoire qui n'est peut-être pas très commun parmi les philosophes qui s'en moquent, parce qu'il est de mode de s'en moquer. Ils feraient mieux de nous expliquer comment cette éducation de la fin du moyen âge, si ridicule dans ce qu'elle enseignait, mais qui obligeait ses élèves à une telle force d'attention[1], a produit la chose la plus étonnante que présente l'histoire : la réunion des grands hommes qui, au seizième siècle, se présentèrent à la fois pour remplir tous les rôles sur la scène du monde.

C'est en Italie que ce phénomène éclate dans toute sa splendeur. Quiconque aura le courage d'étudier l'histoire des nom-

1. Probablement on ne laissait prononcer aucun mot à l'élève sans qu'il y attachât une idée nette. La théologie et toutes les sciences vaines qui ne ressemblent à rien dans la nature sont comme les échecs ; l'erreur consisterait à affirmer que l'art des échecs est l'art de la guerre, et à conduire les soldats sur le terrain, un échiquier à la main : ce qui n'empêcherait nullement qu'il ne fallut une suite de combinaisons très savantes pour faire son joueur échec et mat.

breuses républiques qui en ce pays cherchèrent la liberté, à l'aurore de la civilisation renaissante, admirera le génie de ces hommes, qui se trompèrent sans doute, mais dans la recherche la plus noble qu'il soit donné à l'esprit humain de tenter. Elle a été découverte depuis, cette forme heureuse de gouvernement ; mais les hommes qui arrachèrent à l'autorité royale la constitution d'Angleterre étaient, j'ose le dire, fort inférieurs en talents, en énergie et en véritable originalité, aux trente ou quarante tyrans que le Dante a mis dans son enfer, et qui vivaient en même temps que lui vers l'an 1300 [1].

Telle est, dans tous les genres, la différence du mérite de l'ouvrage à celui de l'ouvrier. J'avouerai sans peine que les peintres les plus remarquables du treizième siècle n'ont rien fait de comparable à ces estampes coloriées que l'on voit modestement étalées à terre dans nos foires de campagnes, et que le paysan achète pour s'agenouiller devant elles. L'amplification du moindre élève de rhétorique l'emporte de beaucoup sur tout ce qui nous reste de l'abbé Suger ou du savant Abailard. En conclurai-je que l'écolier

1. L'évêque Guglielmino, Uguccione della Faggiola, Castruccio Castracani, Pier Sacone, Nicolo Acciajoli, le comte de Virtù, etc., etc.

du dix-neuvième siècle a plus de génie que les hommes les plus marquants du douzième ? Cette époque, dont l'histoire découvre des faits si étranges, n'a laissé de monuments frappants pour tous les yeux que les tableaux de Raphaël et les vers de l'Arioste. Dans l'art de régner, celui de tous qui frappe le plus le commun des hommes, parce que les hommes du commun n'admirent que ce qui leur fait peur ; dans l'art d'établir et de conduire une grande puissance, le seizième siècle n'a rien produit. C'est que chacun des hommes extraordinaires qui font sa gloire se trouva contenu par d'autres hommes aussi forts.

Voyez l'effet que Napoléon vient de produire en Europe. Mais, tout en rendant justice à ce qu'il y avait de grand dans le caractère de cet homme, voyez aussi l'état de nullité où se trouvaient plongés, à son entrée dans le monde, les souverains du dix-huitième siècle.

Vous voyez l'étonnement du vulgaire et l'admiration des âmes ardentes faire la force de l'empereur des Français ; mais placez un instant, par la pensée, sur les trônes de l'Allemagne, de l'Italie et de l'Espagne, des Charles-Quint, des Jules II, des César Borgia, des Sforce, des Alexandre VI, des Laurent et des Côme de Médicis ;

donnez-leur pour ministres les Moron, les Ximénès, les Gonzalve de Cordoue, les Prosper Colonne, les Acciajoli, les Piccinino, les Caponi, et voyez si les aigles de Napoléon voleront avec la même facilité aux tours de Moscou, de Madrid, de Naples, de Vienne et de Berlin.

Je dirais aux princes modernes, si glorieux de leurs vertus, et qui regardent avec un si superbe mépris les petits tyrans du moyen âge :

« Ces vertus, dont vous êtes si fiers, ne sont que des vertus privées. Comme prince, vous êtes nul ; les tyrans d'Italie, au contraire, eurent des vices privés et des vertus publiques. Ces caractères donnent à l'histoire quelques anecdotes scandaleuses, mais lui épargnent à raconter la mort cruelle de vingt millions d'hommes. Pourquoi le malheureux Louis XVI n'a-t-il pu donner à son peuple la belle constitution de 1814[1]? J'irai plus loin ; ces chétives vertus même dont on nous parle avec tant de hauteur, vous y êtes forcés. Les vices d'Alexandre VI vous jetteraient hors du trône en vingt-quatre heures. Reconnaissez donc que tout homme est faible à la tentation du pouvoir absolu, aimez les cons-

1. Sur l'exemplaire Doucet Stendhal modifie ainsi cette phrase : « Pourquoi Louis XVI n'a-t-il pas donné la constitution... ? » N. D. L. E.

titutions, et cessez d'insulter au malheur. »

Aucun de ces tyrans que je protège ne donna de constitution à son peuple ; à cette faute près [1], on admire, malgré soi, la force et la variété des talents qui brillèrent dans les Sforce de Milan, les Bentivoglio de Bologne, les Pics de la Mirandole, les Cane de Vérone, les Polentini de Ravenne, les Manfredi de Faenza, les Riario d'Imola. Ces gens-là sont peut-être plus étonnants que les Alexandre et les Gengis, qui, pour subjuguer une part de la terre, eurent des moyens immenses. Une seule chose ne se trouve jamais chez eux, c'est la générosité d'Alexandre prenant la coupe du médecin Philippe. Un autre Alexandre, un peu moins généreux, mais presque aussi grand homme, dut rire de bien bon cœur lorsque son fils César le sollicita en faveur de Pagolo Vitelli ; c'était un seigneur ennemi de César, que, sous les promesses les plus sacrées, celui-ci avait engagé à une conférence près de Sinigaglia, de compagnie avec le duc de Gravina. A un signal donné, le duc et Pagolo Vitelli furent jetés à ses pieds percés de coups de poignards ; mais Vitelli, en expirant, supplie César d'obtenir pour lui, du pape son père et son complice, une indulgence *in articulo mortis.*

1. Temporum culpa, non hominum.

Le jeune Astor, seigneur de Faenza, était célèbre par sa beauté ; il est forcé de servir aux plaisirs de Borgia ; on le conduit ensuite au pape Alexandre, qui le fait périr par la corde. Je vous vois frémir ; vous maudissez l'Italie : oubliez-vous que le chevaleresque François Ier laissait commettre des crimes à peu près aussi atroces[1]?

César Borgia, le représentant de son siècle, a trouvé un historien digne de son esprit, et qui, pour se moquer de la stupidité des peuples, a développé son âme. Léonard de Vinci fut quelque temps ingénieur en chef de son armée.

De l'esprit, de la superstition, de l'athéisme, des mascarades, des poisons, des assassinats, quelques grands hommes, un nombre infini de scélérats habiles et cependant malheureux[2], partout des passions ardentes dans toute leur sauvage fierté : voilà le quinzième siècle.

Tels furent les hommes dont l'histoire garde le souvenir ; tels furent sans doute les particuliers qui ne purent différer des princes qu'en ce que la fortune leur offrit moins d'occasions.

Des hauteurs de l'histoire veut-on descendre aux détails de la vie privée? Sup-

1. M. le président d'Oppède.
2. Voltaire, *Essai*, tom. V.

primez d'abord toutes ces idées raisonnables et froides sur l'intérêt des sociétés qui font la conversation d'un Anglais pendant les trois quarts de sa journée. La vanité ne s'amusait pas aux nuances ; chacun voulait jouir. La théorie de la vie n'était pas avancée ; un peuple mélancolique et sombre n'avait pour unique aliment de sa rêverie que les passions et leurs sanglantes catastrophes.

Ouvrons les confessions de Benvenuto Cellini, un livre naïf, le Saint-Simon de son âge ; il est peu connu, parce que son langage simple et sa raison profonde contrarient les écrivains phrasiers [1]. Il a cependant des morceaux charmants : par exemple, le commencement de ses relations avec une grande dame romaine nommée Porzia Chigi [2] ; cela est comparable, pour la grâce et le naturel divin, à l'histoire de cette jeune marchande que Rousseau trouva à Turin [3], madame Basile.

On connaît le Décaméron de Boccace. Le style, imité de Cicéron, est ennuyeux ; mais les mœurs de son temps ont trouvé un peintre fidèle. La *Mandragore* de Machiavel est une lumière qui éclaire au loin ; il n'a manqué à cet homme pour être Molière

1. W. Roscoe, et autres plus célèbres.
2. *Vita di Cellini*, I, p. 55.
3. Confessions, liv. II.

qu'un peu plus de gaieté dans l'esprit.

Prenons au hasard un recueil d'anecdotes du seizième siècle.

Je dis indifféremment dans tout ceci le quinzième siècle ou le seizième ; les chefs-d'œuvre de la peinture sont du commencement du seizième siècle, où le monde était encore gouverné par les habitudes du quinzième [1].

Côme Ier, qui régna dans Florence peu après les grands peintres, passait pour le prince le plus heureux de son temps ; aujourd'hui l'on plaindrait ses malheurs. Il eut, le 14 avril 1542, une fille nommée Marie, qui, en avançant en âge, parut ornée de cette rare beauté, apanage brillant des Médicis. Elle fut trop aimée d'un page de son père, le jeune Malatesti de Rimini. Un vieux Espagnol, nommé Médiam, qui gardait la princesse, les surprit un matin dans l'attitude du joli groupe de Psyché et l'Amour [2].

La belle Marie mourut empoisonnée ; Malatesti, jeté dans une étroite prison, parvint à s'échapper douze ou quinze ans après. Il avait déjà gagné l'île de Candie, où son père commandait pour les Véni-

1. Chose singulière ! l'époque brillante de l'Italie finit au moment où les petits tyrans sanguinaires furent remplacés par des monarques modérés.

2. Ancien musée Napoléon.

tiens ; mais il tomba sous le fer d'un assassin. Tel était l'honneur de ces temps, le cruel honneur qui remplace la *vertu* des républiques, et n'est qu'un vil mélange de vanité et de courage.

La seconde fille de Côme fut mariée au duc de Ferrare Alphonse ; aussi belle que sa sœur, elle eut le même sort : son mari la fit poignarder.

Leur mère, la grande-duchesse Eléonore, allait cacher sa douleur dans ses beaux jardins de Pise ; elle y était avec ses deux fils, don Garzia et le cardinal Jean de Médicis, au mois de janvier 1562. Ils prirent querelle à la chasse pour un chevreuil que chacun voulait avoir tué ; don Garzia poignarda son frère. La duchesse, qui l'adorait, eut horreur de son crime, fut au désespoir, et pardonna. Elle compta sur les mêmes mouvements dans l'âme de son époux ; mais le crime était trop récent. Côme, transporté de fureur à la vue du meurtrier, s'écria qu'il ne voulait point de Caïn dans sa famille, et le perça de son épée. La mère et les deux fils furent portés ensemble au tombeau. Côme fut distrait par le mélange de courage et de finesse dont il avait besoin pour avilir des cœurs brûlants encore pour la liberté [1].

1. Florence eut son Caton d'Utique dans Philippe Strozzi, 1530.

Il y réussit, et son fils, le grand-duc François, sans inquiétude pour sa couronne, put se livrer à l'amour des plaisirs.

L'histoire de sa mort, causée volontairement par une femme qui l'aimait, est vraiment singulière.

Vers l'an 1563, Pietro Buonaventuri, jeune Florentin aimable et sans fortune, quitta sa patrie pour chercher un meilleur sort. Il s'arrêta dans Venise, chez un marchand de son pays, dont la maison se trouvait située précisément dans la ruelle du palais Capello. La façade, suivant l'usage, donnait sur le canal. Il n'était bruit dans la ville que de la beauté de Bianca, la fille du maître de ce palais, et de la sévérité avec laquelle on la gardait.

Bianca ne pouvait, sous aucun prétexte, paraître aux fenêtres qui donnaient sur le canal ; elle s'en dédommageait en prenant l'air tous les soirs à une petite fenêtre très élevée, qui avait jour sur la rue étroite habitée par Buonaventuri. Il la vit et l'aima ; mais quelle apparence de s'en faire aimer ? Un pauvre marchand prétendre à une fille de la première noblesse, et la plus recherchée de Venise ! Il voulut renoncer à une passion chimérique. L'amour le ramenait toujours sous la petite fenêtre. Un de ses amis, le voyant au désespoir, lui représenta qu'il valait mieux trouver la mort en marchant au bonheur que périr comme un sot ; que d'ailleurs avec sa bonne mine et la tyrannie du père, faire connaître sa passion serait peut-être triompher.

A force de signes faits à la hâte, lorsque personne ne paraissait dans la rue, Pierre parvint à dire qu'il aimait ; mais il ne fallait pas seulement penser à s'ouvrir la maison du plus fier des hommes. Comme en Orient, la moindre tentative eût été punie de mort, peut-être sur les deux amants. La nécessité leur fit inventer un langage. La nécessité fit que cette beauté si dédaigneuse consentit à se procurer la clef d'une petite porte qui ouvrait sur la rue, et à venir donner un premier rendez-vous au jeune Florentin, démarche hardie qui ne put avoir lieu que de nuit pendant le sommeil des gens. Ces tendres rendez-vous furent renouvelés, et avec le résultat qu'on peut penser. Bianca sortait toutes les nuits, laissait la porte un peu bâillée, et rentrait avant le jour.

Une fois elle s'oublia dans les bras de son amant. Un garçon boulanger, qui allait de grand matin prendre le pain dans une maison voisine, apercevant une porte entr'ouverte, crut bien faire de la tirer à lui.

Bianca, arrivant un moment après, se vit perdue ; elle prend son parti, remonte chez Buonaventuri, frappe tout doucement. Il ouvre. La mort était certaine pour elle. Leur sort devient commun ; ils courent demander asile à un riche marchand de Florence, établi dans un quartier perdu. Avant que le jour achevât de paraître, tout était fini, et nulle trace de leur évasion ne pouvait les trahir. Le difficile était de sortir de Venise.

Le père de Bianca, et surtout son oncle Grimani, patriarche d'Aquilée, faisaient éclater l'indignation la plus violente ; ils prétendaient que tout le corps de la noblesse vénitienne était insulté en eux. Ils firent jeter en prison un oncle de Buonaventuri, qui mourut dans les fers ; ils obtinrent du sénat l'ordre de courir sus au ravisseur, avec une récompense de deux mille ducats à qui le tuerait. On fit partir des assassins pour les principales villes d'Italie.

Les jeunes amants étaient toujours dans Venise. Vingt fois ils furent sur le point d'être pris. Dix mille espions, et les plus fins du monde, voulaient avoir les deux mille ducats ; enfin une barque chargée de foin trompa tous les yeux, et ils purent gagner Florence. Là, dans une petite maison que Buonaventuri avait sur la *Via Larga*, ils se tinrent fort cachés. Bianca ne sortait jamais. Lui ne se hasardait que bien armé. C'était justement le temps que le vieux Côme Ier, dégoûté de cette longue suite de dissimulations et de perfidies qui avaient fait son règne, venait de laisser les soins du gouvernement à son fils D. François, prince d'un caractère plus sombre encore et plus sévère. Un favori vint lui dire que dans une petite maison de sa capitale vivait cachée cette Bianca Capello dont la beauté et la disparition singulière avaient fait tant de bruit à Venise. De ce moment, François eut une nouvelle existence ; tous les jours on le voyait se promener des heures entières dans la *Via Larga*.

On sent que tous les moyens furent mis en usage ; ils n'eurent aucun succès.

Bianca, qui ne sortait jamais, se mettait presque tous les soirs à la fenêtre ; elle portait un voile ; mais le prince pouvait l'entrevoir, et sa passion n'eut plus de bornes.

Cette affaire parut sérieuse au favori ; il en fit confidence à sa femme. Éblouie du degré de faveur où parviendrait son mari, si la maîtresse régnante lui devait sa place, elle prit le prétexte des malheurs qu'avait éprouvés la jeune Vénitienne, et des dangers qui la menaçait encore. Elle envoie une vénérable matrone, qui lui fait entendre que la grande dame a quelque chose d'important à lui communiquer, et, pour parler en toute liberté, la prie de lui faire l'honneur de venir dîner chez elle. Cette invitation parut très singulière. Les amants hésitèrent longtemps ; mais le rang de la dame et le besoin qu'on avait de protection firent consentir. Bianca parut ; je ne parle point de l'empressement et des tendresses de la réception. Il fallut conter son aventure : on l'écouta avec un intérêt si marqué, on lui fit des offres si obligeantes, qu'il fallut promettre de revenir, et d'être sensible à une amitié qui, en naissant, était déjà passion.

Le prince, charmé de cette première entrevue, espéra qu'il pourrait être de la seconde. Bianca reçut bientôt une nouvelle invitation[1]. La conversation tomba sur les dangers que pouvait faire courir la vengeance d'un père irrité. Il y avait des exemples cruels[2]. Enfin on lui demanda si elle ne serait point curieuse de faire sa cour au prince héréditaire, qui, l'ayant aperçue à sa fenêtre, n'avait pu s'empêcher d'admirer tant de charmes, et désirait vivement lui présenter ses respects. Bianca fut

1. En face de ce passage, Stendhal écrit en marge de l'exemplaire Doucet : « Quelle position ! Le prince caché voyant et entendant Bianca à quatre pas de lui ! » N. D. L. E.
2. Histoire de Stradella, un siècle après.

un peu troublée ; cet honneur dangereux mettait fin à toutes ses transes, et, quoiqu'elle affectât de s'en défendre, la dame crut voir dans ses yeux qu'un peu de violence ne l'offenserait pas. Le prince arriva sur ces entrefaites, d'un air qui parut naturel et honnête : ses offres de services, ses éloges respectueux, la modestie de ses manières, éloignaient la défiance. Bianca, qui n'avait nul usage, ne vit en lui qu'un ami. Il y eut d'autres rencontres. Buonaventuri lui-même n'eut pas l'idée de rompre une relation qui pouvait être à la fois honnête et utile.

Mais le prince était éperdûment amoureux ; Bianca, un peu ennuyée de passer ses beaux jours en prison, à Florence comme à Venise. Elle lui devait de pouvoir sortir sans crainte. Il augmenta, sous divers prétextes, la fortune du mari, et s'attacha la femme, de plus en plus, par la simplicité et la tendresse de ses manières ; elle résista longtemps ; enfin François parvint à former entre Bianca, Buonaventuri et lui ce qu'on appelle en Italie un *triangolo equilatero*.

Le jeune couple prit une grande maison dans le plus beau quartier de Florence. Le mari s'accoutuma bientôt à son nouvel état ; il se mêla parmi la noblesse, qui comme on pense, le reçut fort bien ; mais, fier de sa nouvelle fortune, il en usa avec une insolence assez ridicule. Indiscret et téméraire avec tout le monde, et même envers le prince, il finit par se faire assassiner.

Cet incident n'affligea que médiocrement les deux amants.L'amabilité et la folle gaieté de la jeune Vénitienne[1] captivaient le prince tous les jours davantage. Plus Médicis était sombre et sévère, plus il avait besoin d'être distrait par la vivacité et les grâces de Bianca. Née dans l'opulence aimant le luxe, et ne se croyant avec raison inférieure à personne par la naissance, elle paraissait en souveraine dans les rues de la capitale. La véritable souveraine, qu'on appelait, je ne sais pourquoi, la reine Jeanne, prit les choses au tragique, et, la trouvant un jour sur le pont de la Trinité, voulait la faire jeter dans l'Arno. Elle n'en fit rien, mais peu après mourut de douleur.Le grand-duc, touché de cette mort, et cédant aux représentations de son frère, le cardinal de Médicis, s'éloigna quelque temps de Florence pour rompre avec Blanche. Il lui envoya même un ordre de quitter la Toscane. Mais quelle consi-

1. Les Vénitiens sont les Français de l'Italie. (Note manuscrite de Stendhal dont le texte original portait : « L'amabilité et la folle gaîté de la jeune Vénitienne, ce sont les Français de l'Italie, captivaient le prince.... » N. D. L. E.)

dération peut l'emporter, dans un cœur sombre, sur le charme de tous les instants d'être aimé par une femme heureuse et gaie ? Bianca, qui avait de l'esprit, gagna le confesseur, et, moins de deux mois après la mort de la grande-duchesse, elle se fit épouser en secret.

Le grand-duc annonça son mariage à Venise. Une délibération des *pregadi* déclara Bianca fille adoptive de la république ; deux ambassadeurs suivis de quatre-vingt-dix nobles furent envoyés à Florence pour solenniser à la fois l'adoption de Saint-Marc et le mariage. Les fêtes données pour cette cérémonies si flatteuse pour la belle Vénitienne coûtèrent trois cent mille ducats.

Elle fut grande-duchesse ; son portrait est à la galerie de Florence. Je ne sais si c'est la faute de la manière dure du Bronzino ; mais ses yeux si beaux ont quelque chose de funeste.

Bianca trouva l'ambition et ses fureurs sur les marches du trône. Jusque-là, elle n'avait été que jolie femme et amoureuse. Elle voulut donner un héritier à son mari, et ne pas se voir un jour la sujette de son beau-frère. On consulta les astrologues de la cour ; on fit dire nombre de messes. Tous ces moyens se trouvant sans effet, la duchesse eut recours à son confesseur, cordelier à la grand-manche du couvent d'Ogni Santi, qui se chargea de conduire à bien cette grande entreprise. Elle eut des dégoûts, des nausées, et même garda le lit ; elle reçut les compliments de toute la cour. Le grand-duc était ravi.

Le temps des couches étant à peu près arrivé, Bianca fut surprise au milieu de la nuit par des douleurs si vives, qu'elle demanda impatiemment son confesseur. Le cardinal qui savait tout, se lève, descend dans l'antichambre de sa belle-sœur, et là se met à se promener tranquillement en disant son bréviaire. La grande-duchesse l'envoie prier de se retirer; elle n'osait lui faire entendre les cris que la douleur allait lui arracher : le cruel cardinal répond froidement : « Dite a sua altezza che attenda pure a fare l'offizio suo, che io dico il mio. — Dites à S. A. que je la supplie de faire son affaire ; moi, je fais la mienne. »

Le confesseur arrive, le cardinal va à lui, l'embrasse pieusement : « Soyez le bienvenu, mon père, la princesse a grand besoin de vos secours, » et, tout en le serrant dans ses bras, il sent facilement un gros garçon que le cordelier apportait dans sa manche. « Dieu soit loué, continue le cardinal, la grande-duchesse est heureusement accouchée,et d'un garçon encore! »

et il montre son prétendu neveu aux courtisans ébahis.

Bianca entendit ce propos de son lit : on juge de sa fureur par l'ennui et le ridicule d'une si longue comédie. L'amour du grand-duc lui ôtait toute inquiétude sur les suites de sa vengeance. Une occasion se présente ; ils étaient tous les trois à la belle villa de Poggio a Cajano, où ils avaient la même table. La duchesse, remarquant, que le cardinal aimait fort le *blanc-manger*, en fit apprêter un qui était empoisonné. Le cardinal fut averti ; il ne laissa pas de se rendre à table comme à l'ordinaire. Malgré les instances réitérées de sa belle-sœur, il ne veut pas toucher à ce plat ; il songeait aux moyens de la convaincre, lorsque le grand-duc dit : « Eh bien ! si mon frère ne veut pas de son plat favori, j'en prendrai, moi, » et il s'en sert une assiette. Bianca ne pouvait l'arrêter sans dévoiler le crime, et perdre à jamais son amour. Elle sentit que tout était fini pour elle, et prit son parti avec la même rapidité que jadis, lorsqu'elle trouva fermée la porte de son père. Elle se servit du blanc-manger comme son mari, et tous les deux moururent le 19 octobre 1587. Le cardinal succéda à son frère, prit le nom de Ferdinand Ier, et régna jusqu'en 1608.

Il faudrait parler de Rome. Fra Paolo

a montré les artifices de sa politique savante apparemment avec vérité, puisqu'il en fut assassiné. Pour les détails intérieurs, nous avons Jean Burchard, le maître de cérémonies d'Alexandre VI, qui, avec tout l'esprit de sa charge et de son pays, tenait registre des plaisirs les plus ridicules, mais sans sortir de la gravité. Il écrivait chaque soir. Le pape est toujours pour lui « *notre très saint maître, sanctissimus dominus noster.* » C'est un contraste plaisant, mais que je ne pourrais rendre sans m'exposer à passer pour philosophe, et même pour homme à idées libérales, ennemi du trône et de l'autel.

Il en est de même de la mort de Côme Gheri, le jeune et bel évêque de Fano, qui peint la cour de Paul III[1].

1. Dominica ultima mensis octobris, in sero, fecerunt cœnam cum duce Valentinensi in camera sua in palatio apostolico quinquaginta meretrices honestæ, cortegianæ nuncupatæ, quæ post cœnam chorearunt cum servitoribus et aliis ibidem existentibus, primo in vestibus suis, deinde nudæ. Post cœnam, posita fuerunt candelabra communia mensæ cum candelis ardentibus, et projectæ ante candelabra per terram castaneæ, quas meretrices ipsæ super manibus et pedibus nudæ, candelabra pertranseuntes colligebant, Papa, Duce, et Lucretia, sorore sua, præsentibus et aspicientibus : tandem exposita dona ultimo, diploides de serico, paria caligarum, bireta et alia, pro illis qui plures dictas meretrices carnaliter agnoscerent, quæ fuerunt ibidem in aula publice carnaliter tractatæ arbitrio præsentium, et dona distributa victoribus.

Feria quinta, undecima mensis novembris, intravit urbem per portam viridarii quidam rusticus, ducens duas equas lignis oneratas, quæ cum essent in plateola Sancti Petri,

C'est dans ce siècle de passions, et où les âmes pouvaient se livrer franchement

accurrerunt stipendiarii Papæ, incisisque pectoralibus, et lignis projectis in terram cum bastis, duxerunt equas ad illam plateolam quæ est inter palatium juxta illius portam : tum emissi fuerunt quatuor equi curser'i, liberi suis frenis et capistris ex palatio, qui accurrerunt ad equas, et inter se propterea cum magno strepitu et clamore morsibus et calceis contendentes ascenderunt equas, et coierunt cum eis, Papa in fenestra cameræ supra portam palatii et domina Lucretia cum eo existente, cum magno risu et delectatione præmissa videntibus.

Dominica seconda Adventus, quidam mascheratus visus est per Burgum verbis inhonestis contra ducem Valentinum. Quod dux intelligens fecit eum capi, cui fuit abscissa manus, et anterior pars linguæ quæ fuit appensa parvo digito manus abscissæ.

Die prima februarii, negatus fuit aditus Antonio de Pistorio et socio suo ad cardinalem Ursinum, qui singulis diebus consueverant portare ei cibum et potum quæ sibi per matrem suam mittebantur ; dicebatur pro eo quod Papa petierat a cardinali Ursino duo mille ducatos apud eum depositos per quemdam Ursinum consanguineum suum, et quandam margaritam grossam, quam ipse cardinalis a quodam Virginio Ursino emerat pro duo mille ducatis. Mater cardinalis hoc intelligens, ut filio subveniret, solvit duo mille ducatos Papæ ; et concubina cardinalis quamdam margaritam habebat. Induta habitu viri, accessit ad Papam, et donavit ei dictam margaritam. Quibus habitis permisit cibum ut prius ministrare qui interim biberat, ut vulgo æstimabatur, calicem, ordinatum, et jussu Papæ sibi paratum.

(*Corpus historicum medii ævi*, a G. Eccardo. Lipsiæ, 1723, tom. II, con. 2,134 et 2,149.)

.....Era Messer Cosimo Gheri da Pistoia vescovo di Fano, d'età d'anni vintiquatro, ma di tanta cognizione delle buone lettere così greche come latine e toscane, et di tal santità di costumi, ch'era quasi incredibile. Trovavasi questo giovane alla cura del suo vescovado, dove, pieno di zelo e di carità, faceva ogni giorno di molte buone opere ; quando il signor Pier Luigi da Farnèse, il quale ebro della sua fortuna, e sicuro per l'indulgenza del padre di non dover esser non che gastigato, ripreso, andava per le terre della chiesa stuprando, o per amore o per forza, quanti giovani gli venivano veduti, che gli piacessero, si partì dalla città d'Ancona per andare a

à la plus haute exaltation, que parurent tant de grands peintres : il est remarquable

Fano dove era governatore un frate sbandito dalla mirandola il quale è ancor vivo, e per la miseria e meschinità della spilorcia vita, si chiamava il vescovo della fame. Costui sentita la venuta di Pier Luigi, e volendo incontrarlo, richiese il vescovo, che volesse andare di compagnia a onorare il figliuolo del pontefice, e gonfaloniere di s. chiesa, il che egli fece quantunque mal volontieri. La prima cosa della quale domandò Pier Luigi il vescovo, fu, ma con parole proprie e oscenissime secondo l'usanza sua, il quale era scotumatissimo, comme egli si solazzasse, e desse buon tempo con quelle belle donne di Fano. Il vescovo, il quale non era men accorto che buono, rispose modestamente benchè alquanto sdegnato, ciô non essere ufficio suo, e per cavarlo di quel ragionamento soggiunse : « Vostra Eccellenza farebbe un gran benefizio a questa sua città, la quale é tutta in parte, s' ella mediante la prudenza e autorità sua la riunisse e pacificasse. »

Pier Luigi il giorno di poi avendo dato l' ordine di fare quello che fare intendeva, mandô a chiamar prima il governatore e poi il vescovo. Il governatore tosto che vedde arrivato il vescovo uscí di camera, e Pier Luigi cominció palpando, e stazzonando il vescovo a voler fare i piu disonesti atti, che con femmine far si possano ; e perché il vescovo, tutto che fusse di debolissima complezione, si difendeva gagliardamente, non pur da lui, il quale essendo pieno di malfrancese, non si reggeva a pena in piè, ma da altri suoi satelliti, i quali brigavano di tenerlo fermo, lo fece legare cosí in roccetto, com' egli era, per le braccia, per li piedi, e nell mezzo, ed il signor Giulio da Pie di Lucco, ed il signor conte di Pitigliano, i quali vivono ancora forse, quanto penô Pier Luigi sostenuto da due di quà e di là, à sforzarlo, stracciatogli il roccetto, e tutti gli altri panni, ed a trarsi la sua furiosa rabbia, tanto non solo li tennero i pugnali ignudi alla gola, minacciandolo continuamente se si muoveva di scannarlo, ma anco gli diedero parte colle punte, e parte co' pomi, di maniera che vi rimasero i segni. Le protestazioni che fece a dio ed a tutti i santi, il vescovo cosi infamissimamente trattato, furono tali e tante, che quelli stessi i quali v' intervennero, ebbero a dir poi, che si maravigliarono, come non quel palazzo solo, ma tutta la città di Fano, non isprofondasse ; piu avrebbe detto ancora, ma gli cacciarono per forza in bocca, e giù per la gola alcuni cenci, i quali poco mancô, che noll' affogassero. Il vescovo tra per la forza che egli

qu'un seul homme eût pu les connaître tous. Si on le fait naître la même année que le Titien, c'est-à-dire en 1477, il aurait pu passer quarante ans de sa vie avec Léonard de Vinci et Raphaël, morts, l'un en 1520, et l'autre en 1519 ; vivre de longues années avec le divin Corrège, qui ne mourut qu'en 1534, et avec Michel-Ange, qui poussa sa carrière jusqu'en 1563.

Cet homme si heureux, s'il eût aimé les arts, aurait eu trente-quatre ans à la mort de Giorgion. Il eût connu le Tintoret, le Bassan, Paul Véronèse, le Garofolo, Jules Romain, le Frate, mort en 1517, l'aimable André del Sarto, qui vécut jusqu'en 1530 ; en un mot, tous les grands peintres, excepté ceux de l'école de Bologne, venus un siècle plus tard.

Pourquoi la nature, si féconde pendant ce petit espace de quarante-deux ans,

ricevette nel corpo male complessionato, ma molto piu per lo sdegno ed incomparabil dolore si morì. Questa così atroce enormità, perche il facitor di essa non solo non se ne vergognava, ma se ne vantava, si divulgò in un tratto per tutto. Solo il cardinal di Carpi, che io sappia, osò dire in Roma, che nessuna pena se gli poteva dar tanto grande, che egli non la meritasse maggiore. I luterani dicevano a vituperio de' Papi, e de' papisti, questo esser un nuovo modo di martirizare i santi, e tanto piu che il pontefice suo padre risaputa cosi grave ed intolerabile nefandità, mostrò chiamandola leggerezza giovanile, di non farne molto caso ; pure l'assolvè segretamente per un amplissima bolla papale, da tutte quelle pene ne quali per incontinenza umana potesse in qualunque modo, o per qualsivogiia caggione, esser caduto ed incorso.

depuis 1452 jusqu'en 1494, que naquirent ces grands hommes [1], a-t-elle été depuis d'une stérilité si cruelle ? C'est ce qu'apparemment ni vous ni moi ne saurons jamais.

Guichardin nous dit [2] que, depuis ces jours fortunés où l'empereur Auguste faisait le bonheur de cent vingt millions de sujets, l'Italie n'avait jamais été aussi heureuse, aussi riche, aussi tranquille que vers l'an 1490. Une profonde paix régnait dans toutes les parties de ce beau pays. L'action des gouvernements était bien moindre que de nos jours. Le commerce et la culture des terres mettaient partout une activité naturelle, si préférable à celle qui n'est fondée que sur le caprice de quelques hommes. Les lieux les plus montueux, et par eux-mêmes les plus stériles, étaient aussi bien cultivés que les plaines verdoyantes de la fertile Lom-

1.

Léonard de Vinci, né près de Florence en....................	1452 mort	1519 à	67 ans
Le Titien, né près de Venise en .	1477	1576	99
Le Giorgion, *idem.* en	1477	1511	34
Michel-Ange, né à Florence en ..	1474	1563	89
Le Frate, né à Prato, près de Florence en	1469	1517	48
Raphaël, né à Urbin, en	1483	1520	37
André del Sarto, né à Florence en	1488	1530	42
Jules Romain, né à Rome en ...	1492	1546	54
Le Corrége, né à Corregio, en Lombardie en	1494	1534	40

2. Tome I, p. 4.

bardie. Soit que le voyageur, en descendant les Alpes du Piémont, prît son chemin vers les lagunes de Venise ou vers la superbe Rome, il ne pouvait faire trente lieues sans trouver deux ou trois villes de cinquante mille âmes : au milieu de tant de bonheur, l'heureuse Italie n'avait à obéir qu'à ses princes naturels, nés et habitant dans son sein, passionnés pour les arts comme ses autres enfants, pleins de génie, pleins de naturel, et dans lesquels, au contraire de nos princes modernes, on aperçoit toujours l'homme au travers des actions du prince.

Tout à coup un mauvais génie, l'usurpateur Ludovic Sforce, duc de Milan, appelle Charles VIII. En moins de onze mois, ce jeune prince entre dans Naples en vainqueur, et à Fornoue est forcé de se faire jour l'épée à la main pour se sauver en France. Le même sort poursuit ses successeurs, Louis XII et François Ier. Enfin, depuis 1494 jusqu'en 1544, la malheureuse Italie fut le champ de bataille où la France, l'Espagne et les Allemands vinrent se disputer le sceptre du monde.

On peut voir dans les histoires le long tissu de batailles sanglantes, de victoires, de revers, qui élevèrent et abaissèrent tour à tour la fortune de Charles-Quint et de François Ier. Les noms de Fornoue, de Pavie, de Marignan, d'Agnadel, ne sont pas tout à fait tombés en oubli, et la voix des hommes répète encore quelquefois avec eux les noms des Bayard, des connétables de Bourbon, des Pescaire, des Gaston de Foix, et de tous ces vieux héros qui versèrent leur sang dans cette longue querelle et trouvèrent la mort aux plaines d'Italie.

Nos grands peintres furent leurs contemporains. Le portrait de Charles VIII est de Léonard de Vinci [1], celui de Bayard est du Titien. Le fier Charles-Quint releva le pinceau de cet artiste, qui était tombé comme il le peignait, et le fit comte de l'Empire. Michel-Ange fut exilé de sa patrie par une révolution, et la défendit, comme ingénieur, dans le siège mémorable que la liberté mourante soutint contre les Médicis [2]. Léonard de Vinci, lorsque la chute de Ludovic l'eut chassé de Milan, alla mourir en paix à la cour de François Ier. Jules Romain s'enfuit de Rome après le sac de 1527, et vint rebâtir Mantoue.

Ainsi l'époque brillante de la peinture fut préparée par un siècle de repos, de richesses et de passions ; mais elle fleurit

1. Musée de Paris, nº 928.
2. Florence fut trahie par le principal personnage chargé de la défendre, l'infâme Malatesta, 1530.

au milieu des batailles et des changements de gouvernement [1].

Après ce grand siècle de gloire et de revers, l'Italie, quoique épuisée, eût pu continuer sa noble carrière ; mais, lorsque les grandes puissances de l'Europe allèrent se battre en d'autres pays, elle se trouva dans les serres de la triste monarchie, dont le propre est de tout amoindrir [2].

FLORENCE

A la fin du quinzième siècle, à cette époque de bonheur citée par Guichardin, l'Italie offre un aspect politique fort différent du reste de l'Europe. Partout ailleurs, de vastes monarchies ; ici, une foule de petits Etats indépendants. Un seul royaume, celui de Naples, est entièrement éclipsé par Florence et Venise.

Milan avait ses ducs, qui plusieurs fois touchèrent à la couronne d'Italie [3]. Florence, qui jouait le rôle actuel de l'An-

1. En note sur l'exemplaire Doucet, Stendhal écrit de sa main : « Le grand inconvénient de la civilisation, c'est l'absence du danger ; voyez Paris. C'est ce qui crée les gens médiocres. 21 novembre 1819. » N. D. L. E.

2. Est-il besoin d'avertir qu'on parle de la monarchie absolue, dont rien ne diffère plus que l'heureux gouvernement que nous devons à un prince libéral ? (R. C.)

3. Le comte de Virtù, l'archevêque Visconti, le mélancolique beau-père du grand François Sforce.

gleterre, achetait des armées et leur résistait. Mantoue, Ferrare, et les petits Etats, s'alliaient aux plus puissants de leurs voisins. Cela dura tant que les ducs de Milan eurent du génie, jusqu'en 1466.

Un des citoyens de Florence s'empara de l'autorité, et vit que, pour durer, il fallait de tyran se faire monarque ; il fut modéré. Dès lors la balance devait pencher en faveur des Vénitiens ; au milieu de cet équilibre incertain, l'Italie eût été réunie sans l'astucieuse politique des papes. C'est le plus grand crime politique des temps modernes.

Florence, république sans constitution, mais où l'horreur de la tyrannie enflammait tous les cœurs, avait cette liberté orageuse, mère des grands caractères. Le gouvernement représentatif n'étant pas encore inventé, ses plus grands citoyens ne purent trouver la liberté et fondre les factions. Sans cesse il fallait courir aux armes contre les nobles ; mais c'est l'avilissement, et non le danger, qui tue le génie dans un peuple.

Côme de Médicis, l'un des plus riches négociants de la ville, né en 1389, peu après les premiers restaurateurs des arts, se fit aimer comme son père[1], en protégeant le

1. Etablissement du catasto.

peuple contre les nobles. Ceux-ci s'emparèrent de lui, n'eurent pas le caractère de le tuer, et l'exilèrent. Il revint, et à son tour les exila.

Par la terreur et la consternation publique [1], au moyen d'une police inexorable, mais toutefois en ne faisant tomber que peu de têtes [2], il maintint la supériorité de sa faction, et fut roi dans Florence. Suivant le principe de ce gouvernement, il songea d'abord à amuser ses sujets, et à leur rendre ennuyeuse la chose publique. Ne voulant rien mettre au hasard, il ne prit aucun titre. Des richesses égales à celles des plus grands rois furent employées d'abord à corrompre les citoyens [3], ensuite à protéger les arts naissants, à rassembler des manuscrits, à recueillir les savants grecs que les Turcs chassaient de Constantinople (1453).

Côme, *le père de la patrie*, mourut en 1464, car tel est son nom dans l'histoire qui s'empare indifféremment de tous les moyens de distinguer les gens. Les badauds en concluent qu'il fut adorable. Le bonheur

1. Assassinat de Baldaccio, non moins odieux que celui de Pichegru.

2. Quelques pauvres diables qui furent livrés généreusement par la république de Venise, conduite noble qui, de nos jours, a trouvé des imitateurs chez ce peuple *loyal*, les Suisses. (Machiavel. lib. V ; Nerli, lib. III.)

3. Il prêtait facilement des sommes qu'il ne redemandait jamais.

des Médicis est d'avoir trouvé après eux un *préjugé ami*. Le bon public, qui croit les Robertson, les Roscoe, et autres gens qui ont leur fortune à faire, a vu dans Côme un Washington, un usurpateur tout sucre et tout miel, je ne sais quelle espèce de personnage moralement impossible. Mais il y a erreur. Il faut savoir que le patelinage jésuitique ne fut trouvé qu'un siècle plus tard. Côme de Médicis, au lieu d'affecter la sensibilité des princes modernes, répondit tout naturellement à un citoyen qui lui représentait qu'il dépeuplait la ville : « J'aime mieux la dépeupler que la perdre[1]. »

Son fils Pierre, qui eut l'insolence d'un roi, sans l'être tout à fait, se fit bien vite chasser.

Son petit-fils, Laurent le Magnifique, fut à la fois un grand prince, un homme heureux et un homme aimable. Il régna plutôt à force de finesse qu'en abaissant trop le caractère national ; il avait horreur, comme homme d'esprit, des plats courtisans, qu'il aurait dû récompenser comme monarque. Négociant immensément riche, comme son aïeul, passant sa vie avec les gens les plus remarquables de son siècle, les Politien, les Calcondile, les Marcille,

1. Ammir. ist, lib. XXI. — Mach., lib. V. — Nerli, lib. III.

les Lascaris, il fut inventeur en politique. La balance des pouvoirs est de lui ; il assura autant que possible l'indépendance des petits Etats d'Italie[1]. On est allé jusqu'à dire que, s'il ne fût pas mort à quarante deux-ans, Charles VIII n'eût jamais passé les Alpes.

Il aima le jeune Michel-Ange, qu'il traita comme un fils ; souvent il le faisait appeler pour jouir de son enthousiasme, et lui voir admirer les médailles et les antiquités qu'il rassemblait avec passion. Côme avait protégé les arts sans s'y connaître ; Laurent, s'il n'eût été le plus grand prince de son temps, se serait trouvé l'un des premiers poëtes ; il eut sa récompense : le sort fit naître ou se développer sous ses yeux les artistes sublimes qui ont illustré son pays, Léonard de Vinci, André del Sarto, Fra Bartoloméo, Daniel de Volterre[2].

Il régnait directement sur la Toscane, et sur le reste de l'Italie par l'admiration qu'il inspirait aux princes et aux peuples. Bientôt après, son fils Léon fut le maître d'un autre grand état. L'imagination peut s'amuser à suivre le roman des beaux-arts, et se demander jusqu'où

1. Aujourd'hui on les rendrait inconquérables par l'amour de la patrie et les deux Chambres.

2. La Toscane eût gagné pour sa gloire en cessant d'exister en 1500.

ils seraient allés, si Laurent eût vécu les années de son grand-père, et s'il eût vu son fils Léon X atteindre l'âge ordinaire des papes. La mort prématurée de Raphaël eût peut-être été réparée. Peut-être le Corrége se serait vu surpassé par ses élèves. Il faut des milliers de siècles avant de ramener une telle chance.

VENISE

Tandis que les rives de l'Arno voyaient renaître les trois arts du dessin, la peinture seule renaissait à Venise.

Ces deux événements ne s'entr'aidèrent point ; ils auraient eu lieu l'un sans l'autre.

Venise aussi était riche et puissante ; mais son gouvernement, aristocratie sévère, était bien éloigné de l'orageuse démocratie des Florentins. De temps à autre le peuple voyait avec effroi tomber la tête de quelque noble ; mais jamais il ne s'avisa de conspirer pour la liberté. Ce gouvernement, chef-d'œuvre de politique et de balance des pouvoirs, si l'on ne voit que les nobles par qui et pour qui il avait été fait, ne fut envers le reste du peuple qu'une tyrannie soupçonneuse et jalouse, qui, tremblant toujours devant ses sujets, encourageait parmi eux le commerce, les arts et la volupté. Un seul fait montre la richesse de l'Italie et la pauvreté de l'Europe[1]. Quand tous les souverains réunis par la ligue de Cambrai cherchèrent à détruire les Vénitiens, le roi de France empruntait à quarante pour cent, tandis que Venise, à deux doigts de sa perte, trouva tout l'argent dont elle eut besoin au modique intérêt de cinq pour cent.

Ce fut dans toute la force de cette aristocratie qui faisait des conquêtes, et par conséquent souffrait encore quelque énergie, que les Titien, les Giorgion, les Paul Véronèse, naquirent dans les États de terre ferme de la république. Il semble qu'à Venise la religion, traitée en rivale et non pas en complice par la tyrannie, ait eu moins de part qu'ailleurs au perfectionnement de la peinture. Les tableaux les plus nombreux qu'André del Sarto, Léonard de Vinci et Raphaël nous aient laissés, sont des madones. La plupart des tableaux des Giorgion et des Titien représentent de belles femmes nues. Il était de mode, parmi les nobles Vénitiens, de faire peindre leurs maîtresses déguisées en Vénus de Médicis.

1. Comines, chap. IX, pour Charles VIII. L'Italie méprisait les sottises monacales sur l'usure. Elle était à deux siècles en avant de l'Europe comme aujourd'hui elle est à deux siècles en arrière de l'Amérique.

ROME

La peinture, née au sein de deux républiques opulentes, au milieu des pompes de la religion, et d'une extrême liberté de mœurs, fut appelée aux bords du Tibre par des souverains qui, parvenant tard au trône, n'y siégeant qu'un instant, et ne laissant pas de famille, ont en général la passion d'élever dans Rome quelque monument qui y conserve leur mémoire. Les plus grands d'entre eux appelèrent à leur cour le Bramante, Michel-Ange et Raphaël. En entrant dans ces palais immenses de Monte-Cavallo et du Vatican, le voyageur est étonné de trouver sur le moindre banc de bois le nom et les armes du pape qui l'a fait faire[1]. Au milieu des pompes de la grandeur, la misère de l'humanité montre tout à coup sa main décharnée. Ces souverains ont horreur de l'oubli profond où ils vont tomber en quittant le trône et la vie.

Leur gouvernement, que nous voyons de nos jours un despotisme doux et timide, fut une monarchie conquérante dans les

1. Ecrit en 1802, avant que Napoléon eût porté dans les grandes salles nues de Monte-Cavallo le luxe délicat et brillant des appartements de Paris

temps brillants de la peinture, sous Alexandre VI, Jules II et Léon X.

Alexandre réussit à humilier les grandes familles de Rome. Jusqu'à lui, ces pontifes, si redoutables aux extrémités du monde, avaient été maîtrisés dans leur capitale par quelques barons insolents. Profitant du trouble où la course de Charles VIII jeta l'Italie, il parvint à les subjuguer ou à les exterminer tous. L'impétueux Jules II ajouta ses conquêtes au patrimoine de Saint-Pierre. L'aimable Léon X, qui succéda presque immédiatement à ces grands princes, et qui, sous plus d'un rapport, fut digne d'eux, eut pour les beaux-arts un amour véritable. Les fleurs semées par Nicolas V et Laurent de Médicis parurent de son temps.

Malheureusement son règne fut trop court[1], et ses successeurs trop indignes de lui. Ses États mieux cultivés, et la crédulité de l'Europe, qu'il vint à bout de fatiguer, avaient secondé un des caractères les plus magnifiques qui aient jamais embelli le trône.

1. Il ne régna que huit ans, et fut remplacé par un Flamand. Voici les dates des papes gens d'esprit : Nicolas V, de 1447 à 1455. — Alexandre VI, de 1492 à 1503. — Jules II, de 1503 à 1513.— Léon X, de 1513 à 1521.— Le Flamand Adrien VI, qui détestait les arts, de 1522 à 1523.— Le faible Clément VII, qui parut digne du trône jusqu'à ce qu'il y monta, de 1523 à 1534. Ce fut lui qui détruisit la liberté de Florence.

Depuis ces grands hommes, les papes n'ont été que dévots [1].

Toutefois nous les verrions encore des souverains puissants s'ils avaient porté dans leurs affaires temporelles la même politique que dans celles de la religion. Dans celles-ci, les maximes politiques sont *immortelles ; c'est le souverain seul* qui change. Toute la cour sent trop bien à Rome que le premier intérêt de tous, c'est *que la religion subsiste. Le pape se* conduit donc bien comme pape ; mais vous savez que, comme souverain, il n'a pour but que d'élever sa famille. C'est un pauvre vieillard entouré de gens avides qui *n'espèrent qu'en sa mort. Il n'a pour* amis que ses neveux, et, comme ils sont aussi *ses ministres, ils lui épargnent la* peine de combattre un penchant naturel.

Quand les Altieri, neveux de Clément X, eurent fini leur palais, ils invitèrent leur oncle à le venir voir. Il s'y fit porter, et de si loin qu'il aperçut la magnificence et l'étendue de ce bâtiment superbe, il rebroussa chemin, le cœur serré, sans dire un seul mot, et mourut peu après.

La décadence a été rapide. Ce n'est pas *qu'à Rome le despotisme soit vexatoire*

1. Il est aussi ridicule à un pape de signer l'abolition des jésuites, qu'à un roi de France de faire le traité de 1756.

ou cruel ; je ne me rapelle, dans le moment d'autre crime que la mort de Cagliostro, étouffé dans un château fort, près de Forli [1]. « Mais aussi, dit un peintre célèbre, c'était le contrebandier réfugié à la douane.» Ce mot fit fortune, car on est malin à Rome, et pas du tout dupe des grandes phrases, moins qu'à Paris. Dès qu'une sottise y est utile, elle s'y sauve du ridicule ; mais malheur au bavard emphatique qui n'obtient pas bien vite une pairie. C'est aux plaisanteries de Pasquin que les Romains doivent le goût sûr qui les distingue dans les beaux-arts. Il y a même chez eux quelque naturel dans la conversation. Ailleurs, en Italie, il ne faut pas se figurer que les expressions simples ou positives soient d'un usage ordinaire ; le comparatif même y est négligé, et, dans les grandes occasions, il faut savoir surcharger le superlatif [2].

Le vice du gouvernement papal gît dans l'administration intérieure ; il n'y en a pas. Quelques vieillards pieux, élevés dans une grande ignorance de Barême, y laissent aller les choses à leur pente naturelle. Rien de mieux, s'il y avait un principe de vie ; mais le travail est déshonoré ; mais à chaque instant le

1. A San-Leo, 1795.
2. De là l'absence du comique.

fleuve terrible de la dépopulation engloutit en silence quelque nouveau terrain.

Un banquier de Londres, premier ministre sous un pontificat un peu long, ferait naître du blé, et par là des hommes. Il montrerait que le pape peut être facilement le plus riche souverain de l'Europe ; car il n'a pas besoin d'armée ; quelques compagnies de gardes du corps et une bonne gendarmerie lui suffisent.

A Rome, l'opinion publique est excellente pour distribuer la gloire aux artistes tout formés ; mais la prudence obséquieuse, sans laquelle on ne saurait y vivre, brise les caractères généreux[1]. Au milieu de tant de grands souvenirs, à la vue des ruines de ce Colisée, qui inspirent une mélancolie si sublime, et remuent même les cœurs les plus froids, rien n'encourage les rêves d'une imagination jeune et ardente. La triste réalité y perce de toutes parts, même aux yeux de l'enfance. J'ai été atterré des maximes de conduite que me citaient des bambins de seize ans sortant du collège. Sous le gouvernement de ces prêtres, l'élévation de caractère est littéralement une folie. En dernier lieu, les enfants des grandes familles avaient été transportés en France.

1. *Vie d'Alfieri*, *Vie de Cellini*, l'Arétin, etc.

Par cette mesure un peu acerbe, le caractère national eût été relevé. Les enfants d'Italie, toujours menés par des prêtres, n'y ont pas même la santé physique.

Je prie qu'on me pardonne ces détails. Malgré la misère qui paraît de tous côtés, comme il y a dans le cœur du pape, pour peu qu'il soit quelque chose de mieux qu'un moine, un penchant qui favorise les arts, Rome est maintenant leur capitale, mais capitale d'un empire désolé [1].

Vous voyez sans doute que tous les raisonnements sur la renaissance de la peinture ne sont que des palliatifs. Cet art a donné tous les genres de beauté compatibles avec la civilisation du seizième siècle ; après quoi il est tombé dans le genre ennuyeux. Il renaîtra lorsque les quinze millions d'Italiens, réunis sous une constitution libérale, estimeront ce qu'ils ne connaissent pas, et mépriseront ce qu'ils adorent [2].

Les nobles Romains qui firent travailler les Raphaël, les Guide, les Dominiquin, les Guerchin, les Carrache, les Poussin, les Michel-Ange de Carravage, pouvaient apprécier les talents. Ce n'étaient point

1. En 1816, le pape est plus riche que jamais. Sa Sainteté jouit de tous les biens des moines. Voyage de sir W. E***,

2. L'Italie peut lire dans un exemple domestique. Lorsque, après la mort d'Alphonse II, Ferrare passa aux papes, avec on indépendance elle perdit son école.

les princes modernes engourdis au fond de leur palais par l'impossibilité de toute noble ambition, mais des gens qui venaient seulement de perdre leur puissance, qui en avaient tout l'orgueil, qui, dans le secret de leur cœur, songeant à la reconquérir, savaient apprécier les entreprises difficiles, et estimer tout ce qui est grand. En général, le seizième siècle n'offrait nulle part cette tranquillité moutonnière de nos vieilles monarchies, où tout paraît soumis, mais où, dans le fait, il n'y a rien eu à soumettre.

CONSIDÉRATIONS GÉNÉRALES

Nous venons de parcourir les gouvernements de Venise, Florence et Rome patries de la peinture. Voici les circonstances communes à ces trois États.

Une extrême opulence, mais peu de luxe personnel. Chaque année, des sommes énormes dont on ne savait que faire [1].

La vanité, la religion, l'amour du beau portent toutes les classes à élever des monuments. La manière de faire preuve

1. Vu encore à Gênes en 1792. Un noble, ayant gagné un procès, et ne sachant que faire de l'argent, élevait un arc de triomphe en l'honneur de sa victoire.

de ses richesses, première question à faire dans tous les siècles et dans tous les pays, était telle alors. Agostino Chigi, le plus riche banquier de Rome, montre son opulence en élevant le palais de la Farnesina, et le faisant peindre par Raphaël d'Urbin, le peintre à la mode[1]. Les vieillards riches, et c'est à cette époque de la vie qu'on est riche, bâtissaient des églises, ou au moins des chapelles, qu'il fallait toujours remplir de peintures. Les plus simples particuliers voulaient placer un tableau sur l'autel de leur patron.

On trouve que le capital que l'Italie employa en objets de piété équivaut au prix de tous ses fonds de terre.

Mais la religion, semblable à ces mères malheureuses qui, en donnant la vie à leurs enfants, déposent dans leur sein le germe de maladies incurables, jeta la peinture dans une fausse route ; elle l'éloigna de la beauté et de l'expression. Jésus n'est jamais, dans les tableaux du Titien ou du Corrège, qu'un malheureux condamné au dernier supplice, ou le premier courtisan d'un despote[2]. Il est plaisant de voir la peinture, un art frivole,

1. Les histoires de Psyché et de Galathée immortalisent ce joli bâtiment, qui appartient au roi de Naples, comme héritier des Farnèse. C'est ainsi que lui est venue la galerie de Parme.

2. Par son air humble et soumis.

faire la preuve d'un système religieux[1].

Chez les Grecs, qui mettaient au rang des dieux les héros bienfaiteurs de la patrie, la religion commandait la beauté, et la beauté avant tout, même avant la ressemblance. Souvent les mains des bas-reliefs antiques ont tout au plus la forme humaine, les accessoires sont ridicules ; mais la ligne du front indique déjà la capacité d'attention ; et la bouche, le calme d'une raison profonde. C'est que les Grecs avaient à rendre les vertus de Thésée, qui sauve les Athéniens ; et les modernes, les vertus de saint Siméon Stylite, qui se donne les étrivières pendant vingt ans au haut de sa colonne[2].

Les Italiens faisaient peindre à fresque l'intérieur de leurs maisons, et quelquefois même l'extérieur, comme à Venise et à Gênes, où l'on peut encore voir sur la place des *Fontane amorose* l'élégance de cet usage.

Les surfaces extérieures des grandes murailles sont rarement d'une couleur uniforme ; elles offrent, presque en tous pays, quelque chose de rude et de peu soigné qui éloigne l'idée du luxe. De là l'air si misérable de nos petites villes de

1. Tant il est vrai que les grands hommes arrivent à la vérité par tous les chemins.
2. *Vies des Pères du désert.*

France. Au contraire, d'aussi loin qu'on aperçoit un palais que la fresque a revêtu de couleurs brillantes et de statues, on songe à la richesse des appartements. Dans le nord, la teinte uniforme et douce des maisons de Berlin donne l'idée de la propreté et de l'aisance.

Au quinzième siècle, l'Italie ornait de peintures non seulement les églises et les maisons, mais les cassettes dans lesquelles on offre les présents de noce, mais les instruments de guerre, mais jusqu'aux selles et aux brides des chevaux. La société faisant une aussi énorme demande de tableaux, il était naturel qu'il y eût une foule de peintres. Les gens qui ordonnaient ces tableaux ayant reçu du ciel une imagination enflammée, sentant vivement le beau, honorant les grands artistes avec cette reconnaissance qu'inspirent les bienfaits, il était naturel qu'il naquît des Léonard de Vinci et des Titien.

Ce siècle, si porté pour les beaux-arts, n'exigea pas de ses artistes qu'ils suivissent toujours pour plaire les routes les plus sûres. Tous les romans charment dans la jeunesse. Mais il eut la partie principale du goût, celle qui peut les suppléer toutes, et qu'aucune ne peut remplacer, je veux dire *la faculté de recevoir par la peinture les plaisirs les plus vifs.* Il aima avec passion cet art bienfaiteur qui embellit de plaisirs faciles les temps prospères de la vie, et qui, dans les jours de tristesse, est comme un refuge ouvert aux cœurs infortunés. Entrerai-je ici dans quelques détails ? Oserai-je, dès le portique, faire entrevoir le sanctuaire ?

Un livre ne peut changer l'âme du lecteur[1]. L'aigle ne paîtra jamais dans les vertes prairies, et jamais la chèvre folâtre ne se nourrira de sang. Je puis tout au plus dire à l'aigle : Viens de ce côté, c'est vers cette région de la montagne que tu trouveras les agneaux les plus gras ; et à la chèvre : C'est dans les fentes de ce roc que croît le meilleur serpolet.

Les sensations manquent à l'homme froid. Un homme, dans les transports de la passion, ne distingue pas les nuances, et n'arrive jamais aux conséquences immédiates. Le sauvage, qui ne sait pas lire, n'a garde de trembler à la vue d'un papier écrit ; le voleur, plus instruit, frémit devant sa sentence de mort.

Les liaisons d'idées qui font les trois quarts du charme des beaux-arts ont besoin d'être *nommées une fois* aux âmes

1. Voyez les bobines, dans les *Lettres sur Mozart* *.

* Stendhal fait allusion ici à un passage de son premier ouvrage : *Vies de Haydn, de Mozart et de Métastase.* Cf. l'édition du Divan, p. 188. N. D. L. E.

tendres ; elles n'oublient plus ces sentiments divins qui ont le bonheur d'être donnés dans une langue que l'ignoble vulgaire ne souilla jamais de ses plates objections.

Parlerai-je de la *beauté ?* Dirai-je qu'il en est, dans les arts, de la sublime beauté [1] comme des beautés mortelles, dont l'amour nous conduit aux beautés du marbre et des couleurs ? A la faveur d'une parure ni trop flottante ni trop serrée, montrant beaucoup de leurs attraits, en laissant deviner bien davantage, elles n'en sont que plus séduisantes aux yeux du connaisseur. La pensée soulève ses voiles ; elle entre en conversation avec cette vierge charmante de Raphaël ; elle veut lui plaire ; elle jouit de ces qualités de son âme, qui font qu'elle lui plairait, qualités si longuement oisives dans notre système de vie actuel.

Quant aux autres, ils se plaisent à considérer la délicatesse et la broderie de ses vêtements, la richesse de l'étoffe, la vivacité et le jeu des couleurs, et ils donneraient volontiers la dame pour ses habits [2].

1. Les négligences du Corrège.

2. Ce matin, je montrais à un homme qui a plusieurs plaques à son habit, et qui ne manque pas d'intelligence, une superbe épreuve de la cène de Morghen. Il l'a examinée longtemps en silence, car lui-même possède de superbes gravures. Je lui faisais comparer celle-ci à un dessin que j'ai fait faire d'après le carton de Bossi. Tout à coup il s'est écrié : «Comme ces verres sont rendus ! » et, après un petit silence : « Vous

Qui osera dire au tigre rapide : Échange ton bonheur pour celui de la tendre colombe ?

Ce n'est pas au moment où un bel enfant vient de naître qu'il faut parler des causes qui le conduiront un jour à la décrépitude. Je ne dirai qu'un mot de la misère actuelle.

Dès ses premiers pas en Italie, le voyageur rencontre l'église célèbre connue sous le nom de Dôme-de-Milan. Cinq portes principales donnent l'entrée dans ce vaste édifice. Si, en passant sous ces portes, le voyageur lève les yeux, il aperçoit dans le bas-relief qui est au-dessus de la plus grande un sujet qui, de nos jours, serait proscrit par les convenances. Il trouve au-dessus de trois des autres portes des charmes retracés avec trop de vérité. Nous ne voulons plus des Eve, des Judith, des Débora si séduisantes. La religion et les convenances s'y opposent également. La plupart des actions de la vie, étant sérieuses, n'admettent plus les beaux-arts au même degré. Les mots si vifs de Henri IV conviennent moins à *notre majesté* que les réponses un peu lourdes de Louis XIV[1].

savez que la tête de Judas est le portrait du prieur ? » J'ai vu que depuis un quart d'heure j'étais un sot.

1. Cela tient à la grande loi des convenances, qui n'est que la crainte du *ridicule*, qui n'est que le manque de caractère, qui n'est que l'influence de la monarchie. Peu de tout

La religion du quinzième siècle n'est pas la nôtre. Aujourd'hui que la réforme de Luther et les sarcasmes des philosophes français ont donné des mœurs pures au clergé et à ses dévots, l'on ne se figure guère ce que furent les prêtres aux jours brillants de l'Italie. Les premières places de l'Église étaient dévolues à des cadets de grandes maisons. Ces jeunes gens voyaient bien vite que, pour s'avancer, il fallait de l'esprit et de la politique[1]. Léon X, entrant à treize ans dans le collége des cardinaux, qui avaient pour doyen très considéré le cardinal Borgia, vivant publiquement avec ses enfants et la belle Vanosa, ce qui ne l'empêcha pas bientôt après d'acheter la couronne, ne devait prendre qu'une idée médiocre de l'utilité des mœurs. De nos jours, c'est le contraire, la mode est pour les vertus négatives ; et les papes, avertis par la présence de l'ennemi, n'élèvent à la pourpre que des vieillards habiles qui ont passé leur vie à ne pas se rendre indignes de cette grande distinction, et à s'en approcher sans cesse par des pas insensibles.

cela en Amérique, l'on n'est pas plus vertueux qu'en 1500, mais moins énergique pour le mal comme pour le bien. La civilisation fait désirer à un homme des choses moins nuisibles aux autres. Nous n'avons plus de cette barbarie que la noblesse.

1. *Vie du cardinal Bembo*, par Angiolini.

Si l'on a la curiosité de prendre l'âge des évêques et des cardinaux du quinzième siècle, et qu'on le compare au temps où la vieille ambition de nos prêtres reçoit enfin sa récompense, on verra que Luther a mis les grandeurs de l'Église dans une autre saison de la vie [1]. Dommage immense pour les beaux-arts.

Les circonstances qui leur étaient favorables, et que le hasard avait surtout réunies à Florence, à Rome et à Venise, se rencontraient plus ou moins dans les autres États.

MILAN

Un duc de Milan appela Léonard de Vinci. Comme c'était un prince qui donnait aux arts une protection réelle, il fit naître Bernardino Luini et d'autres peintres recommandables. Mais la révolution qui le jeta prisonnier dans le château de Loches, et dépeupla la Lombardie, détruisit ce public naissant et dispersa les peintres.

1. Léon X, cardinal à quatorze ans ; Gio. Salviati, cardinal à vingt ans ; B. Accolti, cardinal à trente ans ; H. Gonzaga, cardinal à vingt-deux ans ; H. de Médicis, cardinal à dix-huit ans ; H. d'Este, archevêque de Milan à quinze ans ; As. Sforce, cardinal à seize ans ; Alex. Farnèse, cardinal à quatorze ans.

NAPLES

A l'autre extrémité de l'Italie, le royaume de Naples offrait une féodalité plus ridicule encore que celle du nord de l'Europe.

Le Dominiquin, qui alla peindre à Naples l'église de Saint-Janvier, y fut empoisonné par les artistes du pays. Voilà tout ce que la peinture doit dire de cet État.

Mais il devait être illustré par un art différent, montrer, trois siècles après, que l'Italie fut toujours la patrie du génie, et lui donner des Cimarosa et des Pergolèse, quand elle n'avait plus de Titien ni de Paul Véronèse.

LE PIÉMONT

La peinture fut appelée en Piémont pour y être, comme dans les autres monarchies, une plante exotique soignée à grands frais, élevée au milieu d'une grande jactance de paroles, et qui ne fleurit jamais.

Quoique les pinceaux soient muets, le gouvernement monarchique, même dans le cas où le roi est un ange, s'oppose à leurs chefs-d'œuvre, non pas en défendant les sujets de tableaux, mais en brisant les âmes d'artistes.

Il n'est pas si contraire à la sculpture, qui n'admet guère d'expression, et ne cherche que la beauté [1]. Loin que je veuille dire que ce gouvernement ne puisse être fort juste, quant à la propriété et quant à la liberté des sujets ; mais je dis que, par les habitudes qu'il imprime, il écrase le moral des peuples.

Quelles que soient les vertus du roi, il ne peut empêcher que la nation ne prenne ou ne conserve les habitudes de la monarchie ; sans quoi, son gouvernement tombe. Il ne peut empêcher que chaque classe de sujets n'ait intérêt à plaire au ministre ou au sous-ministre, qui est son chef immédiat.

Je suppose toujours ces ministres les plus honnêtes gens du monde. Les habitudes serviles que donne la soif de leur plaire ont un caractère déplorable de petitesse, et chassent toute originalité ; car, dans la monarchie, celui qui n'est pas comme les autres insulte les autres, qui se vengent par le ridicule. Dès lors plus de vrais artistes, plus de Michel-Ange, plus de Guide, plus de Giorgion. On n'a qu'à voir les mouvements d'une petite ville

1. Sans la protection du ministre, le sculpteur ne peut travailler.

de France, lorsqu'un prince du sang[1] doit y passer, l'anxiété avec laquelle intrigue un malheureux jeune homme pour être de la garde d'honneur à cheval ; enfin il est désigné, non point par ses talents, mais par l'absence des talents, mais parce qu'il n'est pas *une mauvaise tête*, mais par le crédit qu'une vieille femme, dont il fait le boston, a sur le confesseur du maire de la ville. Dès lors c'est un homme perdu.

Je ne prétends pas qu'il ne soit honnête homme, homme respectable, homme aimable, si l'on veut ; mais ce sera toujours un plat homme[2].

On suit bien l'influence de la monarchie lorsque l'on voit les grands qui ont le plus de génie naturel obligés, par tous les liens de Gulliver, à périr d'ennui pour représenter, c'est-à-dire pour tenir école de servilité monarchique[3]. C'est le service

1. Ecrit en septembre 1814, à B***.
2. Voyez la preuve de tout ceci dans un ancien ennemi du trône et de l'autel, Fénelon : *Lettres diverses*, édit. Briand, tom. X. *Lettres à son neveu le lieutenant général*, pag. 85, 89, 110 et partout.
3. Je mets le temps de cette *servilité* en Allemagne. Il y a peut-être plus de bassesse apparente à Rome et à Naples ; mais, chez les *fiers Germains*, il y a plus d'abnégation de soi-même ; cette nation est née à genoux. Oserai-je le dire ? j'ai trouvé plus de patriotisme et de véritable grandeur dans la maison de bois du Russe. La religion est leur chambre des communes (Anspach, 20 février 1795). C'est ce qui me fait voir sans peine les Russes maîtres de l'Italie en 1840.

que l'archichancelier rendait à Paris à l'empereur Napoléon.

Les artistes ont le malheur de vivre, à la cour[1]. Bien plus, ils ont un chef particulier auquel il faut complaire.

Si Lebrun est premier peintre du roi, tous les artistes copieront Lebrun. Si, contre toute apparence, il se trouvait quelque pauvre homme de génie assez insolent pour ne pas suivre sa manière, le premier peintre se gardera bien de favoriser un talent qui, par sa nouveauté, peut dégoûter du sien le roi son maître. Il sera très-honnête homme, je le veux ; mais il ne sentira pas ce talent qui diffère du sien. La peinture sera donc toujours médiocre dans les monarchies absolues. Si le hasard y fait naître un Poussin, il ira mourir à Rome[2].

La monarchie constitutionnelle lui serait assez favorable. Personne n'a reproché aux Anglais de manquer d'originalité, d'énergie ou de richesses. Ce qui leur manque pour avoir des arts, c'est un soleil et du loisir[3].

1. *Vies de Michel-Ange, de Cellini, de Mengs.*

2. Il faut lier les arts à un *sentiment*, et non à un *système* ; de là la chambre des communes, et non l'Institut, seul bon juge des concours.

3. Méditez le *Voyage* de M. Say et les discours de M. Brougham. Sous le gouvernement des deux Chambres, on s'occupe toujours du *toit*, et l'on oublie que le toit n'est fait que pour assurer le *salon*.

La Sicile, par exemple, avec le gouvernement et l'opulence de l'Angleterre, pourra donner de grands peintres, si la mode y vient jamais de faire faire des tableaux.

J'ai rencontré avec plaisir le Piémont pour exemple de la monarchie. Tout le monde trouve cet exemple sous ses pas en entrant en Italie : on peut voir si j'ai menti, et tout le monde rend grâce à notre glorieuse révolution, si cet exemple est le seul que l'on puisse rencontrer aujourd'hui[1].

1. L'on osera emprunter les paroles d'un homme illustre « Si dans le nombre... des choses qui sont dans ce livre il y en avait quelqu'une qui, contre mon attente, pût offenser, il n'y en a pas du moins qui y ait été mise avec mauvaise intention. Je n'ai point naturellement l'esprit désapprobateur. Platon remerciait le ciel de ce qu'il était né du temps de Socrate ; et moi, je lui rends grâce de ce qu'il m'a fait naître dans le gouvernement où je vis, et de ce qu'il a voulu que j'obéisse à ceux qu'il m'a fait aimer. » (Préface de l'*Esprit des lois.*)

Dans les temps de frivolité et de calme, où les romanciers font des romans et les petits abbés des déjeuners délicats, cette citation d'un grand homme, à propos d'une brochure, serait assurément fort plaisante. Dans des temps moins heureux où le métier de diffamateur est sans honte, mais non pas sans profit, il faut quelquefois se rappeler modestement la fable du lièvre qui,

. . . . . Apercevant l'ombre de ses oreilles,
Craignit que quelque inquisiteur
N'allât interpréter à cornes leur longueur.

Dire, pour se sauver des griffes de ces messieurs, que ce qui suit a été écrit en 1811 et 1813 sur un sujet métaphysique, et de manière à ne pas quêter des lecteurs, qu'on a mis trente cartons pour prévenir toutes les allusions faites, en 1811, aux événements qui devaient éclater en 1817, c'est ne rien dire Ce n'est pas faire du bien, mais faire du bruit, qui est la devise de nos pauvres petits ambitieux désarçonnés. Que la Q*** et les D*** disent qu'un ouvrage est détestable, rien de mieux, ils ont raison quatre-vingt-quinze fois sur cent ; mais que ces messieurs ajoutent que l'auteur est mauvais citoyen, c'est se faire volontairement *aide-bourreau*, et l'on peut dire qu'en ce sens ils sont dignes de l'affreux mépris que l'Europe leur prodigue.

Les journaux étant sous l'influence d'un ministre, homme supérieur, et comme tel excellent juge de ce qui est dangereux ou de ce qui n'est qu'ennuyeux, l'éditeur a cherché à ne rien laisser ici qui n'eût pu paraître dans les journaux.

Les journaux sur lesquels il s'est réglé sont le *Mercure*, la *Quotidienne* et les *Débats* d'avril 1817. (CH. RI.)

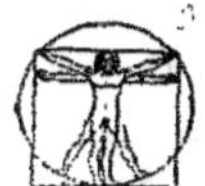

ÉCOLE DE FLORENCE

LIVRE PREMIER

> Io, che per nessun' altra cagione
> scriveva, se non perchè i tristi miei
> tempi mi vietavan di fare....
>
> ALFIERI, *Tirannide*, pag. 8.

RENAISSANCE ET PREMIERS PROGRÈS DES ARTS VERS L'AN 1300 (DE 450 A 1349)

CHAPITRE PREMIER

DES PLUS ANCIENS MONUMENTS DE LA PEINTURE

Si l'expérience démontrait qu'après des tempêtes réitérées qui, à diverses époques, ont changé en désert la face d'un vaste terrain, il est une partie dans laquelle est toujours revenue fraîche et vigoureuse une végétation spontanée, tandis que les autres sont demeurées stériles, malgré toutes les peines du cultivateur, il faudrait avouer que ce sol est privilégié de la nature.

Les nations les plus célèbres ont une époque brillante. L'Italie en a trois. La Grèce vante l'âge de Périclès, la France le siècle de Louis XIV.

L'Italie a la gloire de l'antique Étrurie, qui, avant la Grèce, cultiva les arts et la sagesse, l'âge d'Auguste, et enfin le siècle de Léon X, qui a civilisé l'Europe.

Les Romains, trop occupés de leur ambition, ne furent pas artistes ; ils eurent des statues, parce que cela convient à l'homme riche. Aux premiers malheurs de l'Empire, les arts tombèrent. Constantin faisant relever un temple ancien, ses architectes placèrent les colonnes à l'envers. Vinrent les Barbares, ensuite les papes. Saint Grégoire le Grand brûla les manuscrits des classiques, voulut détruire Cicéron, fit briser et jeter dans le Tibre les statues, comme idoles, ou du moins images de héros païens[1]. Arrivèrent les siècles neuvième, dixième et onzième, de la plus ténébreuse ignorance.

Mais comme, durant le triste hiver qui détruit les familles brillantes des insectes, les germes féconds qui doivent les repro-

1. Jean de Salisbury, Léon d'Orvietto, Saint-Antonin, Louis II, roi de France ; *Lettres* de saint Grégoire lui-même *sur Job.*

duire se cachent sous terre et attendent pour naître le souffle réchauffant du printemps ; ainsi, aux premiers regards de la liberté, l'Italie se réveilla ; et cette terre du génie enfanta de nouveaux grands hommes.

Elle a eu des peintres même dans les siècles les plus barbares du moyen âge. Voyez à Rome les portraits des papes que saint Léon fit peindre à fresque au cinquième siècle dans l'église de Saint-Paul. L'église de Saint-Urbain, aussi à Rome, est un autre monument de ces temps reculés. Il est encore possible de distinguer sur les murs quelques figures qui représentent des scènes prises dans l'Évangile, dans la légende de saint Urbain, et dans celle de sainte Cécile.

Comme on ne trouve rien dans cet ouvrage qui rappelle la manière des peintres qui, à cette époque, florissaient à Constantinople, qu'en particulier les têtes et les draperies sont traitées d'une façon différente, il est naturel de l'attribuer au pinceau italien. On y lit la date de 1011.

Pesaro, Aquilée, Orvietto, Fiesole, gardent des monuments du même genre et de la même époque. Mais on ne peut prendre aux artistes de ces premiers siècles qu'un intérêt historique. Pour trouver quelque plaisir devant leurs ouvrages, il faut aimer déjà depuis longtemps ceux des Corrége et des Raphaël, et pouvoir distinguer dans ces peintres gothiques les premiers pas que fit l'esprit humain vers l'art charmant que nous aimons. Nous ne pouvons tout à fait les passer sous silence ; ils s'écrieraient avec le grand poëte, leur contemporain :

> Non v'accorgete voi, che noi siam vermi
> Nati a formar l'angelica farfalla ?
>
> LE DANTE.

Vers l'an 828, les Vénitiens, fiers de posséder les reliques de saint Marc, qu'il avaient enlevées à l'Égypte, voulurent élever sous son nom une église magnifique. Elle brûla en 970, fut rebâtie et enfin ornée de mosaïques vers 1071 [1]. Ces mosaïques furent exécutées par des Grecs de Constantinople.

Ces peintres, dont les ouvrages exécrables vivent encore, servirent de modèles aux ouvriers italiens qui faisaient des madones pour les fidèles, qui les faisaient toutes sur le même patron, et ne représentaient la

1. On lit dans l'intérieur de ce monument singulier :

> Historiis, auro, forma, specie tabularum,
> Hoc templum Marci fore dic decus ecclesiarum.

La beauté des caractères place cette inscription au onzième siècle.

nature que pour la défigurer. L'on peut, si l'on veut, dater de cette époque la renaissance de la peinture ; mais l'art ne s'éleva pas au-dessus d'un simple mécanisme[1].

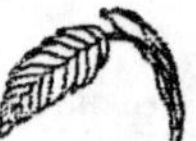

1. Le soleil de la civilisation brillait alors à Bagdad, à la cour du calife Moctadar. Lorsqu'il reçut, en 917, une ambassade de Constantinople, on vit s'élever au milieu d'un de ces salons resplendissants de pierreries dont les contes arabes nous ont conservé l'image, un arbre d'or et d'argent. Après avoir laissé le temps d'admirer le naturel de son feuillage, il s'ouvrit de lui-même pour se diviser en douze rameaux. A l'instant, des oiseaux de toutes les sortes allèrent se percher sur ses branches ; ils étaient d'or ou d'argent, selon la couleur de leur plumage, avec des yeux de diamants ; et chacun faisait entendre le chant qui lui est propre.

CHAPITRE II

NICOLAS PISANO

Au milieu des fureurs des Guelfes et des Gibelins, rien n'annonçait à l'Italie, vers l'an 1200, qu'elle fût sur le point de voir ses villes se remplir des chefs-d'œuvre de l'art. Une seule observation pouvait indiquer les succès qui attendaient ce peuple, si son étoile lui laissait le temps de respirer. C'est que, depuis trois siècles, chaque Italien se battait parce qu'il le voulait bien, et pour obtenir une certaine chose qu'il désirait. Les passions de chaque individu étaient mises en mouvement, toutes ses facultés développées, tandis que, dans le sombre septentrion, le bourgeois des villes n'était encore qu'une espèce d'animal domestique, à peine sensible aux bons et aux mauvais traitements. Les passions, qui font la possibilité comme le sujet des beaux-arts, existaient [1]; mais

1. A Florence, Giano della Bella, insulté par un noble, conspire pour la liberté, et réussit en 1293. En 1816, la féodale Allemagne n'est pas encore à cette hauteur. *Werther* ; Mémoires de la margrave de Bareith, sœur du grand Frédéric.

personne ne s'en était encore emparé. La sympathie avait soif de sensations. Elle devait donner avec fureur dans le premier art qui lui présenterait des plaisirs.

Vers la fin du treizième siècle, un œil attentif commence à distinguer un léger mouvement pour sortir de la barbarie. Le premier pas que l'on fit vers une manière moins imparfaite d'imiter la la nature fut de perfectionner les bas-reliefs. La gloire en est aux Toscans, à ce peuple qui, déjà une fois, dans les siècles reculés de l'antique Étrurie, avait répandu dans la péninsule les arts et les sciences. Des sculpteurs, nés à Pise, enseignèrent aux faiseurs de madones à secouer le joug des Grecs du moyen-âge, et à lever les yeux sur les œuvres des anciens Grecs. Les troubles, pendant lesquels chacun songe à sa vie ou à sa fortune, avaient tout corrompu, non-seulement les arts, mais encore les maximes nécessaires pour les rétablir. L'Italie ne manquait pas de belles statues grecques ou romaines ; mais, loin de les imiter, les artistes ne les trouvaient point belles. On peut voir leurs tristes ouvrages au dôme de Modène, à l'église de Saint-Donat d'Arezzo, et particulièrement sur une des portes de bronze de l'église primatiale de Pise.

Au milieu de cette nuit profonde, Nicolas Pisano vit la lumière, et il osa la suivre (1230).

Il y avait à Pise, de son temps, et l'on y trouve encore aujourd'hui, quelques sarcophages antiques, l'un desquels, qui est fort beau, a servi de tombe à Béatrix, mère de la célèbre comtesse Mathilde. On y voit une chasse d'Hippolyte, fils de Thésée. Il faut que ce bas-relief ait été traité originairement par quelque grand maître de l'antiquité, car je l'ai retrouvé à Rome sur plusieurs urnes antiques. Nicolas eut l'idée d'imiter ces figures en tous points, et véritablement il se forma un style qui a beaucoup de rapports avec celui des bonnes statues antiques, surtout dans les airs de têtes et dans la manière de rendre les draperies.

Dès l'an 1231, il avait fait à Bologne le tombeau (*urna*) de saint Dominique, d'après lequel, comme d'un ouvrage étonnant il fut appelé Nicolas *dall' Urna*. On reconnait le peuple né pour les arts. Son talent brilla plus encore dans le jugement dernier qu'il fit pour la cathédrale d'Orvietto, et dans les bas-reliefs de la chaire de Saint Jean, à Pise. Ses ouvrages, reçus avec enthousiasme dans toute l'Italie, répandaient les idées nouvelles. Il mourut vers 1275.

Faut-il dire qu'il resta loin de l'antique ? Ses figures trop courtes, ses compositions confuses par le grand nombre de personnages, montrent plutôt le travail que le succès du travail. Mais Nicolas Pisano a le premier imité l'antique. Par ses bas-reliefs d'Orvietto et de Pise, qui ont été gravés, les amateurs de tous les pays peuvent juger des progrès qu'il fit faire au dessins,à l'invention et à la composition [1].

1. Voir dans M. Dagincourt la planche XXXIII de la huitième livraison, mais ne voir que la gravure. Dans les choses où il faut d'abord VOIR, puis JUGER, il est plus court de suivre aveuglément un seul auteur ; quand on l'entend bien nettement, un beau jour on le détrône, et l'on prend la résolution de regarder comme fausse chacune de ses assertions, jusqu'à ce qu'on les ait lues dans la nature. Parvenu à ce point, on peut *ouvrir* sans inconvénient les auteurs approuvés. La chasse d'Hippolyte se trouve aujourd'hui au Campo-Santo, cimetière célèbre de la ville de Pise, dont la terre a été apportée de Jérusalem (1189). Ce Campo-Santo, restauré en dernier lieu, ressemble à un joli petit jardin carré long, environné des quatre côtés par un portique assez élégant. Les peintures sont sur le mur au fond du portique qui enclôt le jardin ; on y voit, à côté de la chasse d'Hippolyte, le marbre de l'aimable Pignotti et celui d'Algarotti, élevé par Frédéric II. Carlo Lasinio a gravé les fresques.

Nicolas était un de ces hommes faits pour changer les idées de tout un peuple ; c'est lui qui donna le premier choc à la barbarie ; il fut excellent architecte. Voir l'immense édifice du Santo, à Padoue ; à Florence, l'église de la Trinité, que Michel-Ange appelait sa maîtresse ; à Pise, le singulier clocher des Augustins, octogone au dehors , circulaire en dedans; il sut corriger la mobilité du terrain en enfonçant des pieux.

Comparer aux ouvrages de Nicolas la porte de Pise, celle de Sainte-Marie à Montréal, qu'on attribue à Bonanno Pisano. Sur ces antiquités, on peut consulter Martini, Moronna, le père del Giudice, Cicognara.

CHAPITRE III

PREMIERS SCULPTEURS

Il forma à la sculpture Arnolfe Fiorentino, auteur du tombeau de Boniface VIII à Saint-Pierre de Rome, et son fils, Jean Pisano, qui fit le tombeau de Benoît IX à Pérouse. Ce fils travailla à Naples et dans plusieurs villes de Toscane ; mais son ouvrage le plus remarquable est le grand autel de Saint-Donat d'Arezzo, qui coûta trente mille florins d'or (1310).

Jean Pisano eut pour compagnon à Pérouse, et peut-être pour élève, un André Pisano, qui, s'étant ensuite établi à Florence,orna de statues la cathédrale et l'église de Saint-Jean. On sait qu'il employa vingt-deux ans à faire une des trois portes de bronze par lesquelles on entre dans ce batistère célèbre. Il a mérité cette louange, que c'est en étudiant les bas-reliefs qui couvrent cette porte que les artistes ses successeurs sont parvenus à faire les deux autres, que Michel-Ange appelait les portes du paradis. Il est impossible, en effet, de rien voir de plus agréable que celle qui fait face au dôme. C'est un ouvrage plein de grâce, et dont la porte de bronze, qui était à l'ancien musée Napoléon, dans la salle du Nil, ne peut donner aucune idée.

André fonda l'école célèbre qui produisit Donatello et Ghiberti.

Après André Pisano vient Balducci de Pise ; c'est un des sculpteurs les plus remarquables du siècle. Castruccio, ce grand homme, tyran de Lucques, et Azzone Visconti, seigneur de Milan, l'employèrent à l'envi ; mais c'est dans cette dernière ville qu'il a le plus travaillé. Le voyageur ne doit pas négliger le tombeau de saint Pierre, martyr, à Saint-Eustorge ; il y verra ce que l'art avait encore produit de mieux à cette époque (1339).

Deux artistes de Sienne sortirent de l'école de Jean Pisano. Agnolo et Agostino étaient frères. Ce sont eux qui exécutèrent, sur les dessins de Giotto, le singulier tombeau de Guido, évêque d'Arezzo, où l'on trouve des bas-reliefs et un si grand nombre de petites statues représentant les principaux exploits de ce prélat guerrier. Ils travaillèrent beaucoup à Orvietto, à Sienne, en Lombardie.

La mosaïque suivait la sculpture, et la gloire en est encore à un Toscan, le moine Mino da Turita.

CHAPITRE IV

PROGRÈS DE LA MOSAIQUE

Que Rome ait eu une école de mosaïque dès le onzième siècle, peu importe à la gloire de la Toscane, si Turita a également surpassé les ouvriers romains et ceux de Constantinople. En voyant ses ouvrages à Sainte-Marie-Majeure, on a peine à se persuader qu'ils soient d'un siècle encore si barbare.

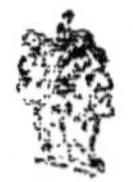

CHAPITRE V

PREMIERS PEINTRES

Pour la peinture, elle restait bien loin de la mosaïque, et surtout de la sculpture. L'antiquité n'avait pas laissé de modèle.

Probablement, dès le temps des Lombards, Florence avait élevé son baptistère sur les ruines d'un temple de Mars. Sous Charlemagne, on bâtit l'église de Sant'Apostolo. Cet édifice, pur de la barbarie gothique, a mérité de servir de modèle à Brunellesco, qui, à son tour, fut imité par Michel-Ange. En 1013, les Florentins rebâtirent l'église de San-Miniato. Il y a dans les arceaux, dans les corniches, dans les autres ornements, une imitation bien décidée de l'antique.

En 1063, les Pisans, fiers de leurs richesses et de leurs mille vaisseaux, voulurent élever le plus grand monument dont on eût jamais ouï parler. Ils amenèrent de Grèce un architecte et des peintres. Il fallut invoquer le secours de tous les arts. Les masses énormes à élever, les sculptures, les vastes mosaïques, tout indique que ce grand édifice fut un centre d'activité pendant le reste du onzième siècle. Tout encore y est barbare. Mais la grandeur matérielle de la chose exécutée donne, malgré soi, une partie du plaisir des beaux-arts. Cette grande entreprise réveilla la Toscane. Le feu sacré fut alimenté par la construction de l'église de Saint-Jean, de la tour penchée et du Campo-Santo.

Au milieu de cette activité de l'architecture, les peintres venus de Grèce firent des élèves, sans doute ; mais ils ne purent montrer que ce qu'ils savaient eux-mêmes ; et la science qu'ils apportèrent en Italie était bien peu de chose, à en juger du moins par un parchemin que l'on conserve à la cathédrale de Pise, et sur lequel est écrit l'hymne du samedi saint. Il y a de temps en temps, entre les versets, des miniatures représentant des animaux ou des plantes. Les amateurs de la vénérable antiquité croient ce parchemin du commencement du douzième siècle. Ils admirent encore à Pise quelques tableaux du même temps et du même mérite. Ce sont, pour la plupart, des madones qui portent Jésus dans le bras droit. Le chef-d'œuvre de ces Grecs, auxquels j'ai honte de donner un si beau nom, est une vierge peinte sur bois dans la petite ville de Camerino.

Elle ressemble assez aux peintures grecques que nous trouvâmes en 1812 à Smolensk et à Moscou. Il paraît que, chez les Grecs modernes, l'art n'est pas sorti du simple mécanisme. C'est que leur civilisation n'a pas fait un pas depuis les croisades. Il est bien vrai que, depuis quelque temps, ils se font savants ; mais le cœur est toujours bas[1].

On cite en Toscane le nom d'un peintre qui vivait vers l'an 1210. Le mieux conservé des ouvrages de Giunta Pisano se trouve dans l'église des Anges à Assise : c'est un Christ peint sur une croix de bois. Aux extrémités des branches de la croix on aperçoit la mère de Jésus et deux autres demi-figures. Ces figures sont plus petites que nature ; le dessin en est horriblement sec, les doigts extrêmement longs. Toutefois il y a une expression de douleur dans les têtes, une manière de rendre les plis des draperies, un travail soigné dans les parties nues, qui l'emportent de beaucoup sur la pratique des Grecs de ce temps-là. Les couleurs sont bien empâtées et bien fondues. La couleur des chairs tire sur le bronze ; mais, en général, les teintes sont distribuées avec art ; on aperçoit

1. Voyage de Norht-Douglas. Londres, 1813. Il aura tort dans cinquante ans, si les élections sont libres aux Sept-Iles.

quelques traces de la science des clairs et des obscurs, et le tout ensemble n'est inférieur que dans la proportion aux crucifix entourés de demi-figures qu'on attribue à Cimabue[1].

Il y a quelques fresque de Giunta dans l'église supérieure de Saint-François, à Assise; c'est un ouvrage qu'il fit de compagnie avec des peintres grecs. Il est encore possible de distinguer plusieurs sujets, entre autres le crucifiement de saint Pierre. On dit qu'une main indiscrète a retouché ces fresques. C'est une excuse pour les incorrections du dessin; mais les partisans de Giunta sont plus embarrassés pour le coloris, qui est d'une extrême faiblesse. Ils veulent que son école ait propagé les arts en Toscane. Il mourut, jeune encore, vers 1240.

Les gens d'Assise montrent en même temps que ces fresques le plus ancien portrait de saint François. Il est peint sur la planche même qui servit de lit au saint jusqu'à sa mort. C'est l'ouvrage de quelque Grec antérieur à Giunta.

1. Cimabue..................	né en 1240	mort en 1300.
Giotto....................	1276	1336.
Masaccio	1401	1443.
Ghirlandajo	1451	1495.
Leonardo da Vinci	1452	1519.

CHAPITRE VI

SUITE DES PREMIERS PEINTRES

La révolution que nous venons de voir en Toscane (1230), et il fallait bien la suivre quelque part, s'opérait presque en même temps dans le reste de l'Italie. Partout des citoyens riches, après avoir secoué les chaînes féodales, demandaient aux arts des productions nouvelles. La piété voulait des madones, et la vanité des tombeaux.

Depuis longtemps chaque ville avait des ouvriers en miniature pour les livres de prières. Il paraît qu'à cette époque plusieurs de ces ouvriers s'élevèrent jusqu'à peindre les murs des églises, et même des tableaux sur bois.

Ce qu'il y a de prouvé, c'est qu'en 1221 Sienne avait son *Guido*, qui s'était déjà un peu écarté de la sécheresse des Grecs. Lucques avait, en 1235, un Bonaventure Berlingieri, duquel on trouve un Saint François dans le château de Guiglia, près de Modène [1].

1. Comme dans ce siècle Sienne était libre, du moins par

Arezzo fait valoir son Margaritone, élève et imitateur des Grecs, qui paraît être né plusieurs années avant Cimabue. Il peignit sur toile, et fut, dit-on, le premier à trouver le moyen de rendre les tableaux plus durables et moins sujets aux fentes. Il étendait sur des tables de bois une toile qu'il y unissait par une colle fabriquée avec des morceaux de parchemin, et, avant de peindre sur cette toile, il la couvrait d'une couche de plâtre. Ce procédé le conduisit à faire en plâtre, et en relief, les diadèmes et les autres ornements qu'il plaçait sur la tête de ses saints. Il trouva même le secret d'appliquer l'or sur ces ornements, et de le brunir ; ce qui parut le comble de l'art. On voit un de ses crucifix à Santa-Croce, église que vous verrez avec plaisir à Florence. C'est là que reposent Alfieri, Galilée, Michel-Ange et Machiavel.

Florence cite, vers l'an 1236, un Bartolomeo. C'est probablement l'auteur de ce fameux tableau qu'on révère à l'église des Servites, plus connue, à cause de lui, sous le nom de la *Nunziata.* Les moines

les sentiments, ses artistes méritent d'être nommés immédiatement après ceux de Florence. Les savants diront : « Voilà bien l'esprit de système et la manie de tout voir dans la liberté. » Mais les philosophes savent que l'esprit humain est une plante fort délicate que l'on ne peut arrêter dans une de ses branches sans la faire périr.

avaient chargé Bartolomeo de peindre l'Annonciation. Il se tira fort bien de la figure de l'ange ; mais, quand il en fut à la Vierge, il désespéra de trouver l'air séraphique indispensable ici. Le bonhomme s'endormit de fatigue. Dès qu'il eut les yeux fermés, les anges ne manquèrent pas de descendre du ciel, peignirent sans bruit une tête céleste de tous points, et, en s'en allant, tirèrent le peintre par la manche. Il voit son ouvrage fait, il crie au miracle. Ce cri fut répété par toute l'Italie, et valut des millions aux Servites. De nos jours, un maudit philosophe, nommé Lami, s'est avisé de discuter le miracle. Les moines voulurent l'assassiner. Il réchappa à grand'peine. Mais la Vierge, pour se venger d'une manière plus délicate, et moins usitée, s'est contentée de se rendre laide aux yeux des profanes, qui ne trouvent plus qu'une grossière figure, très digne de Bartolomeo, et un peu retouchée dans la draperie[1].

1. « Les murs de cette chapelle, quoique tout d'agate et de calcédoine, sont recouverts, de haut en bas, de bras, de jambes et autres membres d'argent qu'y ont consacrés ceux qui ont reçu la grâce d'être estropiés. En France, nous nous contentons de porter des têtes sur des brancards ; dans le reste de l'Italie, ils portent des madones ; mais ici ils n'en font pas à deux fois, ils portent le maître-autel de la chapelle tout brandi. » (De Brosses, 1740). En 1805, on imprimait encore dans la *Guida* de Florence, que les miracles continuaient chaque jour. Au reste, le nord n'a pas le droit de se moquer

L'on ne peut nier que Venise n'ait eu des peintres dès le commencement du douzième siècle, et qu'ils n'aient été en assez grand nombre[1] pour former une confrérie ; par bonheur, leurs ouvrages n'existent plus.

Le mouvement qui faisait désirer plus de perfection dans les arts était général et Florence, quoi qu'elle en dise, n'a point la gloire d'avoir seule produit des peintres dans ces temps reculés. Mais les premiers gens à talent sont nés dans une république où l'on pouvait tout dire, et qui avait déjà produit Pétrarque, Boccace et le Dante.

Ce qu'on peut apporter de mieux devant les ouvrages de l'art, c'est un esprit naturel. Il faut oser sentir ce que l'on sent. Ceci n'est à l'usage ni des provinciaux, ni des écrivains d'Italie qui mettent un patriotisme furieux dans l'histoire de la peinture. De propos délibéré, ils en ont embrouillé les premières époques[2] ; pour moi, dans cette ligue générale formée par des hommes de tous les pays pour approcher de la perfection, une douce illusion

de la superstitieuse Italie. Dans l'évêché de Bâle, on vient d'excommunier (novembre 1816) les souris et les rats, convaincus d'avoir causé de notables dommages. (Note de sir W. E.)

1. Zanetti.

2. Baldinucci, Vasari, le père della Valle, etc.

m'a fait voir des concitoyens dans tous ceux qui ont du génie. J'ai cru que les barbouilleurs seuls n'avaient pas droit de cité.

Je puis avoir tort ; mais ce que je dirai de Cimabue, de Giotto, de Masaccio, je l'ai senti réellement devant leurs ouvrages, et je les ai toujours vus seul. J'ai en horreur les *cicerone* de toute espèce. Trois ans de mon exil ont été passés en Toscane, et chaque jour fut employé à voir quelque tableau.

Aujourd'hui que j'ai visité une quantité suffisante des tableaux de Cimabue, je ne ferais pas un pas pour les revoir. Je les trouve déplaisants. Mais la raison me dit que sans Cimabue nous n'aurions peut-être jamais eu l'aimable André del Sarto, et je ferais vingt lieues avec plaisir pour voir une seconde *Madonna del Sacco* [1].

Le magnétisme me servira d'exemple. On dit ses adeptes fort ridicules; du moins on nous fait rire à leurs dépens, ce dont je suis fort aise. Il n'en est pas moins possible que, d'ici à un siècle ou deux, le magnétisme conduise à quelque découverte admirable ; et si alors un oisif s'amuse à en faire l'histoire, il faudra bien

1. Fresque de Florence gravée par Raphaël Morghen et Bartolozzi.

qu'il parle de nos magnétiseurs ridicules, et qu'en avouant qu'il n'aurait pas voulu être leur patient, il rende pourtant justice aux progrès que chacun d'eux aura fait faire à la science.

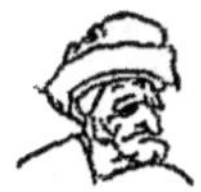

CHAPITRE VII

CIMABUE

JEAN CIMABUE naquit à Florence en 1240, et il est probable que ses maîtres furent des peintres grecs. Son génie fut de vaincre cette première éducation, et d'oser consulter la nature. Un de ses premiers ouvrages, la Sainte Cécile qui est à Saint-Étienne de Florence, montre déjà le germe du talent qui plus tard devait briller dans Assise.

Le grand événement de sa vie fut la *Madone entourée d'anges*, qui se voit encore à la chapelle des Ruccelaï à Santa-Maria-Novella. Le peuple fut si frappé de ces figures colossales, les premières qu'il eût vues, qu'il transporta le tableau de l'atelier du peintre à l'église à son de trompe, toutes les bannières déployées, et au milieu des cris de joie et d'un concours immense.

Peu auparavant, ce même tableau avait donné le nom de Borgo-Allegri à un hameau voisin. Le duc d'Anjou, roi de Naples, et frère de saint Louis, étant venu à Florence se mêler des troubles de la république, parmi les fêtes que lui firent les magistrats ils eurent l'idée que l'atelier du plus grand peintre connu pourrait exciter la curiosité du prince. Comme le tableau était tenu caché par Cimabue[1] avec beaucoup de jalousie, tout Florence profita de la visite du roi pour en jouir. Il se réunit tant de monde, et cette fête imprévue se trouva si gaie, que, de ce moment, le petit assemblage de maisons, au milieu des jardins, où Cimabue avait son atelier, prit le nom de Borgo-Allegri[2].

On ne peut guère louer ce plus ancien des peintres qu'en indiquant les défauts qu'il n'a pas. Son dessin offre un moins grand nombre de lignes droites que celui de ses prédécesseurs; il y a des plis dans les draperies ; on aperçoit une certaine adresse dans sa manière de disposer les figures, quelquefois une expression étonnante.

Mais il faut avouer que son talent ne le portait pas au genre gracieux ; ses madones manquent de beauté, et ses anges dans un même tableau présentent toujours les mêmes formes. Sévère comme le siècle dans lequel il vécut, il réussit dans les têtes d'hommes à caractère, et particu-

1. On prononce Tchi-ma-bou-é.

2. Voir les mœurs républicaines de cette époque de gloire et bonheur, dans le Dante :

Fiorenza dentro dalla cerchia anticha, etc.

lièrement dans les têtes de vieillards. Il sut marquer dans leur physionomie la force de la volonté et l'habitude des hautes pensées. Dans ce genre, les modernes ne l'ont pas surpassé autant qu'on le croirait d'abord. Homme d'une imagination hardie et féconde, il essaya le premier les sujets qui exigent un grand nombre de figures, et dessina ces figures dans des proportions colossales.

Les deux grandes madones que les curieux vont voir à Florence, l'une chez les Dominicains, l'autre à l'église de la Trinité, avec ces figures de prophètes où l'on reconnaît des ministres du Tout-Puissant, ne donnent pas une idée aussi complète de son talent que les fresques de l'église supérieure d'Assise.

Là, il paraît admirable pour son siècle. Les figures de Jésus et de Marie qui sont à la voûte conservent, à la vérité, quelque chose de la manière grecque ; mais d'autres figures d'évangélistes et de docteurs, qui, assis en chaire, expliquent les mystères de la religion à des moines fransciscains, montrent une originalité de style et un art de disposer toutes les parties, pour qu'elles produisent le plus grand effet, qui, jusqu'à lui, n'avait été atteint par personne. Le coloris est vigoureux, les proportions sont colossales, à cause de la grande distance où les figures sont placées, et non pas mal gardées par ignorance : en un mot, la peinture ose tenter, pour la première fois, ce qui jusque-là n'avait été entrepris que par la mosaïque.

La réputation de Cimabue le fit appeler à Padoue. Un incendie, en détruisant l'église del Carmine, nous a privés de ses ouvrages.

Il mourut en 1300. Il avait été architecte et peintre.

Tout ce qu'on sait de son caractère, c'est qu'il fut d'une hauteur singulière. S'il découvrait un défaut dans un de ses ouvrages, quelque avancé qu'il fût, il l'abandonnait pour jamais. L'histoire de sa réputation est dans ces trois vers du Dante :

Credette Cimabue nella pittura
Tener lo campo, ed ora ha Giotto il grido,
Sì che la fama di colui oscura [1].

(*Purg.*, chap. XI.)

L'on montre son portrait à la chapelle des Espagnols dans le cloître de Santa-Maria-Novella [2].

1. Cimabue crut avoir saisi le sceptre de la peinture ; Giotto maintenant a tous les honneurs et fait oublier son maître.
2. Je ne pense pas qu'il y ait des tableaux de Cimabue en France, sans quoi on pourrait se donner un petit plaisir en ouvrant la *Biographie* Michaud ; on y voit que « Cimabue

sut indiquer aux peintres qui devaient lui succéder les *Eléments du beau idéal...* Que rien ne rappelle mieux les célèbres peintures de l'antiquité que celles de Cimabue ; qu'on pourrait considérer son talent comme le chaînon qui lie la peinture antique avec la peinture moderne. » Mais il faut être juste ; tout ce mérite n'appartient pas à Cimabue : « Ses maîtres lui indiquèrent, d'après une *ancienne tradition*, les mesures et les proportions que les artistes de la Grèce avaient consacrées dans l'imitation des formes humaines. »

La *Biographie* ne borne pas là ses générosités envers le rénovateur du beau idéal : elle le fait vivre jusqu'en 1310 ; et, à sa considération, accorde un sénat à la ville de Florence.

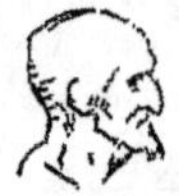

CHAPITRE VIII

GIOTTO

Cimabue avait rendu assez heureusement le *fier* et le *terrible*. Giotto, son élève, fut destiné par la nature à être le peintre des grâces ; et si Cimabue est le Michel-Ange de cette époque, Giotto en est le Raphaël. Il naquit à la campagne, non loin de Florence ; il était simple berger. Tandis qu'il gardait son troupeau, Cimabue l'observa qui dessinait une de ses brebis avec une pierre coupante sur une ardoise. Charmé de ce dessin, il le demanda sur-le-champ à son père, et l'emmena à Florence, se flattant de donner à la peinture un véritable artiste.

D'abord le berger imita son maître, qu'il devait bientôt surpasser. Les pères de l'Abbaye ont une Annonciation qui est de ses premiers ouvrages. Son génie perce déjà ; le style est encore sec, mais on trouve une grâce toute nouvelle.

Il fut aussi sculpteur ; vous savez quels avantages se prêtent ces deux arts si voisins, et combien ils agrandissent le style de qui les possède à la fois.

Il y avait des marbres antiques à Florence, ceux de la cathédrale. Ils étaient connus par le cas qu'en avaient fait Nicolas et Jean Pisano ; et il n'est guère probable que Giotto, à qui la nature avait donné un sentiment si vif pour le beau, ait pu les négliger. Quand on voit dans ses tableaux certaines têtes d'hommes dans la force de l'âge, certaines formes vigoureuses et carrées, si différentes des figures grêles et allongées des peintres ses contemporains, certaines attitudes qui, sur l'exemple des anciens, respirent une noble tranquillité et une retenue imposante, on a peine à croire qu'il n'ait pas su voir l'antique. Où aurait-il pris cette manière de couper ses draperies par des plis rares, naturels, majestueux ? Ses défauts même décèlent la source de son talent. L'école de Bologne a dit de ses figures qu'elles ne sont que des statues copiées. Ce reproche, qui fixe dans la médiocrité toute une grande école moderne, était alors le plus flatteur des éloges.

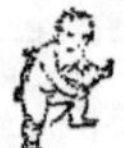

CHAPITRE IX

SUITE DE GIOTTO

Les premières fresques qu'il peignit à Assise à côté des fresques de son maître font voir de combien il le surpassait déjà. En avançant dans cet ouvrage qui représente la vie de saint François, il va croissant en correction. Arrivé aux dernières scènes de cette singulière vie, le voyageur remarque avec plaisir un dessin *varié dans les traits du visage, des extrémités* plus soignées, une plus grande vivacité dans les airs de tête, des mouvements plus ingénieux donnés aux figures, des paysages plus naturels. Ce qui frappe surtout dans cette suite de tableaux, c'est l'art de la composition, où l'on voit que tous les jours Giotto faisait des progrès, et où, malgré le siècle où il a vécu, le *surpasser semble presque impossible*. J'admire la hardiesse de ses accessoires. Il n'hésita point à transporter dans ses fresques les grands édifices que ses contemporains élevaient de toutes parts, et à leur conserver ces brillantes couleurs bleues, rouges, jaunes, ou d'une éclatante blancheur, alors si fort à la mode. Il eut le sentiment de la couleur.

Aussi ses fresques d'Assise arrêtent-elles les yeux du savant comme de l'ignorant. C'est là que se trouve cet homme dévoré par la soif, qui se précipite vers une source qu'il découvre à ses pieds. Raphaël, le peintre de l'expression, n'aurait pas ajouté à celle de cette figure. Que si l'on descend dans l'église souterraine, où il y a encore des ouvrages de Giotto, l'on verra, ce me semble, ce qu'il a fait de mieux. Il y donna le premier exemple de la peinture allégorique dans un Saint François qui s'éloigne du vice, et qui suit la vertu.

Les savants retrouvent dans ces fresques le style des bas-reliefs de Nicolas Pisano. Il est tout simple que Giotto les ait étudiés ; et la peinture, encore au berçeau, incapable de perspective aérienne, incapable de clair-obscur, ne perdait presque rien à suivre les pas de sa sœur.

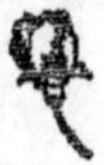

CHAPITRE X

OTER LE PIÉDESTAL

Pour être juste envers cet homm rare, il faut regarder ses préd cesseurs. Ses défauts sautent au yeux ; son dessin est sec ; il a soin de cach toujours sous de longues draperies l extrémités de ses figures, et il a raiso car il s'en tire fort mal. Au total, s tableaux ont l'air barbare.

Il n'est pas un de nos peintres qui ne sente une immense supériorité sur pauvre Giotto. Mais ne pourrait-il pas le dire :

Sans moi, qui suis si peu, vous seriez moins encor

(Boursault.)

Il est sûr que quand un bourgeois Paris prend un fiacre pour aller au spe tacle, il est plus magnifique que les pl grands seigneurs de la cour de François I Ceux-ci, par les pluies battantes de l'hive allaient à la cour à cheval, avec leu femmes en croupe, au travers de rues non pavées, qui avaient un pied de boue et pas de réverbères. Faut-il conclure que le connétable de Montmorency ou l'amiral Bonnivet étaient des gens moins considérables dans l'Etat que le petit marchand de la rue Saint-Denis ?

Je conçois bien que l'on n'ait pas de plaisir à voir les œuvres de Giotto. Si l'on dit : « Que cela est laid ! » on peut avoir raison ; mais si l'on ajoute : « Quel peintre pitoyable ! » on manque de lumières.

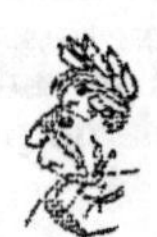

CHAPITRE XI

SUITE DE GIOTTO

Giotto, admiré sans réserve par ses contemporains, fut appelé dans toute l'Italie ; ses tableaux sont des scènes de l'Evangile, qu'il ne se faisait pas scrupule de répéter, presque de la même manière, en des lieux différents. Une certaine symétrie qui plaît à l'amateur éclairé, et surtout un dessin moins anguleux, et un coloris plus moelleux que chez ses rudes prédécesseurs, les distinguent facilement. Ces mains grêles, ces pieds en pointe, ces visages malheureux, ces yeux effarés, restes de la barbarie apportée de Constantinople, disparaissent peu à peu. Je trouve que ses ouvrages plaisent d'autant plus qu'ils sont de moindre dimension.

Par exemple, les petites figures de la sacristie du Vatican sont des miniatures pleines de grâce ; et ce qui manquait surtout aux arts avant lui, c'est la grâce. Quelque sauvages que soient les hommes, on peut leur faire peur, car ils ont éprouvé la souffrance ; mais, pour qu'ils fassent attention à ce qui n'est que gracieux, il faut qu'ils connaissent le bonheur d'aimer.

Giotto sut exprimer beaucoup de petites circonstances de la nature peu dignes des scènes graves où il les introduisait ; mais c'était la nature.

On peut dire qu'il fut l'inventeur du portrait. On lui doit entre autres ceux du Dante, son ami. Quelques peintres avaient bien cherché la ressemblance avant lui ; mais le premier il réussit. Il était architecte. Le fameux clocher de la cathédrale de Florence fut élevé sur ses dessins. C'est réellement une tour très remarquable. Quoique un peu gothique, elle donne sur-le-champ l'idée de la richesse et de l'élégance. Elle est isolée de l'église, et se trouve dans l'endroit le plus fréquenté[1] de la ville, fortune qui manque à beaucoup de monuments admirables.

Giotto voyagea toute sa vie. A peine de retour d'Assise, Boniface VIII le fit venir à Rome, où il eut une nouvelle occasion de voir l'antique.

Avignon étant devenu la résidence des papes, Clément V l'appela en France. Avant d'y aller, il s'arrêta dans Padoue.

1. Correction de l'édition de 1854. Le texte de 1817 portait : « *le plus passager* ». N. D. L. E.

De retour en Italie, après huit années d'absence, les princes, ou du moins ceux qui aspiraient à le devenir, semblèrent se le disputer.

Chaque ville avait quelque famille puissante qui ambitionnait le pouvoir suprême, et ces familles, profitant de la sensibilité du peuple, en embellissant leur patrie, cherchaient à l'asservir. C'est cette politique qui rendit si brillante la carrière de Giotto. Les Polentini de Ravenne, les Malatesti de Rimini, les Este de Ferrare, les Castruccio de Lucques, les Visconti de Milan, les Scala de Vérone, firent tout au monde pour l'avoir quelque temps à leur service.

Le roi Robert le fit venir à Naples, et le combla de distinctions. Ce roi, qui était homme d'esprit, encourageait Giotto, qui passait pour avoir la repartie la plus brillante de l'Italie. Mais il faut de l'indulgence pour l'esprit de ce temps-là. Un jour, par une chaleur accablante :

— « Si j'étais à ta place, dit le roi, je me donnerais un peu de relâche.

— Et moi aussi, si j'étais roi.

— Puisque rien n'est impossible à tes pinceaux, peins-moi mon royaume. »

Quelques instants après, le roi revient à l'atelier, et Giotto lui présente un âne revêtu d'un bât fort usé, et flairant avec l'air de la stupidité et du désir un bât tout neuf qui est à ses pieds. Toute l'Italie rit de cette caricature qui plaisantait les Napolitains sur l'empressement qu'on eut toujours à Naples pour changer de souverain.

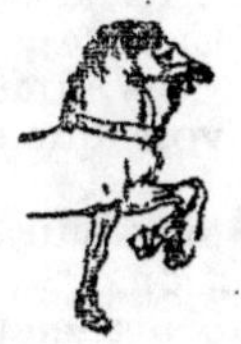

CHAPITRE XII

LA BEAUTÉ MÉCONNUE

GIOTTO fut l'homme sur qui le quatorzième siècle eut les yeux, comme Raphaël fut le modèle du seizième siècle, et les Carrache du dix-septième.

On a dit : « Le sublime est le son d'une grande âme » ; on peut dire avec plus de vérité : « La beauté dans les arts est l'expression des vertus d'une société[1]. »

Les Toscans, si enflammés pour la peinture, trouvèrent tout à coup sous leurs pas, au plus fort de leur passion, des modèles de la beauté parfaite (1280). Cette découverte flattait l'amour-propre ridicule, quoique fondé, qu'on mit toujours en ce pays aux titres de noblesse de la nation. Tout cela ne fut d'aucun poids. La beauté la plus pure passa sous leurs yeux sans être reconnue, et ils quittèrent des figures qu'on dirait dessi-

1. Comme il n'y a pas de bonheur sans la santé, il n'y a pas de beauté sans les vertus sociales ; mais le courant des mœurs rejette ce qu'il n'a pas donné.

nées par Raphaël pour les tristes mannequins des Giotto et des Cimabue.

On trouve dans la bibliothèque Riccardi, à Florence, un manuscrit qui porte la date de 1282. L'auteur est Ristoro d'Arezzo. Il raconte que l'on venait de découvrir dans son pays une grande quantité de vases *étrusques*. Le fait est si curieux, que je vais traduire littéralement quelques-unes de ses phrases.

« Les vases sont formés d'une terre si fine, qu'on dirait de la cire ; leur forme est parfaite... Sur ces vases furent dessinées toutes les générations des plantes, des feuilles et des fleurs, et tous les animaux qu'on peut imaginer... Ils les ont faits de deux couleurs, azur et rouge ; mais le plus grand nombre est rouge. Ces couleurs sont luisantes et très fines ; elles n'ont pas de corps ; elles sont si parfaites que leur séjour sous terre ne les a nullement altérées. De mon temps, toutes les fois que l'on creusait des fondations dans la ville (Arezzo), ou a deux milles à l'entour, on trouvait une grande quantité de ces morceaux de vases revêtus de couleurs si brillantes, qu'ils semblaient faits de la veille. Sur l'un on trouvait sculptée (*dessinée*) une image maigre, sur l'autre une image du plus heureux embonpoint ; l'une riait et l'autre pleurait ; l'un était mort et l'autre vif; l'un était vieux et l'autre jeune; l'un était nu et l'autre vêtu; l'un armé et l'autre sans armes; l'un à pied et l'autre à cheval. On y voyait des batailles et des escarmouches dont tous les détails étaient admirables. Le dessin était si parfait que l'on connaissait si le temps était serein ou obscur, si la figure était vue de loin ou de près. On distinguait les montagnes, les vallons, les fleuves, les forêts, etc. Il y avait des esprits volants dans les airs sous la forme de jeunes garçons nus. »

L'auteur peint l'étonnement des spectateurs qui refusaient de croire ces vases un ouvrage d'homme. L'extase, le ravissement sont exprimés de toutes les manières; et je ne crois pas ce manuscrit une fraude pieuse des Florentins[1].

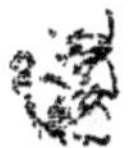

1. Gio. Villani, Attilio Alessi, les manuscrits de Francesco Rossi.

LIVRE SECOND

PERFECTIONNEMENT DE LA PEINTURE DE GIOTTO A LÉONARD DE VINCI (DE 1349 A 1466)

CHAPITRE XIII

CIRCONSTANCES GÉNÉRALES

Après avoir rempli l'Italie de ses élèves, et, pour ainsi dire, terminé la révolution des arts, Giotto mourut en 1336. Il était né à Vespignano, près Florence, soixante ans auparavant. Le nom de Giotto, suivant la coutume, n'était que l'abrégé du nom de baptême Ambrogiotto. Sa famille s'appelait Bondone.

Dans les arts, quand l'homme est mécontent de son ouvrage, il va du *grossier* au moins grossier, il arrive au *soigné* et au *précis* : de là il passe au *grand* et au *choisi*, et finit par le *facile*. Telle fut chez les

Grecs la marche de l'esprit humain et l'histoire de la sculpture.

Giotto réveilla les peintres italiens plutôt qu'il ne fut leur maître. C'est ce que prouve de reste le dôme[1] d'Orvietto, l'ouvrage le plus remarquable peut-être des premières années du quatorzième siècle. On y appela des peintres fort étrangers à Florence, apparemment sur leur réputation. Cette vérité est confirmée par les anciennes peintures de Pise, de Sienne, de Venise, de Milan, de Bologne, etc. Ce sont d'autres idées, un autre choix de couleurs, un autre goût de composition ; donc, tout ne vint pas de Florence[2].

Après la mort de Giotto, cette grande ville fut inondée d'un nombre prodigieux

1. *Dôme*, en Italie, veut toujours dire *cathédrale*.

2. Si l'on veut savoir quelles idées remplissaient les têtes, Florence venait de reconquérir sa liberté (1343) sur le duc d'Athènes et sur les nobles, qui, après avoir aidé à chasser le tyran, voulaient lui succéder.

En 1347, une erreur de la nature mit l'âme d'un ancien Romain dans un Italien de Rome. En des jours plus prospères, il eût été l'émule de Cicéron à la tribune et de César dans les combats : il parlait, écrivait, combattait avec la même énergie. *Colà di Rienzo* rétablit la liberté romaine sur la base de la vertu, et voulut faire de l'Italie une république fédérative : c'est l'action la plus considérable qu'aient inspirée les livres de l'antiquité, et *Rienzo*, l'un des plus grands caractères du moyen âge, et auquel les modernes n'ont rien à opposer*. Il était soutenu par l'amitié de Pétrarque. De nos jours, un Anglais méprisable** l'a nommé *séditieux*.

* Voir son histoire par Thomas Fiortifioca.

** Robertson.

de peintres. Leurs noms n'existent plus que dans les registres d'une compagnie de Saint-Luc qu'ils formèrent en 1349. A cette parole de l'histoire, Venise se lève tout entière, et fait observer qu'elle avait une semblable réunion dès l'an 1290.

On peignait alors les armoires, les tables, les lits, tous les meubles, et souvent dans la même boutique où on les fabriquait. Aussi les peintres étaient-ils peu distingués des artisans ; on a même découvert sur d'anciens autels le nom de l'ouvrier en bois placé avant celui du peintre.

Vers la fin du quatorzième siècle, l'architecture se débarrassait du genre gothique ou allemand. Les ornements des autels devenaient moins barbares. On y avait placé jusqu'alors des tableaux, en forme de carré long, divisés en compartiments par de petites colonnes sculptées en bois, qui figuraient la façade d'un édifice gothique. Il y a plusieurs tableaux de cette espèce très bien conservés au musée de Brera, à Milan. Les saints ont toujours de tristes figures ; mais on trouve des têtes de vierges qui seraient aujourd'hui de charmantes miniatures. A Paris, le tableau de Raphaël (numéro 1126) peut donner une idée de ce genre d'ornement qu'on appelait *ancone*[1].

1. Voyez le règlement rapporté par Zanetti, I, 5.

Peu à peu on supprima les petites colonnes, on agrandit les figures, et voilà l'origine des tableaux d'autels. Ce ne furent d'abord que des ornements préparés dans la boutique de l'ouvrier en bois, où il ménageait quelques petites places pour les couleurs du peintre. De là, l'usage ancien de peindre plutôt sur bois que sur toile ; de là, la malheureuse habitude de mettre ensemble plusieurs saints qui ne concourent point à une même action, qui n'ont rien à se dire, qui sont censés ne pas se voir.

Les femmes des Druses et des peuplades les plus civilisées de la Syrie n'ont point recours, pour se parer, aux perles de l'Arabie, leur voisine, ou aux anneaux de diamants ; elles rassemblent tout simplement un certain nombre de sequins de Venise ; elles percent la pièce d'or pour l'attacher à une chaîne, et c'est toute la façon des colliers et des diadèmes. Plus la chaîne a de sequins, plus on est paré. Telle femme druse va au bain chargée de deux à trois cents ducats d'or effectif. C'est que chez ces peuples l'idée du *beau* n'est pas encore séparée de l'idée du *riche*. Il en est de même dans nos petites villes. Ce que les provinciaux admirent le plus à l'Opéra, c'est les changements de décorations, la richesse, la puissance, tout ce qui tient aux intérêts d'argent ou de vanité qui remplissent exclusivement leurs âmes. Leur grande louange est : *Cela a dû coûter bien cher*[1].

Les Italiens du quatorzième siècle en étaient encore là ; ils aimaient à peindre sur un fond d'or, ou au moins il fallait de l'or dans les vêtements et dans les auréoles des saints. Ce métal adoré ne fut banni que vers le commencement du seizième siècle. On trouve encore des ornements figurés avec de l'or en nature, et non avec des couleurs, dans le beau portrait de la Fornarina, l'amie de Raphaël[2], que ce grand homme peignait en 1512, huit ans avant sa mort.

Dans les tableaux on prenait le riche pour le beau, et dans les poëmes le difficile et le recherché. Le naturel paraissait trop aisé[3]. Cela est si loin de nous, que je ne sais si on le sentira.

Il serait injuste, en appréciant les ouvrages des premiers restaurateurs de l'art, d'oublier qu'ils ne possédèrent point celui de peindre à l'huile. Ce procédé com-

1. Les événements de 1814 et 1815 changent peut-être des bourgeois ridicules en citoyens respectables.

2. A la galerie de Florence ; divinement gravé par Raphaël Morghen.

3. Le plus petit marchand à l'idée du *riche*. Que d'idées, que de sentiments surtout ne faut-il pas pour avoir l'idée du naturel, et ensuite du beau !

mode ne fut apporté à l'Italie qu'en 1420.

Les couleurs détrempées d'eau, dont on se servit jusque-là, font encore l'admiration des connaisseurs. Quel est le peintre qui ne porte envie aux Grecs et aux premiers Italiens, en voyant les piliers de l'église de Saint-Nicolas, à Trévise ? Quel sort que celui des Carraches, dont les admirables tableaux, peints seulement il y a deux siècles, n'offrent plus de détails !

La chimie, qui rajeunit les vieilles écritures par l'acide muriatique, ne saurait-elle rajeunir les tableaux des Carraches ? J'ose lui adresser cette prière. Les sciences nous ont accoutumés, dans ce siècle, à tout attendre d'elles, et je voudrais que M. Davy lût ce chapitre[1].

1. Ce grand chimiste a donné des expériences sur les couleurs des anciens.

Le 11 mai 1815, la classe des beaux-arts de l'Institut a reçu la communication d'un procédé qui me semble excellent. On peint à l'huile d'olive sur une impression de cire ; on vernit avec la même substance et un petit réchaud que l'on promène sur toutes les parties du tableau : la couleur se trouve ainsi entre deux cires ; ceci ne force pas le peintre à de nouvelles habitudes.

Cette découverte consolera les grands artistes. Une fatale expérience les a trop convaincus qu'au bout de trois siècles les tableaux n'offrent plus de coloris. Au palais Pitti, un paysage de Salvator Rosa montre combien tous les autres ont changé. Le blanc passe au jaune ; les bleus, autres que l'outremer, qui est presque indestructible, tournent au vert ; les glacis s'évanouissent. Lorsque l'on transportait sur toile le *martyre de saint Pierre*, j'ai vu que les couches d'*impression* et de peinture ne sont point *fondues* ensemble, mais *apposées* les unes sur les autres ; ainsi chaque couche opère

La forme des lettres employées par les anciens peintres donne un moyen de reconnaître les petites ruses des marchands de tableaux, qui savent mieux l'art de les déguiser que leur histoire ; ils ignorent que l'usage des lettres gothiques ne commença qu'après l'an 1200. Le quatorzième siècle les chargea de plus en plus de lignes superflues. Cet usage tint jusque vers 1450 ; on revint ensuite aux caractères romains.

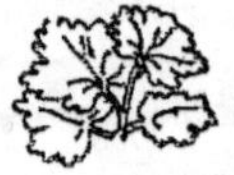

sa retraite isolément, et comme un parquet de bois vert se tourmente plus ou moins, en raison de son épaisseur et de la nature particulière de la couleur, l'huile qui se dessèche se *résine*, se fendille, s'écaille, et tombe.

Aussi le *coloris* et le *clair-obscur*, ces deux grandes parties de l'art, qui ne peuvent se calquer, qui se refusent à la patience des gens froids, ne se trouvent-elles presque plus dans nos musées. Les grands peintres recuieraient à la vue de leurs chefs-d'œuvre.

CHAPITRE XIV

CONTEMPORAINS DE GIOTTO

Buffalmacco, plus connu par la célébrité comique qu'il doit à Boccace[1] que par ses œuvres, peignait du temps de Giotto, et ne s'éleva guère au-dessus de son siècle. L'on trouve tout au plus chez lui quelques têtes d'hommes passables. Les Florentins, qu'il égayait chaque jour par quelque mystification nouvelle, aimaient son talent, et l'employèrent beaucoup. Il vécut gaiement et mourut à l'hôpital. Il eut pour compagnon un certain Bruno di Giovanni, qui, jaloux de l'expression que Buffalmacco mettait dans ses ouvrages, y suppléait d'ordinaire par des mots écrits qu'il faisait sortir de la bouche de ses figures, moyen simple déjà employé par Cimabue. Buffalmacco a plusieurs tableaux au Campo-Santo de Pise. Il y a de la physionomie dans une tête de

1. Huitième journée du *Décaméron* ; Sachetti, *Nouvelles* CLXI, CXCI et CXCII. Vasari, III, 80.

Caïn. Les noms de Nello, de Calandrino, de Bartholo Gioggi et de Gio da Ponte ont survécu, dit-on, à cette multitude d'ouvriers en couleurs qui remplissaient Florence.

André Orcagna a paru digne à quelques amateurs de prendre le premier rang après Giotto. Il est sûr que dans le *Paradis* et l'*Enfer*, grandes fresques de la chapelle des Strozzi, à Santa-Maria-Novella, il y a des têtes charmantes, dans le *Paradis* surtout, qui est à gauche en entrant. Ce sont apparemment des portraits de jolies femmes ; on lui demandait souvent ces deux sujets si touchants pour les fidèles. Il divise l'enfer en fosses (bolge), d'après le Dante ; et, comme ce grand poëte, il ne manque pas de damner ses ennemis ; on remarque dans ses fresques de Pise les portraits de deux des plus grands hommes de ce temps : Castruccio et Uguccione della Faggiola. L'architecture lui doit un des changements les plus heureux. C'est lui qui substitua le demi-cercle à la forme pointue des arcs gothiques, et le charmant portique des Lanzi, à Florence, est son ouvrage. Il était temps de laisser les arcs pointus, dont je crois que le premier exemple est au canal du lac Albano [1].

1. Construit l'an de Rome 356. Voir *Vulpii Latium vetus*.

André fut sculpteur : c'était un homme d'une force et d'une bizarrerie d'idées bien rares aujourd'hui. Mais, pour le coloris, l'élégance des formes et la vérité des mouvements, il le cède aux élèves de Giotto [1].

Après une naissance aussi splendide, les arts s'arrêtèrent tout à coup ; et pendant quatre-vingts ans Giotto resta le plus grand peintre jusqu'à ce que Brunellesco, Donatello et Masaccio vinssent de l'enfance les faire passer à la jeunesse.

Non seulement il faut des génies, mais encore que l'opinion des contemporains présente le vrai beau à leurs efforts. Boccace et Pétrarque ne sont connus que par ceux de leurs ouvrages qu'ils estimaient le moins. Si Pétrarque n'eût

Cet ouvrage est digne des plus grands rois, et le territoire de Rome ne s'étendait qu'à quelques milles.

On trouve l'histoire de l'architecture gothique depuis les édifices de Subiaco, et la Notre-Dame de Dijon, bâtie par saint Louis, jusqu'au Saint-Laurent de Florence par Brunelleschi, dans la septième livraison de M. Dagincourt.

1. Il travaillait ordinairement avec un de ses frères, nommé Bernardo ; ils eurent pour élèves un Bernardo Nello et Traini, duquel il y a un tableau curieux à Pise ; saint Thomas d'Aquin y est fort ressemblant. On le voit au-dessous du Rédempteur, duquel il reçoit des rayons de lumière, qui, de Thomas, vont se divisant à une foule de docteurs, d'évêques et même de papes. Arrien et d'autres novateurs gisent terrassés aux pieds du saint. Près de lui, Platon et Aristote lui présentent ouvert le livre de leur philosophie. Ce tableau gravé ferait une bonne note pour Mosheim ; il montre bien le christianisme devenant une religion, d'un gouvernement qu'il était.

jamais fait de chansons, il ne serait qu'un pédant obscur, sans doute, comme plusieurs des peintres que je nommerai ne sont que de froids copistes.

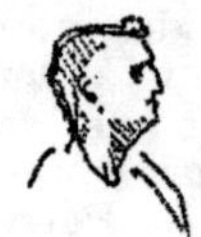

CHAPITRE XV

DU GOUT FRANÇAIS DANS LES ARTS

Si l'on veut faire un compliment à Cimabue et à Giotto, on peut les comparer à Rotrou. On a fait, depuis Rotrou, des Hippolyte, des Cinna, des Orosmane ; mais il n'a plus paru de Ladislas. J'aime à mettre aux prises, par la pensée, les Bajazet, les Achille, les Vendôme, si admirés il y a quarante ans [1], avec ce fou-

1. Si la charte que nous devons à un prince éclairé continue à faire notre bonheur, le goût français changera ; la perverse habitude de raisonner juste passera de la politique à la littérature. Ce grand jour, on jettera au feu tous les livres écrits sous l'influence des anciennes idées*, et les jurés faiseurs d'hémistiches crieront que tout est perdu. N'est-il pas bien piquant pour ces pauvres diables de n'être plus payés que pour écrire sur les constitutions, après avoir passé leur jeunesse à peser les hémistiches de Racine ou les chutes sonores de Bossuet ? C'est ce qui les rend anticonstitutionnels, et qui, dans trente ans, fera libéraux leurs successeurs en génie.

En 1770, on admirait plus les vers que les traits de caractère. Les esprits dégradés estimaient plus la richesse de la matière que le travail ; la difficulté vaincue dans la chose difficile que l'on pouvait comprendre, que la difficulté vain-

* A commencer par le *Siècle de Louis XIV* de Voltaire, les œuvres de d'Alembert, de Fontenelle, tout ce qui n'est pas idéologie dans Condillac, etc., etc.

gueux Polonais. La figure que ces grands seigneurs feraient devant ce grand homme venge ma vanité. Pour lui tenir tête, il faut aller chercher l'*Hotspur* de Shakspeare.

Michel-Ange est Corneille. Nos peintres modernes médisant de Masaccio ou de Giotto, c'est Marmontel, secrétaire perpétuel de l'Académie française, présentant en toute modestie ses petites observations critiques sur Rotrou.

Le malheur de Florence, au quatorzième siècle, n'était pas du tout la malhabileté des artistes, mais le mauvais goût du public.

Les Français admirent dans l'Achille de Racine des choses qu'il ne dit pas. C'est que l'idée qu'on a du fils de Pélée a été donnée bien plus par la Harpe, ou par Geoffroy, que par les vers du grand poète. Voilà les dissertations sur le goût qui corrompent le goût, et vont jusque dans l'âme du spectateur fausser la sensation[1]. J'espère que vous n'aurez pas pour Raphaël ce culte sacrilège. Vous verrez ses défauts, et c'est pour cela que vous verserez un jour

cue dans la chose plus difficile devenue inintelligible par le malheur des temps. La cause de Racine est liée à l'inquisition.

1. « Œil simple et qui vois les objets tels qu'ils sont, à qui rien n'échappe, et qui n'y ajoutes rien, combien je t'aime ! tu es la sagesse même. »

(LAVATER, I, 118.)

de douces larmes au palais de la Farnesina.

Le premier degré du goût est d'exagérer, pour les rendre sensibles, les effets agréables de la nature. C'est à cet artifice qu'eut souvent recours le plus entraînant des prosateurs français. Plus tard, on voit qu'exagérer les effets de la nature, c'est perdre sa variété infinie et ses contrastes, si beaux parce qu'ils sont éternels, plus beaux encore parce que les émotions les plus simples les rappellent au cœur [1].

En exagérant le moins du monde, en faisant du style autre chose qu'un miroir limpide, on produit un moment d'engouement, mais sujet à de fâcheux retours.

Le lecteur le plus sot craint le plus d'être dupe.
(L'*Eteignoir*, comédie.)

Sot ou non, soupçonne-t-il la bonne foi de l'auteur ? Il chasse le jugement tout fait qu'on voulait lui donner, la paresse l'empêche d'en former un autre ; et le héros, comme le panégyriste, vont se confondre dans le même oubli.

Qui n'a pas éprouvé cette sensation au sortir de l'Académie française, ou en lisant les homélies des journaux sur nos gouverne-

1. Age cannot wither it, nor custom stale its infinite variety.

ments ? Si le manque de vérité dans le discours empêche le jugement, en peinture il empêche la sensation ; et je ne vois que cette différence du style de Dietrich à celui de Dupaty.

Un auteur très froid peut faire frémir ; un peintre qui n'est qu'un ouvrier en couleur, s'il est excellent, peut donner les sentiments les plus tendres : il n'a qu'à ne pas choisir, et reproduire comme un miroir les beaux paysages des lacs de la Lombardie.

Pour plaire aux Anglais de son temps, Shakspeare laissa aux objets de la nature leurs justes proportions ; et c'est pour cela que sa statue colossale nous paraît tous les jours plus élevée, à mesure que tombent les petits monuments des poètes qui crurent peindre la nature en flattant l'affectation d'un moment, commandée par telle phase de quelque gouvernement puéril [1].

On peut dire des choses piquantes en prouvant que le pain est un poison, ou que le génie du christianisme est favorable au bonheur des peuples [2]. Rembrandt aussi arrête les spectateurs en changeant la distribution naturelle de la lumière. Mais, du

1. Shakspeare dut son excellent public aux têtes qui tombaient sans cesse. On marchait à la constitution de 1688.

2. Gibbon, tom. III ; Mosheim, *les Histoires d'Italie* ; *les Civilisations de Naples et de l'Espagne comparées à celle de la France sous Louis XIV*.

moment que le peintre se permet d'exagérer, il perd à jamais la possibilité d'être sublime, il renonce à la véritable imitation de l'antique[1].

Nous verrons Raphaël, Annibal Carrache, le Titien, donner des émotions plus profondes en raison de ce qu'ils auront eu plus de respect pour la proportion des effets qu'ils apercevaient dans le vaste champ de la nature; tandis que Michel-Ange de Carravage et le Barroche, très grands peintres d'ailleurs, en exagérant, l'un la force des ombres, l'autre le brillant des couleurs, se sont eux-mêmes exclus à jamais du premier rang.

La cause du mauvais goût chez les Français, c'est l'engouement. Ce qui tient à une autre circonstance plus fâcheuse, le manque absolu de caractère[2]. Il faut dis-

1. Voyez les *Sept devant Thèbes,* dans le grec d'Eschyle ; les modernes ne manquent pas de les faire tirer au sort dans une belle urne.

2. L'Espagne marque bien cette différence. Quels braves guerriers contre les Français* ! Quels plats politiques pour défendre leur constitution, c'est-à-dire leurs têtes !

Au mois d'avril 1815, le collège de mon département envoie à la chambre des communes quatre hommes honnêtes, ne manquant pas de fermeté, peu éclairés, mais, chose rare alors, ne portant les livrées d'aucun parti. Au mois d'août, le même collège est réuni ; *le quart seulement* des électeurs est *noble* : on se jure, la veille, de nommer trois députés plé-

* Voir le charmant tableau du général Lejeune, exposition de 1817. Là se trouve la véritable imitation de la nature, comme dans la Didon le véritable idéal. Ce sont peut-être les seuls tableaux qui seront encore regardés en 1867.

tinguer la bravoure du caractère, et voir dans l'étranger nos généraux être l'admiration de l'Europe, conne nos sénateurs en étaient la fable [1].

Le Français de 1770 avait-il les yeux assez pervertis pour trouver vraies les couleurs de Boucher ? non, sans doute. Cela ne se peut pas. Mais l'on a trop de vanité pour oser être soi-même. Tel homme chez nous *essuie les coups de pistolet sans sourciller*, qui a toute la mine de l'anxiété la plus risible, s'il faut parler le premier, dans un salon, de la pièce nouvelle d'où il sort. Tout est *exécrable* ou *divin*, et quand on est las d'un de ces mots pour un objet, l'on prend l'autre. Voyez Rameau, Balzac, Voiture.

Nous avions été religieux sous Louis XIV,

béiens ; l'on va au scrutin, et le dépouillement nous donne pour représentants quatre imbéciles hors d'état d'écrire une lettre, mais qui ont l'honneur de descendre directement du Cosaque qui fut le plus fort dans mon village il y a quinze siècles. Il est bien plaisant de voir nos publicistes discuter gravement le *maximum du bien* pour un peuple dont l'élite ne sait pas nommer, en tout *secret* et toute *liberté*, le député qu'il sait parfaitement être convenable à ses intérêts les plus chers et les plus *familiers*. Eh ! messieurs, des écoles à la Lancastre !

(Note traduite du *Morning-Chronicle*, et qu'on croit fort exagérée *.)

1. Correction manuscrite de l'exemplaire Doucet. Stendhal avait écrit d'abord : « *en étaient le ridicule.* » N. D. L. E.

* M. L. Arbelet fait remarquer, d'après une note de l'exemplaire Doucet, que cette fausse référence n'a été glissée ici par Stendhal que par prudence. N. D. L. E.

Voltaire trouve une gloire facile à se moquer des prêtres. Heureusement ses plaisanteries sont excellentes, et l'on en rit encore.

Après les crimes de la terreur, l'on pouvait deviner, sans un grand effort d'esprit, que l'opinion publique attendait une impulsion contraire, et le *Génie du Christianisme* a pu être lu.

Actuellement, la religion triomphe, et se hâte de fermer la porte des temples aux pauvres actrices qui quittent la scène du monde [1]. Elle n'est plus forcée à la justice par l'œil terrible d'un caractère absolu. Nous allons revenir au simple, et l'emphase vide de pensée va perdre de son crédit. Mais ce quatrième mouvement dans l'opinion sera plus faible que la vague impétueuse dirigée par Voltaire. A son tour il sera repoussé par une impulsion contraire, et ces vagues religieuses et antireligieuses, se succédant tous les dix ans, en s'affaiblissant sans cesse, finiront par se perdre dans l'ennui naturel au sujet.

La nature de l'admiration n'est pas pure en France. Voir des défauts dans ce que le public admire est une sottise : c'est qu'il faudrait raisonner pour soutenir une opinion nouvelle, c'est-à-dire appuyer une

1. Mademoiselle Raucourt.

chose indifférente par une chose ennuyeuse. Et le genre du panégyrique, qui au fond est un peu bête, se trouve avoir une base naturelle dans le caractère de la nation la plus spirituelle de l'Europe.

L'homme de goût comprend le Cloten de *Cymbeline*, comme l'Achille d'*Iphigénie*. Il ne voit dans les choses que ce qui s'y trouve ; il ne lit pas les commentaires de tous ces gens médiocres qui veulent nous apprendre le secret des grands hommes [1] ; au lieu de se faire l'idée de la perfection d'après Virgile, et de s'extasier ensuite niaisement avec les rhéteurs sur la perfection de Virgile, il se forme d'abord l'idée du beau, et cite Virgile à son tribunal avec autant de sévérité que Pradon [2].

1. Excepté Rulhière, tout ce qui a paru depuis trente ans peut s'intituler : *Grand secret pour faire de belles choses inconnu jusqu'à ce jour.* Nos gens ne voient pas la nature, ils ne voient que ses copies dans les phrases des livres, et ils ne savent pas même choisir ces livres. Qui est-ce qui lit en France les vingt-cinq volumes de l'*Edimbourg-Review*, ouvrage qui est à Grimm ce que Grimm est à la Harpe ?

2. La niaiserie littéraire est un des symptômes d'un certain état de civilisation. Ecoutons le Volney des Anglais, le célèbre Elphinstone (*Voyage au royaume de Caubul*) :

« Chez les nations qui jouissent de la liberté civile, tous les individus sont gênés par les lois, au moins jusqu'au point où cette gêne est nécessaire au maintien des droits de tous.

« Sous le despotisme, les hommes sont inégalement et imparfaitement protégés contre la violence, et soumis à l'injustice du tyran et de ses agents.

« Dans l'état d'indépendance, les individus ne sont ni gênés ni protégés par les lois ; mais le caractère de l'homme prend un libre essor, et développe toute son énergie. Le courage et le talent naissent de toutes parts, car l'un et l'autre se trouvent nécessaires à l'existence. »

M. Elphinstone ajoute : « Mieux vaut un sauvage à grandes qualités qui commet des crimes, qu'un esclave incapable de toute vertu. »

Rien de plus vrai, du moins pour les arts.

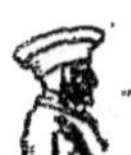

CHAPITRE XVI

ÉCOLE DE GIOTTO

Il arriva aux élèves de Giotto ce qui arrive aux élèves de Racine, ce qui arrivera à ceux de tous les grands artistes. Ils n'osent voir dans la nature les choses que le maître n'y a pas prises. Ils se mettent tout simplement devant les effets qu'il a choisis, et prétendent en donner de nouvelles copies, c'est-à-dire qu'ils tentent précisément la chose que, jusqu'à un changement de caractère dans la nation, le grand homme vient de rendre impossible. Ils disent qu'ils le respectent, et s'ils s'élevaient à comprendre ce qu'ils font, il n'y a pas d'entreprise plus téméraire.

Pendant le reste du quatorzième siècle, la peinture ne fit plus de progrès. Les tableaux de Giotto, vus à côté des tableaux de Cavallini, de Gaddi et de ses autres bons élèves, sont toujours les ouvrages du maître. Une fois qu'on est parvenu à connaître son style, on n'a que faire d'étudier le leur. Il est moins grandiose et moins gracieux, voilà tout.

Stefano Fiorentino, dont les ouvrages ont péri, Tommaso di Stefano et Tossicani l'imitèrent avec succès. Son élève favori, celui qu'il admit à la plus grande intimité, son Jules Romain, c'est Taddeo Gaddi, dont les curieux trouvent encore des fresques au chapitre des Espagnols à Florence. Il a peint à la voûte quelques *scènes de la vie de Jésus*, et une *Descente du Saint-Esprit*, qui est un des plus beaux ouvrages du quatorzième siècle. Sur l'un des murs de la même chapelle il a fait des figures allégoriques représentant les sciences et, au-dessous de chacune d'elles, le portrait de quelque savant qui passait alors pour s'y être illustré. Il surpassa, dit-on, son maître dans le coloris ; le temps nous empêche d'en juger.

Un jour, dans une société de gens de lettres [1], André Orcagna fit cette question : Qui avait été le plus grand peintre, Giotto excepté ? L'un nommait Cimabue, l'autre Stefano, ou Bernardo, ou Buffalmacco. Taddeo Gaddi, qui se trouvait présent, dit : *Certainement il y a eu de grands talents; mais cet art va manquant tous les jours.* Et il avait raison. Comment prévoir qu'il

1. Sacchetti, *Nouvelle* 136.

naîtrait des génies qui sortiraient de l'imitation ?

On distingue parmi les élèves de Gaddi, Angiolo Gaddi son fils, don Lorenzo, et don Silvestre, tous les deux moines camaldules, Jean de Milan qui peignit en Lombardie, Starnina, et dello Fiorentino, qui portèrent le nouveau style italien à la cour d'Espagne, et enfin Spinello d'Arezzo, qui eut du moins une imagination d'artiste. On montre encore dans sa patrie une *Chute des anges*, avec un *Lucifer* si horrible, que Spinello l'ayant vu en songe, il en devint fou, et mourut peu après[1].

1. Voici les noms des prétendus artistes de cette époque, qui peuvent n'être pas sans intérêt à Florence et à Pise, où leurs tristes ouvrages emplissent les églises. Gio. Gaddi, Antonio Vite, Jacopo di Casentino, Bernardo Daddi, Parri Spinello, qui faisait ses figures très longues et un peu courbées, pour leur donner de la grâce, disait-il ; peut-être avait-il entrevu que pour la grâce il faut une certaine faiblesse*, du reste, bon coloriste ; Lorenzo de Bicci, d'une médiocrité expéditive, Neri son fils, un des derniers de la troupe, Stefano da Verona, Cennini, Antonio Veneziano.

A Pise, la sculpture était plus à la mode ; cependant elle eut des peintres : Vicino, Nello, Gera, plusieurs Vanni, Andrea di Lippo, Gio. di Nicolo. Les discordes civiles livrèrent la ville aux Florentins en 1406 ; avec la nationalité elle perdit le génie.

On pourrait citer des centaines de peintres ; tous ces noms, avec les dates, sont dans le dictionnaire, à la fin du présent

* Je ne sympathise pas avec cette jeune femme (dans la retraite de Russie), parce qu'elle est plus faible qu'une autre femme, mais parce qu'elle n'a pas la force d'un homme. C'est ce qui renverse tout le système de Burke ; il n'a pas lu ses principes dans son cœur ; il les a déduits, avec beaucoup d'esprit et peu de logique, de certaines vérités générales. Toutes les femmes de l'école de Florence ont trop de force.

L'histoire de la peinture ne mérite pas plus de détails depuis l'an 1336 jusqu'à l'an 1400.

Un grand seigneur, Jean-Louis Fiesque, entre dans la boutique d'un peintre célèbre: « Fais-moi un tableau où il y ait saint Jean, saint Louis et la Madone. » Le peintre ouvre la Bible et les légendes pour les signes caractéristiques de ces trois personnages.

A plus forte raison avait-il recours à la Bible lorsqu'il fallait peindre le reniement de saint Pierre, ou le tribut payé à César, ou le jugement dernier.

Aujourd'hui qui est-ce qui lit la Bible[1] ? quelque amateur peut-être pour y voir les quinze ou vingt traits, éternels sujets des tableaux du grand siècle. J'ai trouvé des peintures inexplicables. C'est que certaines légendes trop absurdes ont été abandonnées dans le mouvement rétrograde de l'armée catholique. Alors on indique dans le pays le bouquin où il faut chercher le miracle[2].

ouvrage. Les amateurs qui ont une âme, et qui savent y lire, trouveront de l'instruction à comparer cette médiocrité du quatorzième siècle avec la médiocrité du dix-huitième. Il faut sortir d'une des églises ornées dans ce temps-là, pour entrer dans l'église del Carmine, repeinte depuis l'incendie de 1771.

1. Hors de l'Angleterre.

2. Par exemple, les Bollandistes ne conviennent pas du martyre de saint Georges sous Dioclétien, chef-d'œuvre

Le malheur de ces premiers restaurateurs de l'art, qui, à beaucoup près, ne furent pas sans génie, c'est d'avoir peint la Bible. Cette circonstance a retardé l'expression des sentiments nobles, ou le *beau idéal* des modernes.

La Bible, à ne la considérer que sous le rapport humain, est une collection de poèmes écrits avec assez de talent, et surtout parfaitement exempts de toutes les petitesses, de toutes les affectations modernes. Le style est toujours grandiose; mais elle est remplie des actions les plus noires, et l'on voit que les auteurs n'avaient nulle idée de la beauté *morale* des actions humaines [1].

Voici une occasion de dire que les romanciers du jour sont plus que divins. Les trois ou quatre romans qui paraissent chaque semaine nous font bâiller à force de perfection morale ; mais les auteurs ne peuvent attraper le style grandiose. Au contraire, changez le style de la Bible, et tout le monde verra ces poèmes avec surprise.

Les voyageurs en Italie sont frappés du

d'expression de Paul Véronèse. Ancien Musée, nº 1,091.

Un excès de curiosité peut faire ouvrir, pour la vie de Jésus et de la Madone, G. Albert Fabricius, *Codex apocr. Novi Testamenti.*

1. Voir dans l'appendice la bulle de N. S. P. le pape, en date du 29 juin 1816. (Ri. C.)

peu d'expression de tableaux, d'ailleurs assez bons, et de la grossièreté de cette expression. Mais, me suis-je dit, ce peuple est-il froid ? ne fait-il pas de gestes ? l'accuse-t-on de manquer d'expression ? Les peintres ne pouvant être *vrais* sans être révoltants, leur siècle, plus humain que la Bible, leur commanda, sans s'en douter, de s'arrêter à l'insignifiant[1]. Si, au lieu de leur demander des sujets pris dans le livre divin[2], on leur eût donné à exprimer

1. Le Guerchin, qui copiait pour ses saints de grossiers paysans, est plus d'accord avec la Bible que le Guide ou Raphaël. Le clair-obscur seul et le coloris n'étaient pas enchaînés par la religion. Voir le *Martyre de saint Pierre à Antioche*, ancien Musée Napoléon, nº 974. On part toujours du livret de 1811.

2. Un des effets les plus plaisants de la puissance de Napoléon, c'est la société anglaise pour la Bible. La première année, 1805, cette société eut 134,000 francs à dépenser, le revenu de la dixième année, terminée le 31 mars 1814, s'est élevé à 2,093,184 francs.

Le nombre des exemplaires distribués en 1813 est de167, 320 exemplaires de la Bible, et de 185,249 exemplaires du Nouveau Testament. Le nombre total des Bibles mis en circulation depuis l'origine s'élève à 1,027,000. On a traduit ce livre dans une infinité de langues ; on a des gens pour le faire distribuer aux sauvages au retour de leurs chasses, afin de les rendre *humains*. Partout, disent les graves Anglais dans leurs rapports, le *taux moyen* de la moralité s'élève par la lecture de la Bible ; cette lecture perfectionne la *raison**.

C'est un bien bon déguisement de l'orgueil que le zèle de ces Anglais, qui se croient vertueux, dans le vrai sens du mot (c'est-à-dire *contribuant au bonheur du genre humain*), en doublant ou quadruplant la publicité de la Bible.

On n'a qu'à lire cinquante pages, au hasard, dans la traduction de Genève de 1805 ; la gravité de ces braves gens

* Rapport de la société de la Bible, 5 vol., Londres, 1814. Adresse de Leicester, pag. 366.

l'histoire d'un simple peuple, des Romains, par exemple, qui ne sont rien moins que parfaits, ils y eussent trouvé des enfants de Falèries, Fabricius renvoyant le médecin de Pyrrhus, les trois cents Fabius allant mourir pour la patrie, etc., etc., enfin quelquefois des sentiments généreux.

Quel talent, pour exprimer la beauté morale, veut-on qu'acquière un pauvre ouvrier qui est employé tous les jours à représenter Abraham envoyant Agar et son fils Ismaël mourir de soif dans le désert [1], ou saint Pierre faisant tomber mort Ananias, qui, par une fausse décla-

eût été beaucoup mieux employée à répandre des *Amis des enfants* par Berquin ; lisez de suite cinquante pages des deux ouvrages.

Comme leurs ministres, grâce à la liberté, les particuliers anglais ont le pouvoir de l'argent ; mais, comme leurs ministres, ils pourraient avoir plus d'esprit : on est étonné, après une aussi énorme dépense de gravité, d'arriver à des effets aussi puérils. La forme de leur liberté ne leur laisse pas le *loisir* d'acquérir ce pauvre esprit qui les vexe tant ; elle agace et met en présence tous les intérêts : la vie est un combat ; il n'y a plus de temps pour les plaisirs de la sympathie.

1. Chef-d'œuvre de Guerchin, à Brera. On ne peut plus oublier les yeux rouges d'Agar, qui regardent encore Abraham avec un reste d'espérance ; ce qu'il y a de plaisant dans le tableau du Guerchin, c'est qu'Abraham, poussant Agar à une mort horrible, ne manque pas de lui donner sa bénédiction. M. de C[hateaubriand] a donc toute raison d'avancer que la religion chrétienne est une religion d'angélique douceur. Voyez, en Espagne, relever, en l'honneur des libéraux, de vieilles tours sur des rochers escarpés, tombant en ruine depuis le temps des maures. Au mois d'août 1815, la loi de grâce vient de faire brûler à l'île de Cuba, par un temps fort chaud, six hérétiques, dont quatre étaient Européens.

ration, avait trompé les apôtres dans leur emprunt forcé[1], ou le grand prêtre Joad massacrant Athalie pendant un armistice ?

Quelle différence pour le talent de Raphaël, si, au lieu de peindre la *Vierge au donataire*[2] et les tristes saints qui l'entourent, et qui ne peuvent être que de froids égoïstes, son siècle lui eût demandé la tête d'Alexandre prenant la coupe des mains de Philippe, ou Régulus montant sur son vaisseau[3] !

Quand les sujets donnés par le christianisme ne sont pas odieux, ils sont du moins plats. Dans la *Transfiguration*, dans la *Communion de saint Jérôme*, dans le *Martyre de saint Pierre*, dans le *Martyre de sainte Agnès*, je ne vois rien que de commun. Il n'y a jamais *sacrifice de l'intérêt propre* à quelque sentiment généreux.

Je sais bien qu'on a dit, dès 1755 : « Les sujets de la religion chrétienne fournissent presque toujours l'occasion d'exprimer les grands mouvements de l'âme, et

1. Ancien Musée Napoléon, n° 58.
2. Ancien Musée Napoléon, n° 1140.
3. Régulus ne pouvait s'attendre à être payé au centuple après sa mort ; attaché à sa croix dans Carthage, il ne voyait point d'anges au haut du ciel lui apporter une couronne. La découverte de l'immortalité de l'âme est tout à fait moderne. Voir Cicéron, Sénèque, Pline, non pas dans les traductions approuvées par la censure.

ces instants heureux où l'homme est au-dessus de lui-même. La mythologie, au contraire, ne présente à l'imagination que des fantômes et des sujets froids.

« Le christianisme vous montre toujours l'homme, c'est-à-dire l'être auquel vous vous intéressez dans quelque situation touchante ; la mythologie, des être dont vous n'avez pas d'idées dans une situation tranquille.

« Ce qui engagea les génies sublimes de l'Italie à prendre si fréquemment leurs sujets dans l'Olympe, c'est l'occasion si précieuse de peindre le nu... La mythologie n'a tout au plus que quelques sujets voluptueux. » (Grimm, *Correspondance*, février 1755.)

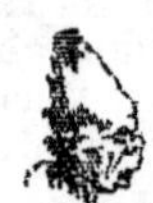

CHAPITRE XVII

ESPRIT PUBLIC A FLORENCE

L'AMOUR furieux pour la liberté et la haine des nobles ne pouvait être balancé dans Florence que par un seul plaisir, et l'Europe célèbre encore la magnificence désintéressée et les vues libérales des premiers Médicis (1400).

Les sciences de ce temps-là n'étant pas longues à apprendre, les savants étaient en même temps gens d'esprit. De plus, par la faveur de Laurent le Magnifique, il arriva qu'au lieu de ramper devant les courtisans, c'étaient les courtisans qui leur faisaient la cour. Voilà les peintres de Florence qui l'emportent sur leurs contemporains de Venise.

Dello, Paolo, Masaccio, les deux Peselli, les deux Lippi, Benozzo, Sandro, les Ghirlandajo, vécurent avec les gens d'esprit qui formaient la cour des Médicis, furent protégés par ceux-ci avec une bonté paternelle, et, en revanche, employèrent, leurs talents à augmenter l'influence de cette famille aimable. Leurs ouvrages, pleins de portraits, suivant la coutume, offraient sans cesse au peuple l'image des Médicis, et avec les ornements royaux. On est sûr, par exemple, de trouver trois Médicis dans tous les tableaux de l'adoration des rois. Les peintres disposaient les habitants de Florence à leur en souffrir un jour l'autorité.

Côme, le père de la patrie, Pierre, son fils, Laurent, son petit-fils, Léon, le dernier des Médicis, présentent assurément une succession de princes assez singuliers. Comme la gloire de cette famille illustre a été souillée de nos jours par de plats louangeurs, il faut observer qu'elle ne fit que partager l'enthousiasme du public.

Il faut rappeler Nicolas V, qui, de la naissance la plus obscure, parvint à la première magistrature de la chrétienté, et, dans un règne de huit ans, égala au moins Côme l'Ancien [1].

Il faut rappeler la maison d'Este, dont le sang va monter sur le plus beau trône du monde, et qui fut la digne rivale des Médicis. Puisse-t-elle se souvenir aujourd'hui que ses plus beaux titres de noblesse sont l'Arioste et le Tasse !

Alphonse, le brillant conquérant du

1. De 1447 à 1455.

royaume de Naples, épargna la ville rebelle de Sulmone en mémoire d'Ovide. Il réunissait les savants à son quartier général, non pour leur demander d'écouter des épigrammes, mais de discuter devant lui, et souvent avec lui, les grandes questions de la littérature. Son fils fut auteur, et cette famille, quoique renversée du trône, montra la civilisation à cette grande Grèce aujourd'hui si barbare.

Le plus brave des guerriers de ce siècle, le fondateur de la gloire et de la puissance des Sforce à Milan, protégea les savants presque autant que son petit-fils Louis le Maure, l'ami de Léonard.

Les souverains qui régnaient à Urbin et à Mantoue vivaient en riches particuliers, au milieu de tous les plaisirs de l'esprit et des arts. Les princesses même ne dédaignèrent pas de laisser tomber sur les enfants des Muses quelques-uns de ces regards qui font des miracles.

La mode fut décidée. Les princes vulgaires s'empressèrent de lui obéir, et, dans cet âge, une seule ville d'Italie comptait plus de savants que de grands royaumes au-delà des Alpes [1].

Par quel enchantement les gens d'esprit de l'Italie, si protégés, sont-ils restés

1. Voir la vie de Volsey, par Galt.

tellement loin de ses artistes ? Au lieu de créer, ils se rabaissèrent au métier de savant, dont ils ne sentaient pas le vide [1].

A Florence, depuis plus de deux siècles, et du temps que les Médicis n'étaient encore que de petits marchands, la passion des arts était générale ; les citoyens, distribués en confréries, suivant leurs métiers et leurs quartiers, ne songeaient, au milieu de leurs dissensions furieuses, qu'à orner les églises où ils se rassemblaient. Là, comme dans les états modernes, l'immense majorité avait l'insolence de ne pas vouloir se laisser gouverner au profit du petit nombre. C'est l'effet le plus assuré d'un bien-être funeste. Les riches Florentins furent ballottés pendant trois siècles pour n'avoir ni assez d'esprit pour trouver une bonne constitution, ni assez d'humilité pour en supporter une mauvaise [2]. Leurs guerres leur coûtaient des sommes énormes, et

1. Politien, par exemple. Ce métier est le dernier de tous, s'il n'est fondé sur la raison ; et les raisonnements du quatorzième sont bien bons à lire à peu près autant que ceux des théologiens actuels (Paley) ; mais n'oublions pas que, tandis que la raison ne formait encore que des pas incertains et mal assurés, sur les ailes de l'imagination les vers de Pétrarque et du Dante s'élevaient au sublime. Homère n'a rien d'égal au comte Ugolin.

2. Tous les douze ou quinze ans le peuple se portait en armes à la place publique, et donnait *balia* à des commissaires qu'il nommait, c'est-à-dire leur conférait le pouvoir de faire une constitution nouvelle.

n'enrichissaient que leurs ministres. Comme toutes les républiques marchandes, ils étaient avares.

Et cependant, dès 1288, le père de cette Béatrice immortalisée par le Dante fonde le superbe hôpital de Santa-Maria-Nuova. Cinq ans plus tard, les marchands de drap entreprennent de revêtir de marbres noir et blanc le joli baptistère si connu par ses portes de bronze. En 1294, le jour de la Sainte-Croix, on pose la première pierre de la célèbre église de ce nom. Au mois de septembre de la même année, on commence la cathédrale, et les fonds sont faits pour qu'elle soit rapidement achevée. A peine quatre ans sont écoulés, sur les dessins d'Arnolfo di Lappo, l'un des restaurateurs de l'architecture, on construit le Palazzo Vecchio. Mais c'est en vain que l'artiste veut donner une forme régulière à son édifice. La haine pour la faction gibeline ne permet pas de bâtir sur le terrain de leurs maisons, que la fureur populaire vient de démolir. C'est la place du Grand-Duc.

Ces grands édifices bâtis, les Florentins veulent les couvrir de peintures. Ce genre de luxe, inconnu à leurs ancêtres, ne régnait pas au même degré dans les autres villes d'Italie. De là la réputation des imitateurs de Giotto.

Dans les premières années du quinzième siècle, la mode changea. Ce fut la sculpture qui parut de bon goût pour orner les églises avec magnificence.

Les Florentins laissant toujours la façade des leurs pour le dernier ouvrage, l'inconstance humaine a fait que Saint-Laurent, le Carmine et Santa-Croce, ces temples si magnifiques au-dedans, ressemblent tout à fait à de vastes granges de brique.

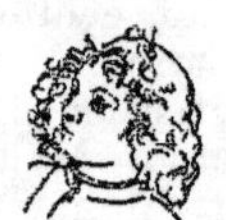

CHAPITRE XVIII

DE LA SCULPTURE A FLORENCE

A la voix du public, qui demandait des statues, on vit paraître aussi tôt, et presque en même temps, les Donatello, les Brunelleschi, les Ghiberti, les Filarete, les Rossellini, les Pollajuoli,les Verrochio. Leurs ouvrages, en marbre, en bronze, en argent, élevés de toutes parts dans Florence, semblèrent quelquefois, aux yeux charmés de leurs concitoyens, atteindre la perfection de l'art, et égaler l'antique. Remarquez qu'on n'avait encore découvert aucune des statues classiques. Ces sculpteurs célèbres pénétrés pour leur art d'un amour passionné, formaient la jeunesse au dessin par des principes puisés de si près dans la nature, que leurs élèves se trouvaient en état de l'imiter presque avec une égale facilité, soit qu'ils employassent le marbre ou les couleurs. La plupart étaient encore architectes, et réunissaient ainsi les trois arts faits pour charmer les yeux.

Où ne fussent pas allés les Florentins avec une telle ardeur et tant de génie naturel, si l'*Apollon* leur eût été connu, et s'ils eussent trouvé dans Aristote, ou dans tel autre auteur vénéré, que c'était là le seul modèle à suivre ? Qu'a-t-il manqué à un Benvenuto Cellini ? qu'un mot pour lui montrer la perfection, et une société plus avancée pour sentir cette perfection.

Je remarque que les Florentins surent toujours écouter la raison. Ils voulaient jeter en bronze les portes du baptistère. La voix publique nommait Ghiberti. Ils n'en indiquèrent pas moins un concours. Les rivaux de Ghiberti furent Donatello et Brunelleschi. Quels rivaux, les juges ne pouvaient faillir ; mais on leur épargna le soin de juger. Brunelleschi et Donatello, ayant vu l'essai de Ghiberti, lui décernèrent le prix.

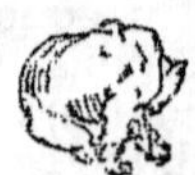

CHAPITRE XIX

PAOLO UCCELLO ET LA PERSPECTIVE

Au milieu de cet enthousiasme pour les statues et les formes palpables, la peinture fut un peu négligée. Sortie de l'enfance par Giotto et ses élèves, elle attendait encore la perspective et le clair-obscur.

Les figures de ce temps-là ne sont pas dans le même plan que le sol qui les porte ; les édifices n'ont pas de vrai point de vue. De toutes les parties sublimes, l'art de présenter les corps en raccourci avait seul fait quelques pas. Stefano Fiorentino vit ces difficultés plutôt qu'il ne les surmonta. Tandis que le commun des peintres cherchait à les éviter, ou à les résoudre par des à peu près, Pierre della Francesca et Brunelleschi eurent l'idée de faire servir la géométrie au perfectionnement de l'art (1420). Encouragés par les livres grecs, ils trouvèrent le moyen, en représentant de grands édifices de tracer sur la toile la manière exacte dont ils paraissent à l'œil.

Ce Brunelleschi imita l'architecture ancienne avec génie. Sa coupole de Santa-Maria del Fiore surpasse celle de Saint-Pierre, sa copie, du moins en solidité. Une preuve de la supériorité de ce grand homme, c'est la défaveur de ses contemporains, qui le crurent fou, éloge le plus flatteur que puisse conférer le vulgaire, puisqu'il est un inattaquable certificat de dissemblance. Comme les magistrats de Florence délibéraient avec la troupe des architectes sur la manière de construire la coupole, ils allèrent jusqu'à faire porter Brunelleschi hors de la salle par leurs huissiers. Aussi avait-il tous les talents, depuis la poésie jusqu'à l'art de faire des montres ; et un tel homme est fou de droit aux yeux de tous les échevins du monde, même à Florence au quinzième siècle. Jusqu'à lui, l'architecture, ne sachant pas être élégante, cherchait à étonner par la grandeur des masses.

Paolo Uccello, aidé du mathématicien Manetti, se consacra aussi à la perspective, et pour elle négligea toutes les autres parties de la peinture. Celle-ci, qui est cependant une des moins séduisantes, faisait son bonheur. On le trouvait seul, les bras croisés devant ses plans géométriques, se disant à lui-même : « La perspective est pourtant une chose charmante. »

C'est ce dont il est permis de douter ; mais ce qui est certain, c'est que chaque nouvel essai de Paolo fit faire un pas à l'art qu'il adorait. Soit qu'il représentât de vastes bâtiments et de longues colonnades dans le champ étroit d'un petit tableau, soit qu'il entreprît de faire voir la figure humaine sous des raccourcis inconnus aux élèves de Giotto, chacun de ses ouvrages fit l'étonnement de ses contemporains. Les curieux trouveront dans le cloître de Santa-Maria-Novella deux fresques de Paolo, représentant Adam au milieu d'un paysage fort bien fait, et l'arche de Noë voguant sur les eaux.

Cette figure colossale d'un des généraux de Florence, peinte en terre verte à la cathédrale, est encore de lui. Ce fut peut-être la première fois que la peinture osa beaucoup, et ne sembla pas téméraire. Il paraît qu'il eut une fort grande réputation dans le genre colossal. Il fut appelé à Padoue pour y peindre des géants. Mais ses géants ont péri, et presque tous les tableaux qui nous restent de Paolo Uccello ont été découpés sur des meubles. Il dut son nom d'*Uccello* à l'amour extrême qu'il avait pour les oiseaux ; il en était entouré dans sa maison, et en mettait partout dans ses tableaux. Il ne mourut qu'en 1472.

De son côté, Masolino di Panicale s'adonnait au clair-obscur, et, par l'habitude de modeler en terre les formes du corps humain, apprenait à leur conserver du relief. Ce précepte lui venait de Ghiberti, sculpteur célèbre, qui passait alors pour être sans rival dans le dessin, dans la composition, et dans l'art de donner une âme aux figures. Le coloris, qui seul manquait à Ghiberti pour être un grand peintre, Masolino se le fit enseigner par Starnina, renommé comme le meilleur coloriste du siècle. Ayant ainsi réuni ce qu'il y avait de mieux dans deux écoles différentes, il créa une nouvelle manière d'imiter la nature.

Ce style est toujours sec, l'on trouve encore mille choses à reprendre ; mais il y a du grandiose ; le peintre commence à négliger les petits détails insignifiants où se perdaient ses prédécesseurs. Des nuances plus douces unissent les couleurs opposées. La chapelle de Saint-Pierre *al Carmine* fait la gloire de Masolino (1415) Il y peignit les évangélistes, et plusieurs traits de la vie de saint Pierre, la *Vocation à l'apostolat*, la *Tempête*, le *Reniement.*

Quelques années après sa mort, d'autres scènes de la vie du saint, telles que le *Tribut payé à César*, et la *Guérison des malades*, furent ajoutées par son élève

Maso di San-Giovani, jeune homme qui, tout absorbé dans les pensées de l'art, et plein de négligence pour les intérêts communs de la vie, fut surnommé Masaccio par les habitants de Florence.

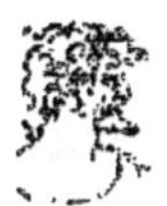

CHAPITRE XX

MASACCIO

Pour celui-ci, c'est un homme de génie, et qui fait époque dans l'histoire de l'art. Il s'était formé d'abord sur les ouvrages des sculpteurs Ghiberti et Donatello. Brunelleschi lui avait montré la perspective. Il vit Rome, et sans doute y étudia l'antique.

Masaccio ouvrit à la peinture une route nouvelle. On n'a qu'à voir les belles fresques de l'église del Carmine, qui heureusement ont échappé à l'incendie de 1771.

Les raccourcis sont admirables. La pose des figures offre une variété et une perfection inconnues à Paolo Uccello lui-même. Les parties nues sont traitées d'une manière naïve, et toutefois avec un art infini. Enfin, la plus grande de toutes les louanges, et que pourtant l'on peut donner à Masaccio avec vérité, c'est que ses têtes ont quelque chose de celles de Raphaël. Ainsi que le peintre d'Urbin, il marque d'une expression différente chacun des personnages qu'il introduit. Cette figure du *Baptême de saint Pierre*, louée si souvent (c'est un homme qui vient de quitter ses habits et qui tremble de froid), a été sans rivale jusqu'au siècle de Raphaël, c'est-à-dire que Léonard de Vinci, le Frate et André del Sarto, ne l'ont point égalée [1].

Nous voici à la naissance de l'expression.

Tous les hommes spirituels ou sots, flegmatiques ou passionnés, conviennent que l'homme n'est rien que par la pensée et par le cœur. Il faut des os, il faut du sang à la machine humaine pour qu'elle marche. Mais à peine prêtons-nous quelque attention à ces conditions de la vie pour voler à son grand but, à son dernier résultat : penser et sentir.

C'est l'histoire du dessin, du coloris, du clair-obscur, et de toutes les diverses parties de la peinture comparées à l'expression.

L'expression est tout l'art.

Un tableau sans expression n'est qu'une image pour amuser les yeux un instant. Les peintres doivent sans doute posséder le coloris, le dessin, la perspective, etc. ; sans cela l'on n'est pas peintre. Mais

1. Ces fresques ont été gravées par Carlo Lasinio.

s'arrêter dans une de ces perfections subalternes, c'est prendre misérablement le moyen pour le but, c'est manquer sa carrière. Que sert à Santo di Tito d'avoir été ce grand dessinateur si renommé dans Florence ? Hogarth vivra plus que lui. Les simples coloristes, remplissant mieux la condition du *tableau-image*, sont plus estimés. A égale inanité d'expression, une cène de Bonifazio se paye dix fois plus qu'une descente de croix de Salviati [1].

Par l'expression, la peinture se lie à ce qu'il y a de plus grand dans le cœur des grands hommes. *Napoléon touchant les pestiférés à Jaffa* [2].

Par le dessin, elle s'acquiert l'admiration des pédants.

Par le coloris, elle se fait acheter des gros marchands Anglais.

Au reste, il ne faut pas accuser légèrement les grands peintres de froideur. J'ai vu en ma vie cinq ou six grandes actions, et j'ai été frappé de l'air simple des héros.

Masaccio bannit des draperies tous les

1. Bonifazio, de l'école de Venise, mort en 1553, à 62 ans ; Salviati de Florence, de 1510 à 1563 ; Hogarth, mort en 1761.

2. On me dira qu'à propos des arts je parle de choses qui leur sont étrangères ; je réponds que je donne la copie de mes idées, et que j'ai vécu de mon temps. Je cite ceci comme tableau, sans affirmer qu'ensuite il ne les ait pas fait empoisonner

petits détails minutieux. Chez lui, elles présentent des plis naturels et en petit nombre. Son coloris est vrai, bien varié, tendre, d'une harmonie étonnante ; c'est dire que les figures ont un relief admirable. Ce grand artiste ne put terminer la chapelle del Carmine ; il mourut en 1443, probablement par le poison. Il n'avait que quarante-deux ans. C'est une des plus grandes pertes que les arts aient jamais faites.

L'église del Carmine, où il repose, devint après sa mort l'école des plus grands peintres qu'ait produits la Toscane. Léonard de Vinci, Michel-Ange, le Frate, André del Sarto, Luca Signorelli, le Pérugin et Raphaël lui-même vinrent y étudier avec respect[1].

1. On lui fit cette épitaphe :

> Se alcun cercasse il marmo o il nome mio,
> La Chiesa è il marmo, una capella è il nome :
> Morii, chè natura ebbe invidia, come
> L'arte del mio pennel, uopo e desio.

D'où l'on a tiré,

> Si monumentum quæris, circumspice.

Epitaphe du célèbre architecte Wren, dans Saint-Paul de Londres, et peut-être le charmant distique :

> Ille hic est Raphael, timuit quo sospite vinci
> Rerum magna parens, et moriente mori.

CHAPITRE XXI

SUITE DE MASACCIO

Les yeux accoutumés aux chefs-d'œuvre de l'âge suivant peuvent avoir quelque peine à démêler Masaccio, Je l'aime trop pour en juger. Je croirais cependant que c'est le premier peintre qui passe du mérite historique au mérite réel.

Masaccio étant mort jeune, et ayant toujours aspiré à la perfection, ses tableaux sont fort rares. J'ai vu de lui, au palais Pitti, un portrait de jeune homme qui est sublime. On lui attribue à Rome les évangélistes qui sont à la voûte de la chapelle de Sainte-Catherine ; mais c'est un ouvrage de sa jeunesse, ainsi que le tableau représentant sainte Anne, qui est à Florence, dans l'église de Saint-Ambroise. Le temps a effacé ses autres fresques.

L'antiquité n'ayant rien laissé pour le clair-obscur, le coloris, la perspective et l'expression, Masaccio est plutôt le créateur que le rénovateur de la peinture.

CHAPITRE XXII

DÉFINITIONS

Un général célèbre, voulant voir dans un musée un petit tableau du Corrége placé fort haut, s'approcha pour le décrocher : « Permettez, sire, s'écria le propriétaire ; M. N*** va le prendre, il est plus grand que vous. — Dites plus long. »

C'est, je crois, pour éviter cette petite équivoque que dans les arts le mot *grandiose* remplace le mot *grand*. C'est en supprimant les détails, suivant une certaine loi, et non en peignant sur une toile immense, que l'on est grandiose. Voir la *Vision d'Ezéchiel* et la *Cène de saint Georges*.

Tout le monde connaît la *Madona alla Seggiola*[1]. Il y a deux gravures, l'une de Morghen, l'autre de M. Desnoyers, et, entre ces deux gravures, une certaine différence. C'est pour cela que les *styles* de ces deux artistes sont différents. Cha-

1. De Raphaël, ancien Musée de Napoléon, la *Vision*, nº 1126.

cun a cherché d'une manière particulière l'imitation de l'original.

Supposons le même sujet par plusieurs peintres, l'*Adoration des rois*, par exemple.

La force et la terreur marqueront le tableau de Michel-Ange. Les rois seront des hommes dignes de leur rang et paraîtront sentir devant qui ils se prosternent. Si la couleur avait de l'agrément et de l'harmonie, l'effet serait moindre, ou plutôt la véritable harmonie du sujet est dure. Haydn, peignant le premier homme chassé du ciel, emploie d'autres accords que l'aimable Bocherini, lorsqu'il vient charmer la nuit par ses tendres accents.

Chez Raphaël on songera moins à la majesté des rois ; on n'aura d'yeux que pour la céleste pureté de Marie et les regards de son Fils. Cette action aura perdu sa teinte de férocité hébraïque. Le spectateur sentira confusément que Dieu est un tendre père.

Si le tableau est de Léonard de Vinci, la noblesse sera plus sensible que chez Raphaël même. La force et la sensibilité brûlante ne viendront pas nous distraire. Les gens qui ne peuvent s'élever jusqu'à la majesté seront charmés de l'air noble des rois. Le tableau, chargé de sombres demi-teintes, semblera respirer la mélancolie.

Il sera une fête pour l'œil charmé s'il est du Corrège. Mais aussi la divinité, la majesté, la noblesse, ne saisiront pas le cœur dès le premier abord. Les yeux ne pourront s'en détacher, l'âme sera heureuse, et c'est par ce chemin qu'elle arrivera à s'apercevoir de la présence du Sauveur des hommes.

Quant à la partie physique des *styles*, nous verrons chacun des dix ou douze grands peintres prendre des moyens différents.

Un choix de couleurs, une manière de les appliquer avec le pinceau, la distribution des ombres, certains accessoires, etc., augmentent les effets moraux d'un dessin. Tout le monde sent qu'une femme qui attend son amant ou son confesseur ne prend pas le même chapeau.

Chaque grand peintre chercha les procédés qui pouvaient porter à l'âme cette *impression particulière* qui lui semblait le grand but de la peinture.

Il serait ridicule de demander le but moral aux connaisseurs. En revanche, ils triomphent à distinguer la touche heurtée du Bassan des couleurs fondues du Corrège. Ils ont appris que le Bassan se reconnaît à l'éclat de ses verts, qu'il ne sait pas dessiner les pieds, qu'il a répété toute sa vie une douzaine de sujets familiers ; que le Corrège cherche des raccourcis gracieux, que ses visages n'ont jamais rien de sévère, que ses yeux ont une volupté céleste, que ses tableaux semblent recouverts de six pouces de cristal.

Huit ou dix particularités sur chaque peintre, et de plus la connaissance de la famille de jeunes femmes, de vieillards, d'enfants, qu'il avait adoptée, font le patrimoine du connaisseur. Il est à peu près sûr de son fait, lorsque, passant devant un tableau, il laisse tomber ces mots avec une négligence comique : « C'est un Paul, » ou : « c'est du Baroche. »

Il n'y a de difficile là-dedans que l'air inspiré. C'est une science comme une autre, qui ne doit décourager personne. Il ne faut, pour y réussir, ni âme ni génie.

Reconnaître la teinte particulière de l'âme d'un peintre dans sa manière de rendre le clair-obscur, le dessin, la couleur, voilà ce que quelques personnes sauront, après avoir lu la présente histoire. Deux leçons leur apprendront ensuite à distinguer un Paul Véronèse d'un Tintoret, ou un Salviati d'un Cigoli. Rien de plus simple à dire, rien ne serait plus long à écrire : comme pour la prononciation d'une langue étrangère, on tombe dans le puéril et dans un détail infini.

Le dessin ou les contours des muscles, des ombres et des draperies, l'imitation de la lumière, l'imitation des couleurs locales, ont une couleur particulière dans le *style* de chaque peintre, s'il a un *style.* Chez le véritable artiste, un arbre sera d'un vert différent s'il ombrage le bain où Léda joue avec le cygne[1], ou si des assassins profitent de l'obscurité de la forêt pour égorger le voyageur[2].

Une draperie amarante, placée tout à fait sur le premier plan, aura une certaine couleur. Si elle est enfoncée d'une douzaine de pieds dans le tableau, elle en prend une autre ; car son éclat est amorti par la couleur de l'air interposé. En regardant au ciel, on voit que la couleur de l'air est bleue. La présence de l'eau change cette couleur en gris. Au reste, tout cela pouvait être vrai en Italie il y a trois siècles ; mais il paraît qu'en France l'air a d'autres propriétés.

Le jaune et le vert sont des couleurs gaies ; le bleu est triste ; la rouge fait venir les objets en avant ; le jaune attire et retient les rayons de la lumière ; l'azur est ombre, et va bien pour faire les grands obscurs.

Toutes les *gloires* des grands peintres,

1. Le Corrège, n° 900. Tableau que la piété a fait enlever au Musée avant qu'elle fût secondée par lord Wellington.
2. *Martyre de saint Pierre,* du Titien, n° 1206.

et entre autres du Corrège, sont jaunes [1].

Si l'on se place, au Musée de Paris, entre la *Transfiguration* et la *Communion de saint Jérôme*, on trouvera dans le tableau du Dominiquin quelque chose qui repose l'œil : c'est le clair-obscur.

Il faut étudier le dessin dans Raphaël et le Rembrandt, le coloris dans le Titien et les peintres français, le clair-obscur dans le Corrège, et encore dans les peintres actuels ; et mieux encore, si l'on sait penser par soi-même, voir tout cela dans la nature ; le dessin et le coloris à l'école de natation, le clair-obscur dans une assemblée éclairée par la lumière sérieuse d'un dôme.

Avez-vous l'œil délicat, ou, pour parler plus vrai, une âme. délicate, vous sentirez dans chaque peintre le ton général avec lequel il *accorde* tout son tableau : légère fausseté ajoutée à la nature. Le peintre n'a pas le soleil sur sa palette. Si, pour rendre le simple *clair-obscur*, il faut qu'il fasse les ombres plus sombres, pour rendre les couleurs dont il ne peut pas faire l'éclat, puisqu'il n'a pas une lumière aussi brillante, il aura recours à un *ton général*. Ce voile léger est d'or chez Paul Véronèse, chez le Guide il est comme d'ar-

1. Vous vous rappelez l'effet étonnant du *Saint Georges* de Dresde.

gent ; il est cendré chez le Pezareze. Aux séances de l'Académie, qui ont lieu sous un dôme, voyez la changement *du ton général* du triste au gai, de l'air de fête à l'air sombre, à chaque nuage qui vient à passer devant le soleil.

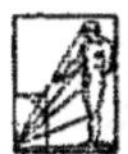

CHAPITRE XXIII

DE LA PEINTURE APRÈS MASACCIO

Après la mort de Masaccio, deux religieux se distinguèrent (1445). Le premier est un dominicain, nommé Angelico. Il avait commencé par des miniatures pour les manuscrits ; je ne vois pas qu'il ait suivi le grand homme. Il y a toujours dans ses tableaux de chevalets assez communs à Florence, quelque reste du vieux style de Giotto, soit dans la pose des figures, soit dans les draperies, dont les plis roides et étroits ressemblent à une réunion de petits tuyaux. Comme les peintres en miniature, il met un soin extrême à représenter avec la dernière exactitude des choses peu dignes de tant de travail, et cela jette du froid. Ce qui a fait un nom à ce moine, c'est la beauté rare qu'il sut donner à ses saints et à ses anges. Il faut voir à la galerie de Florence la *Naissance de saint Jean*, et à l'église de Sainte-Marie-Madeleine son tableau du *Paradis*. Angelico fut le Guido Reni de son siècle. Il eut de ce grand peintre même, la suavité des couleurs, qu'il parvint à fondre très bien, quoique peignant en détrempe : aussi fut-il appelé au dôme d'Orvietto et au Vatican.

Pour Gozzoli, élève d'Angelico, il eut le bon esprit d'imiter Masaccio. On peut même dire qu'il le surpassa dans quelques détails, comme la majesté des édifices qu'il plaçait dans ses tableaux, l'aménité des paysages, et surtout par l'originalité de ses idées vraiment gaies et pittoresques. Les voyageurs vont voir à la maison Riccardi, l'ancien palais des Médicis, une chapelle de Gozzoli fort bien conservée. Il y mit une profusion d'or rare dans les fresques, et une imitation naïve et vive de la nature, qui le rend précieux aujourd'hui : ce sont les vêtements, les harnachements des chevaux, les meubles, et jusqu'à la manière de se mouvoir et de regarder des figures de ce temps-là. Tout est rendu avec une vérité qui frappe.

Les ouvrages les plus renommés de Gozzoli sont au Campo-Santo de Pise, dont il peignit tout un côté ; travail effrayant dont les Pisans le récompensèrent en lui faisant élever un tombeau près de ses chefs-d'œuvre (1478). L'*Ivresse de Noé* et la *Tour de Babel* sont les sujets qui m'ont le plus arrêté. Je croirais que leur auteur peut être placé immédiatement après Masaccio, tant la variété des physionomies et des attitudes, la beauté d'un coloris brillant, harmonieux, enrichi du plus bel outremer, rendent bien la nature. Il y a même de l'expression, surtout dans ce qu'il a fait lui-même ; car il se fit aider par quelque peintre sec, auquel j'attribue des figures d'enfants bien dignes du quatorzième siècle [1].

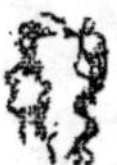

1. Ce Campo-Santo est le grand magasin des érudits de la peinture comme, à Bologne, l'abbaye de Saint-Michel in Bosco. Il nous aurait valu de bien plus belles phrases, si malheureusement, il n'avait été restauré au dix-huitième siècle, et assez bien. On y trouve les Giotto, Memmi, Stefano Fiorentino, Buffalmacco, Antonio Veneziano, Orcagna, Spinello Laurenti.

CHAPITRE XXIV

FRÈRE PHILIPPE

L'AUTRE religieux, bien différent du tranquille Angelico, est le carme Philippe Lippi, si connu par ses aventures. C'était un pauvre orphelin recueilli par charité dans un des couvents de Florence. Il sortait chaque matin pour aller passer les journées entières, depuis l'aube jusqu'au coucher du soleil, dans la chapelle de Masaccio. Il parut enfin un nouveau Masaccio, surtout dans les tableaux de petite dimension. On disait à Florence que l'âme du grand peintre était passée dans ce jeune moine.

A dix-sept ans, à la naissance des passions, il se trouva dans la main le talent d'exécuter en peinture toutes les idées qu'il voulait exprimer. Ainsi la force des passions put être employée à créer, et non à étudier ; il jeta le froc. Un jour, comme il se promenait en barque, avec quelques amis, sur la côte de l'Adriatique, près d'Ancône, il fut enlevé par des corsaires.

Depuis dix-huit mois il languissait à la chaîne, lorsqu'il s'avisa de faire le portrait de son maître, avec un morceau de charbon, sur une muraille nouvellement blanchie. Ce portrait parut un miracle, et le Barbaresque charmé le renvoya à Naples. On croirait que c'est là la fin de ses aventures ; ce n'est que le commencement.

Il était sujet à prendre des passions violentes pour les femmes aimables que le hasard lui faisait rencontrer. Loin de l'objet aimé, la vie n'avait plus de prix à ses yeux ; il se précipitait dans les événements ; et, au milieu des mœurs terribles du xve siècle, on peut juger des aventures romanesques où ce penchant l'entraîna. Le détail en serait trop long. Toutefois, je ne puis omettre ce qui tient à la peinture.

Les gens passionnés ne font pas fortune. Frère Philippe était réduit le plus souvent aux simples séductions de l'homme aimable. Quelquefois il ne pouvait pas même pénétrer jusqu'aux femmes célèbres qu'il s'avisait d'aimer. Sa ressource alors était de faire leur portrait. Il passait les jours et les nuits devant son ouvrage, et, faisant la conversation avec le portrait, il cherchait quelque soulagement à sa peine.

La violence de sa mélancolie, lorsqu'il était amoureux, lui ôtait jusqu'au pouvoir de travailler. Côme de Médicis, qui lui faisait peindre une salle de son palais, le voyant sortir à chaque instant pour aller passer dans une certaine rue, prit le parti de l'enfermer ; il sauta par la fenêtre.

Un jour qu'il travaillait, à Prato, chez des religieuses, au tableau du maître autel de leur église, il aperçut à travers la grille Lucrezia Buti, belle pensionnaire du couvent. Il redoubla de zèle, et sut si bien tromper les pauvres sœurs, que, sous prétexte de prendre des idées pour la tête de la Madone, on lui permit de faire le portrait de Lucrèce. Mais la curiosité des religieuses, ou leur devoir, en retenait toujours quelqu'une auprès du peintre. Cette gêne cruelle redoublait ses transports. C'était en vain que chaque jour il trouvait quelque nouvelle raison pour revoir son travail ; il ne pouvait parler ; ses yeux surent enfin se faire entendre. Il était joli garçon, on le regardait comme un grand homme, sa passion était véritable ; il fut aimé, et enleva sa maîtresse. En sa qualité de moine, il ne pouvait l'épouser. Le père, riche marchand, voulut user de ce prétexte pour ravoir sa fille : elle déclara qu'elle passerait sa vie avec le peintre. Dans ce siècle amoureux des beaux-arts, son talent lui fit pardonner ses aventures ; car ce n'est pas avec un cœur passionné que l'on est fidèle.

De retour de Naples et de Padoue, il finissait ses immenses travaux à la cathédrale de Spolette (1469) lorsque les parents d'une grande dame qu'il aimait, et qui le payait d'un trop tendre retour, lui firent donner du poison. Il avait cinquante-sept ans. En mourant, il recommanda à Fra Diamante, son élève chéri, Filipino, son fils, qu'il avait eu de Lucrèce, et qui, âgé seulement de dix ans, commençait à peindre à côté de son père.

Laurent le Magnifique demanda ses cendres aux habitants de Spolette ; mais ils représentèrent que Florence avait assez de grands hommes pour orner ses églises, et qu'ils voulaient garder Fra Filippo. Laurent lui fit élever un superbe tombeau, dont Ange Politien fit l'épitaphe.

Lorsque Fra Filippo était heureux, c'était l'homme le plus spirituel de son siècle. Qu'il en ait été l'un des plus grands peintres, c'est ce que prouve l'empressement des curieux qui vont déterrer dans les églises de Florence ses madones environnées de chœurs d'anges ; ils y trouvent une rare élégance de formes, de la grâce dans tous les mouvements, des visages pleins, riants, embellis d'une couleur qui est toute à lui. Pour les draperies, il aima les plis serrés et assez semblables à la façon de nos chemises ; il eut des teintes brillantes, modérées cependant, et comme voilées d'un ton *violet* qu'on ne rencontre guère ailleurs ; son talent brilla plus encore dans le *sublime.*

Travaillant à Pieve di Prato, il osa suivre le vieil exemple de Cimabue, et introduire dans ses fresques des proportions plus grandes que nature. Ses figures colossales de Saint-Etienne et de Saint-Jean sont des chefs-d'œuvre pour ce siècle encore si mesquin et si froid. Aujourd'hui que nous jouissons de la perfection de l'art, notre œil dédaigneux n'admet presque pas de différence de Cimabue à Fra Filippo. Il oublie facilement qu'un siècle et demi de tentatives et de succès sépare ces grands artistes.

Vers ce temps-là, le célèbre statuaire Verocchio, peignant à Saint-Salvi un *Baptême de Jésus*, un de ses élèves, à peine sorti de l'enfance, y fit un ange dont la beauté surpassait de bien loin toutes les figures du maître. Verocchio indigné jura de ne plus toucher les pinceaux ; mais aussi cet élève était Léonard de Vinci [1].

1. Emporté par le voisinage des grands hommes, qui aurait le courage de s'arrêter à la médiocrité, et à une médiocrité surpassée de si loin par la nôtre ? Pesello et Pesellino imitèrent assez bien Fra Filippo. J'aime le premier, parce qu'il nous a conservé les traits d'Acciajuoli, le modèle des ministres secrétaires d'Etat. Berto alla peindre en Hongrie ; Baldovinetti, artiste minutieux, fut le maître de Ghirlandajo Voir un tableau de Verocchio, à la galerie Manfrin, à Venise

CHAPITRE XXV

L'HUILE REMPLACE LA PEINTURE EN DÉTREMPE

André del Castagno, nom infâme dans l'histoire, fut aussi un des bons imitateurs de Masaccio (1456). Il sut poser ses figures avec justesse, leur donner du relief, les revêtir de draperies assez nobles ; mais la grâce naïve de son modèle et le brillant de ses couleurs furent à jamais au-dessus de son talent.

Vers l'an 1410, Jean Van Eyck, plus connu sous le nom de Jean de Bruges [1], avait trouvé l'art de peindre à l'huile, et, à l'époque où vécut Castagno, non seulement le bruit de cette découverte, mais encore quelques essais de peinture à l'huile, commençaient à se répandre en Italie. Les peintres admiraient l'éclat que cette méthode inconnue donnait aux couleurs, la facilité de les fondre, l'avantage d'atteindre aux nuances les plus fines, l'har-

1. Jean Van Eyck, né en 1366, mort en 1441. L'ancien Musée Napoléon avait de lui quelques tableaux brillants de couleurs très vives, nº 299 à 304.

monie suave que l'on pouvait mettre dans les tableaux. Un Antonello de Messine, qui avait étudié à Rome, se dévoua, et partit pour la Flandre dans le dessein d'en rapporter ce grand secret. Il l'obtint, dit-on, de l'inventeur lui-même. De retour à Venise, il le communiqua à un peintre son ami, nommé Dominique.

En 1454, ce Dominique, grâce à son secret, était fort recherché à Venise. Il travailla beaucoup dans les Etats du pape,et enfin à Florence, où son mauvais génie le fit venir ; il y excita l'admiration générale et la haine de Castagno, qui y brillait avant lui. André employa toutes les caresses possibles pour gagner l'amitié de Dominique, obtint son secret, et le fit poignarder. Le malheureux Dominique, en expirant, recommandait de le porter chez son ami Castagno, que les soupçons n'atteignirent jamais, et dont le crime serait encore inconnu si, arrivé au lit de la mort, il ne l'eût avoué [1]. La correction parfaite de son dessin, ses connaissances en perspective, la vivacité d'action qu'il donne à ses personnages, l'ont placé parmi les bons peintres de cette époque. L'art des raccourcis lui doit quelques progrès.

1. Il ignorait peut-être qu'Antonello avait aussi donné son secret à Pino de Messine, et qu'un élève de Van Eyck, Roger de Bruges, était venu travailler à Venise.

CHAPITRE XXVI

INVENTION DE LA PEINTURE A L'HUILE

THÉOPHILE, moine du onzième siècle, a fait un livre intitulé : *De omni scientia artis pingendi.* Aux chapitres XVIII et XXII [1], il enseigne l'art de faire de l'huile de lin, d'étendre les couleurs avec cette huile, et de faire sécher les tableaux au soleil. Les Allemands ont fait grand bruit de ce bouquin, et ont prétendu que dès le onzième siècle on peignait à l'huile.

Oui, comme on peint les portes cochères, et non comme on peint les tableaux.

1. « Accipe semen lini et exsicca illud in sartagine super ignem sine aqua, » etc. Après l'avoir rôti, il faut le mettre en poudre ; on l'étend d'eau, on le remet sur le feu dans une poêle. Quand le mélange est très chaud, on le met dans un linge, et le pressoir en extrait l'huile de lin.

« Cum hoc oleo tere minium sive cenobrium super lapidem sine aqua, et cum pincello linies super ostia vel tabulas quas rubricare volueris, et ad solem siccabis ; deinde iterum linies, et siccabis. »

Au chapitre XXII : « Accipe colores quos imponere volueris, terens eos diligenter oleo lini sine aqua, et fac mixturas vultuum ac vestimentorum sicut superius aqua feceras, et bestias sive aves aut folia variabis suis coloribus prout libuerit. »

D'après Théophile, on ne peut appliquer une couleur qu'autant que la couleur mise auparavant, et à laquelle on veut ajouter des clairs ou des ombres, a séché au soleil. Cette méthode, ainsi que l'auteur l'avoue lui-même au chapitre XXIII, exige une patience infinie[1], et ne pouvait servir à exprimer les idées des grands peintres. Il n'est pas probable que les têtes passionnées de Raphaël et les belles têtes du Guide aient été présentes à leur imagination pendant le long espace de temps que demande le procédé du moine. D'ailleurs les teintes ne pouvaient pas se fondre parfaitement. Van Eyck sentit ces inconvénients, et d'autant mieux qu'ayant exposé au soleil un tableau peint sur bois, la chaleur fit gercer les planches, et le tableau fut perdu. Le problème était de trouver une espèce d'huile qui, mêlée aux couleurs, pût sécher sans le secours de la chaleur. Van Eyck chercha longtemps, et découvrit enfin certains ingrédients qui, mélangés à l'huile par l'ébullition, donnent un vernis qui sèche rapidement, ne craint pas l'eau, ajoute à l'éclat des couleurs, et les fond admirablement[2].

1. « Quod in imaginibus diuturnum et tædiosum nimis est. »

2. Voir Lessing, Leist, Morelli, Raspe, Aglietti Tiraboschi, le baron de Budberg, le père Federici, si l'on veut savoir comment l'on est parvenu à connaître quelle fut précisément l'invention de Jean de Bruges.

Voir les analyses chimiques de Pietro Bianchi Pisan.

Des curieux, réunis à Vienne chez le fameux prince de Kaunitz, cherchèrent, il y a quelques années, à prouver que Jean de Bruges n'avait pas fait de découverte. L'analyse chimique décomposa des tableaux peints avant lui ; mais tout le résultat d'expériences très rigoureuses fut de prouver que les Grecs du douzième siècle mêlaient à leurs couleurs un peu de cire ou de blanc d'œuf. Cet usage se perdit, et il est bien avéré aujourd'hui qu'avant Jean de Bruges l'on ne peignait qu'en détrempe. Les tableaux qu'on cite à l'huile ne sont que des essais malheureux.

Cet éclat à la Corrège qui frappe dans les anciennes peintures grecques vient peut-être de ce que les ouvriers employaient aussi le blanc d'œuf ou la cire pour vernir leurs tableaux. Quoi qu'il en soit, après l'an 1360, on ne trouve plus que des tableaux en détrempe, sans éclat comme sans mérite.

D'autres érudits ont voulu que l'art de peindre à l'huile nous vînt des Romains. Pourquoi pas ? Suivant Dutens, ils avaient bien le télescope et le paratonnerre. La grande preuve sur laquelle on se fonde est une antiquaille conservée à Verceil, et respectée des savants sous le nom du tableau de sainte Hélène [1] : c'est une espèce

1. Mabillon, *Diar. Ital.*, cap XXVIII, Ranza. Ladite anti-

de broderie composée de morceaux d'étoffe de soie cousus ensemble, de manière à faire une Madone portant l'enfant Jésus. Les ombres des vêtements sont faites à l'aiguille, et en grande partie avec le pinceau. Les têtes et les mains sont peintes à l'huile.

La couture est l'œuvre de sainte Hélène, mère de Constantin. La peinture à l'huile fut ajoutée par les peintres de sa cour. Malheureusement l'usage de peindre Jésus sur le sein de sa mère est postérieur au quatrième siècle, et le papier du tableau de Verceil est du papier de linge.

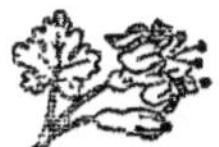

quaille a été retouchée, comme la *Nunziata* de Florence et la *S. Maria Primerana* de Fiesole. Voir, à l'école de Naples, tome III, les peintures de Colantonio : l'époque des deux chambres, qui fait le tour de l'Europe, sera funeste aux trois quarts des savants en *us*. On sera bien surpris de ne trouver que des nigauds porteurs de jugements téméraires, à la vérité sur des points difficiles à atteindre ; une ligne d'idéologie en fait tomber un millier.

CHAPITRE XXVII

LA CHAPELLE SIXTINE

Nous ne vivons encore que d'espérance ; mais l'époque brillante est près de nous (1470). L'obscurité se dissipe, et quelques rayons éclairent déjà les peintres dont nous allons voir le talent. Leur dessin est toujours sec ; on y aperçoit, plus distinctement que dans la nature, un trop grand nombre de détails [1]. Les couleurs sont encore fondues d'une manière imparfaite ; car l'habitude l'emporta sur la première vogue d'une méthode nouvelle, et ils ne peignirent à l'huile que fort rarement.

Le pape Sixte IV, ayant fait bâtir au Vatican la fameuse chapelle qui de son nom s'est appelée Sixtine, voulut l'orner de tableaux. Florence était alors la capitale des arts (1474) ; il en fit venir Botti-

1. Pour l'idée de la sécheresse, voir le *Christ* du Titien, et celui d'Albert Durer, *Rendez à César*, etc., à la galerie de Dresde ; ou quelques tableaux du Garofalo. Sixte IV régna de 1471 à 1484 ; Manni, tom. XLIII, *de Calogera* ; l'histoire de la sculpture, par Cigognara.

celli, le Ghirlandajo, le Rosselli, Lucca di Cortone, Barthélemi d'Arezzo, et quelques autres.

Sixte IV n'entendait rien aux arts ; mais il désirait fort cette espèce d'éclat dont ils décorent le nom d'un prince autour duquel ils font prononcer les mots gloire et postérité. Pour opposer l'ancienne loi à la nouvelle, l'ombre à la lumière, la parabole à la réalité, il voulut mettre dans sa chapelle, d'un côté la vie de Moïse, de l'autre celle de Jésus. Botticelli, élève de Fra Filippo, eut la direction de ces grands travaux.

On rencontre encore avec quelque plaisir, à la chapelle Sixtine, la *Tentation de Jésus*, dont le temple est majestueux, et *Moïse secourant les filles de Jethro* contre les pasteurs madianites, deux fresques de Botticelli fort supérieures à ce qu'il a fait ailleurs. Tel fut l'effet du grand nom de Rome sur lui et sur ses compagnons.

Botticelli, dont les figures de petite proportion rappelleraient le Mantègne, si les têtes avaient plus de beauté, se faisait aider par Filippino Lippi, fils du moine, mais fils sans génie, et qui n'est connu que pour avoir fait entrer dans ses ouvrages des trophées, des armes, des vases, des édifices, et même des vêtements pris de l'antique, exemple déjà donné par le Squarcione. Ses figures n'ont d'ailleurs ni grâce ni beauté. Au tort de ne faire que des portraits, il ajoutait celui de ne pas choisir ses modèles. Les curieux qui vont à la Minerve pour le *Christ* de Michel-Ange jettent un regard sur une *Dispute de saint Thomas.* Dans cet ouvrage, Filippino améliora un peu le style de ses têtes.

Il fut surpassé de bien loin par son élève Rafaellino del Garbo. Les chœurs d'anges que ce dernier fit à la voûte de la même chapelle suffiraient seuls pour confirmer l'aimable surnom que ses contemporains lui donnèrent [1]. Au mont Olivetto de Florence il y a une *Résurrection* de Rafaellino ; ce sont des figures de petite proportion, mais si remplies de grâce, dans des mouvements si naturels, revêtues de couleurs si vraies, qu'on aurait peine à lui préférer aucun peintre de son temps. Il faut avouer qu'on ne trouve cette gentillesse que dans ses premiers tableaux (1490). Devenu père d'une nombreuse famille, il paraît qu'il fut obligé de travailler avec précipitation. Son talent déclina ; il perdit la considération dont il jouissait, et finit dans la pauvreté et le mépris une carrière commencée sous les plus heureux auspices.

1. *Garbo* veut dire gentillesse.

CHAPITRE XXVIII

DU GHIRLANDAJO ET DE LA PERSPECTIVE AERIENNE

Dominique Corrado était fils d'un orfèvre qui, ayant introduit à Florence la mode de certaines guirlandes d'argent que les jeunes filles portaient dans leurs cheveux, reçut d'elles le nom de Ghirlandajo, que son fils devait illustrer. Ce fils est le seul peintre inventeur que l'on trouve entre Masaccio et Léonard de Vinci.

Il sut distribuer ses figures en groupes, et, distinguant par une juste dégradation de lumière et de couleurs les plans dans lesquels les groupes étaient placés, les spectateurs surpris trouvèrent que ses compositions avaient de la *profondeur*.

Les peintres, avant lui, n'avaient pas su voir dans la nature la perspective aérienne ; chose inconcevable, et qui montre le bonheur de naître dans une bonne école ! Quel est l'homme qui, passant sur le pont Royal, ne voit pas les maisons voisines de la statue de Henri IV, sur le pont Neuf, beaucoup plus colorées, marquées par des ombres et des clairs bien plus forts que la ligne du quai de Grève qui va se perdre dans un lointain vaporeux ? A la campagne, à mesure que les chaînes de montagnes s'éloignent, ne prennent-elles pas une teinte de bleu violet plus marquée ? Cet abaissement de toutes les teintes par la distance est amusant à voir dans les groupes de promeneurs aux Tuileries, surtout par le brouillard d'automne.

Ghirlandajo s'est fait un nom immortel dans l'histoire de l'art pour avoir aperçu cet effet, que le marbre ne peut rendre, et qui peut-être manqua toujours à la peinture des anciens.

La magie des lointains, cette partie de la peinture qui attache les imaginations tendres, est peut-être la principale cause de sa supériorité sur la sculpture[1]. Par là elle se rapproche de la musique, elle engage l'imagination à finir ses tableaux ; et si, dans le premier abord, nous sommes plus frappés par les figures du premier plan c'est des objets dont les détails sont à moitié cachés par l'air que nous nous souvenons avec le plus de charme ; ils ont pris dans notre pensée une teinte céleste.

Le Poussin, par ses paysages, jette l'âme

1. Après les yeux.

dans la rêverie ; elle se croit transportée dans ces lointains si nobles, et y trouver ce bonheur qui nous fuit dans la réalité. Tel est le sentiment dont le Corrège a tiré ses beautés [1].

Arrivé au milieu de sa carrière, le Ghirlandajo donna tous les soins domestiques à David, son frère et son élève. « Charge-toi de recevoir l'argent, et de nous faire vivre, lui disait-il ; maintenant que je commence à connaître cet art sublime, je voudrais qu'on me donnât à couvrir de

1. Telle est notre misère. Ce sont les âmes les plus faites pour ce bonheur tendre et sublime qu'il semble fuir avec le plus de constance. Les premiers plans sont pour elle la prosaïque réalité. Il fallait réaliser ces êtres si nobles et si touchants qui, à vingt ans, font le bonheur, et plus tard, le dégoût de la vie. Le Corrège ne l'a point cherché par le dessin, soit que le dessin fût moins de la peinture que le clair-obscur, les passions douces ne se rendant pas visibles par le mouvement des muscles ; soit que, né au sein de la délicieuse Lombardie, il n'ait connu que tard les statues romaines. Son art fut de peindre comme dans le lointain même les figures du premier plan. De vingt personnes qu'elles enchantent, il n'y en a peut-être pas une qui les voie, et surtout qui s'en souvienne de la même manière*. C'est de la musique, et ce n'est pas de la sculpture. On brûle d'en jouir plus distinctement, on voudrait les toucher :

Quis enim modus adsit amori !

Mais c'est par les connaître trop bien que notre cœur se dégoûte des objets qu'il a le plus aimés : avantage immense de la musique, qui passe comme les actions humaines.

O debolezza dell' uom, o natura nostra mortale !

Les sentiments divins ne peuvent exister ici-bas qu'autant qu'ils durent peu.

* Ce qui ne peut pas se dire de Raphaël.

tableaux tous les murs de Florence. »

Aussi prescrivait-il à ses élèves de ne refuser aucun des travaux qu'on apporterait à la boutique, fût-ce même de simples coffres à mettre le linge. Artiste d'une pureté de contours, d'une gentillesse dans les formes, d'une variété dans les idées, d'une facilité de travail, et en même temps d'un soigné vraiment étonnants, digne précurseur des Léonard et des André del Sarto; Michel-Ange, Ridolfo Ghirlandajo son fils, et les meilleurs peintres de l'âge suivant sont comptés parmi ses élèves. La chapelle Sixtine n'a de lui qu'une *Vocation de Saint-Pierre et de Saint-André*. Il y avait une *Résurrection*, qui a péri.

En revanche, Florence est remplie de ses ouvrages. Le plus connu, et à juste titre, c'est le chœur de Santa-Maria-Novella. D'un côté on voit la vie de saint Jean ; de l'autre quelques scènes de la vie de la Madone, et enfin ce *Massacre des Innocents* qui passe pour son chef-d'œuvre. On y trouve les portraits de tous les citoyens alors célèbres. Les y a-t-il mis par goût ou par nécessité ? On dit, pour l'excuser, que les têtes sont parlantes et pleines de ces vérités de nature qui plus tard firent la réputation de Van Dyck. On ajoute qu'il sut choisir les formes et leur donner de la noblesse. Qu'importe ? Ghirlandajo était fait pour sentir que mettre des portraits, c'est, d'une main, enchaîner à la terre l'imagination, que de l'autre on veut ravir au ciel. L'essor de l'école de Florence fut quelque temps arrêté par ces portraits. On peut dire toutefois qu'ils font aujourd'hui le seul mérite des peintres médiocres, et qu'entraînés qu'ils étaient par la fatale habitude de copier les tableaux du maître, cette mode les força du moins à regarder quelquefois la nature.

Dans les draperies des fresques, Ghirlandajo supprima cette quantité d'or dont les chargeaient ses prédécesseurs. On voit partout un esprit enflammé de l'amour du beau, et qui secoue la poussière du siècle ; il ne tient au sien que par l'incorrection des extrémités de ses figures, qui ne répondent pas à la beauté du reste. Ce perfectionnement était réservé à l'aimable André del Sarto, chez lequel je crois voir la manière du Ghirlandajo agrandie et embellie. Dominique, inventeur en peinture, réforma aussi la mosaïque ; il disait que la peinture, avec ses couleurs périssables, ne doit être regardée que comme un dessin, que la véritable peinture pour l'éternité, c'est la mosaïque. Né en 1451, il cessa de vivre en 1495.

CHAPITRE XXIX

PRÉDÉCESSEURS IMMÉDIATS DES GRANDS HOMMES

Il ne faudrait que céder à la tentation. Raphaël et le Corrège sont déjà nés ; mais l'ordre, l'ordre cruel, sans lequel on ne peut percer en un sujet si vaste, nous force à finir Florence avant d'en venir à ces hommes divins.

Ove voi me, di numerar già lasso, rapite?
TASSO, I, 56.

Pour la gloire du Ghirlandajo, il ne faut pas le confondre avec son école. Ses frères et ses autres élèves [1] ne le suivirent que de bien loin, ce qui n'empêche pas beaucoup de galeries de donner sous son nom des *Saintes Familles* qui ne sont que leur ouvrage. Rosselli, le plus médiocre des peintres appelés par Sixte IV, désespérant

1. Voici les noms de ces élèves : David et Benedetto, ses frères ; le dernier peignit beaucoup en France ; Mainardi, Baldinelli, Cicco, Jacopo del Tedesco, les deux Indachi.

d'égaler les beautés de dessin que ses camarades répandaient dans leurs tableaux, chargea les siens d'ornements dorés et de vives couleurs. Il crut, comme nos peintres, que de belles couleurs sont un beau coloris. S'il offensait le bon goût, il plaisait au pape. En conséquence, il eut plus de louanges et de présents qu'aucun des Florentins. On dit qu'il fut aidé par Pierre de Cosimo, autre barbouilleur dont le nom a survécu, parce qu'il est le maître d'André del Sarto.

On cite encore Pierre et Antoine Pollajuoli, statuaires et peintres. Il est sûr que l'on doit à ce dernier un des meilleurs tableaux du quinzième siècle ; c'est le *Martyre de saint Sébastien*, dans la chapelle des marquis Pucci, aux Servites de Florence. La couleur n'est pas excellente ; mais la composition sort de la routine du temps, et le dessin des parties nues montre qu'Antoine s'était appliqué à l'anatomie. Il fut peut-être le premier des Italiens qui osa étudier la forme des muscles, un scalpel à la main.

Luca Signorelli peignit à fresque la cathédrale d'Orvietto. Il suffit à sa gloire que Michel-Ange n'ait pas dédaigné de prendre le mouvement de quelques-unes de ses figures. Celles dont il remplit cette cathédrale sont supérieurement dessinées, pleines de feu, d'expression, de connaissance de l'anatomie, quoique toujours avec un peu de sécheresse. Il sentait sa force, et fut avare de draperies. Les dévôts murmurèrent, mais sans succès. L'on serait moins tolérant[1] de nos jours. On peut voir, en passant à la Sixtine, le *Voyage de Moïse avec Seffora*. Pour moi, c'est celui de tous ces peintres dont les ouvrages m'arrêtent le plus.

Il travailla à Volterre, à Urbin, à Florence. Je sais bien qu'il ne choisit pas ses formes, qu'il ne fond pas ses couleurs ; mais cette *Communion des Apôtres*, à Cortone, sa patrie, pleine d'une grâce, d'un coloris, d'une beauté qui semblent de l'âge suivant me confirme toujours dans mon sentiment.

Barthélemy della Gatta ne peignit rien de son invention à la Sixtine ; il aidait seulement Signorelli et le Pérugin. Mais il eut l'esprit de faire sa cour au pape, et d'accrocher une bonne abbaye. Devenu riche, l'abbé de Saint-Clément d'Arezzo cultivait à la fois l'architecture, la musique et la peinture. Je fus présent, en 1794, au transport de son *Saint Jérôme*, le seul tableau qui reste de lui, et qui, peint à

1. Voyez les ordonnances de Léopold, ce prince libertin contre la pauvre *Commedia dell'arte*. Les convenances rendent tartufe, mais les sots sont punis par l'ennui, qui ne quitte plus la cour. (Note de sir W. E.)

fresque dans une des chapelles du dôme, fut transporté avec le crépi de la muraille dans la sacristie. Une des curiosités de la bibliothèque de Saint-Marc, à Venise, c'est un volume de miniatures charmantes, ouvrage d'Attavante, élève de l'abbé de Saint-Clément [1].

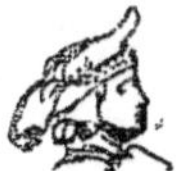

1. L'abbé donna des leçons à Pecori et à Lappoli, gentilshommes d'Arezzo. Le premier a des figures qu'on dirait du Francia. Girolamo et Lancilao firent la miniature presque aussi bien que l'aimable Attavante. Lucques réclame une ligne pour deux de ses peintres, Zacchia il Vecchio, et Zacchia il Giovane. Je parlerai, à l'article du Pérugin, de plusieurs élèves qu'il donna à la Toscane pendant le séjour qu'il y fit. Voici leurs noms : Rocco, Ubertini, son frère le Bacchiaca, duquel le joli *Martyre de saint Arcadius*, à Saint-Laurent ; Soggi, qui eut beaucoup de science et peu de génie ainsi que Gérino, Montevarchi et Bastiano da San-Gallo, et enfin ce Ghiberti qui, tandis que les Médicis, qui se croyaient souverains légitimes, prenaient Florence à coups de canon, manqua de respect au point de peindre à la potence le pape Clément VII. Les nobles écrivains, toujours fidèles au pouvoir, n'ont pas manqué de honnir le pauvre Ghiberti, et de louer dans la même page Clément VII, qui, Florence pris, n'exécuta aucun des articles de la capitulation.

CHAPITRE XXX

ÉTAT DES ESPRITS

TEL était en Toscane l'état de la peinture vers l'an 1500. Les hommes, encore éblouis de la renaissance des arts, admiraient, comme Psyché, une chose si charmante[1] ; mais, s'ils avaient son ravissement, ils avaient son ignorance. On avait beaucoup fait, puisqu'on était parvenu à copier exactement la nature, surtout dans les têtes, dont la vivacité surprend encore. Mais les peintres n'aspiraient qu'à être des miroirs fidèles. Rarement choisissaient-ils.

Qui aurait pu songer au *beau idéal?*

L'idée assez obscure que nous attachons à ce mot est brillante de lumière si on la compare à l'idée du quinzième siècle. Sans cesse, si on lit les livres de ce temps-là devant les ouvrages dont ils parlent, on voit donner le nom de *beau* à ce qui est fidèlement imité. Ce siècle voulait-il ho-

1. Dans le joli tableau de M. Gérard.

norer un peintre, il l'appelait le singe de la nature[1].

Si l'on vient à parler de *beauté* dans un salon de Paris, les exemples de l'Apollon et de la Vénus volent sur toutes les lèvres. Cette comparaison est même descendue à ce point de trivialité, qu'elle est une ressource pour les couplets du vaudeville. Il est triste pour une majesté aussi sublime que l'Apollon de se trouver en tel lieu. Cela montre toutefois que, même dans le peuple, on sait que, pour qu'une statue soit bien faite, il faut qu'elle ressemble à l'Apollon. Et, si cette idée ne se trouve pas parfaitement exacte, elle est du moins aussi vraie que peuvent l'être les idées du vulgaire.

Les gens du monde citent fort bien les têtes de la famille de Niobé, les madones de Raphaël, les sibylles du Guide, et quelques-uns même les médailles grecques. On ne saurait mieux citer. Tout au plus peut-on remarquer qu'il n'est jamais question que du beau idéal *des contours*. Ce mot semble n'être que pour la sculpture. On admire le *Saint Pierre* du Titien ; mais personne ne songe à l'idéal de la couleur ; on est ravi par la *Nuit* du Corrège, mais on ne dit point : « C'est le beau idéal du clair-

1. Stefano Fiorentino, petit-fils de Giotto, qui, le premier, essaya les raccourcis, en eut le surnom de *Scimia della natura.*

obscur. » A l'égard de ces deux grandes parties de la peinture qui lui sont propres, qui sont plus elle-même que la beauté des contours, nous sommes comme les Italiens de l'an 1500. Nous sentons le charme sans remonter à la cause [1].

Il est trop évident que le secours d'une opinion publique aussi avancée manquait au Ghirlandajo et à ses émules.

Que si l'on descend aux parties de l'art qui tiennent plus au mécanisme, il restait à donner de la plénitude aux contours, de l'accord au coloris, plus de justesse à la perspective aérienne, de la variété aux compositions, et surtout de l'aisance au pinceau, qui semble toujours pénible dans les peintres nommés jusqu'ici. Car telle est la bizarrerie du cœur humain, pour que les ouvrages de l'art donnent des plaisirs parfaits, il faut qu'ils semblent créés sans peine. En même temps qu'elle goûte le charme de son tableau, l'âme sympathise avec l'artiste. Si elle aperçoit de l'effort, le divin disparaît. Apelles disait : « Si quelques-uns me trouvent un peu supérieur à Protogène, c'est uniquement qu'il ne sait pas ôter les mains de ses ouvrages. »

Quelques négligences apparentes ajou-

1. Rendre l'imitation plus intelligible que la nature, en supprimant les détails, tel est le *moyen de l'idéal.*

tent à la grâce. Les peintres de Florence se les fussent reprochées comme des crimes [1].

Quoique un peu sec, le dessin de Masaccio et du Ghirlandajo était scrupuleusement correct ; en quoi il fut un excellent modèle pour le siècle suivant ; car c'est une remarque juste qu'il est plus facile aux élèves d'ajouter du moelleux aux contours étroits de leur maître que de se garantir de la superfluité des contours trop chargés. On ajoute aux muscles maigres du Pérugin, on n'ôte pas à ceux de Rubens. Quelques amateurs sont allés jusqu'à dire qu'il faudrait habituer la jeunesse, dès son entrée dans les ateliers, à cette sévère précision du quinzième siècle. On ne peut nier que la superfluité commode qui s'est introduite depuis n'ait corrompu plusieurs écoles modernes, et c'est la gloire de l'école française du dix-neuvième siècle d'être d'une pureté parfaite à cet égard.

En Italie, les circonstances générales continuaient à favoriser les arts. Car la guerre ne leur est point contraire, non plus qu'à tout ce qu'il y a de grand dans le

1. Voici le principe moral : on jouit d'un pouvoir ami ; ainsi, ce qui montre impuissance dans l'artiste détruit le charme, ce qui montre négligence par excès de talent l'augmente. Le même contour négligé peut être tracé par un peintre vulgaire ou par Lanfranc ; dans le grand peintre, c'est largeur de manière, *sprezzatura*, disent les Italiens.

cœur de l'homme. On avait des plaisirs. Et, tandis que les sombres disputes de religion et le pédantisme *puritain* rendaient plus tristes encore les froids habitants du Nord [1], on bâtissait ici la plupart des églises

1. En 1505 naquit en Écosse un homme dont la vie jette un jour vif sur les peuples du Nord, comparés à cette époque si brillante pour l'Italie ; il s'appelait Jean Knox*. En Écosse, dans cette terre aujourd'hui si florissante, des maîtres très-actifs montraient à la jeunesse la philosophie d'Aristote, la théologie scolastique, le droit civil et le droit canon. Par ces belles sciences, amies de tous les genres d'imposture, l'opulence et le pouvoir du clergé avaient dépassé toutes les bornes ; la moitié des biens du royaume était en son pouvoir, c'est-à-dire au pouvoir d'un petit nombre de prélats, car les curés, comme de coutume, mouraient de faim.

Les évêques et les abbés rivalisaient de magnificence avec les nobles, et recevaient bien plus d'honneurs dans l'Etat.

Les grandes charges leur étaient dévolues ; on disputait un évêché ou une abbaye comme d'une principauté ; mêmes artifices dans la négociation, et souvent même plaidoyer sanglant : les bénéfices inférieurs étaient mis à l'enchère, ou donnés aux amis de jeu, aux chanteurs, aux complaisants des évêques. Les cures restaient vacantes, les moines mendiants seuls se donnaient la peine de prêcher ; on sent pourquoi. En Écosse, comme ailleurs, la théocratie avait tué le gouvernement civil, n'avait pas su prendre sa place, et l'empêchait de renaître.

La vie du clergé, soustrait à la juridiction séculière, hébété par la paresse, corrompu par l'opulence, fournit le trait le plus saillant des mœurs de cette époque. Professant la chasteté, exclus du mariage sous des peines sévères, les évêques donnaient à leur troupe l'exemple de la dissolution la plus franche ; ils entretenaient publiquement les plus jolies femmes, réservaient à leurs enfants les plus riches bénéfices, et donnaient leurs filles aux plus grands seigneurs : ces mariages de finance étaient tolérés par l'honneur.

Les monastères, fort nombreux, étaient le domicile ordi-

* Sa vie, par Thomas M. Cric, deux volumes in-8°, Édimbourg, 1810. Ces deux volumes dérangent un peu leur contemporain, le *Génie du Christianisme*.

et des palais qui embellissent Milan, Venise, Mantoue, Rimini, Pesaro, Ferrare,

naire des catins, et c'était un sacrilège horrible d'en diminuer l'opulence* ; la lecture de la Bible était sévèrement interdite aux laïques. La plupart des prêtres n'entendaient pas le latin, plusieurs ne savaient pas lire ; pour se tirer d'embarras, ils en vinrent à défendre même le catéchisme. Une persécution très bien faite et l'interdiction de toutes sortes de recherches veillaient à la sûreté de ce gouvernement bouffon.

Patrice Hamilton, jeune homme qui descendait de la maison des rois (son grand-père avait épousé la sœur de Jacques III), eut assez de génie pour en sentir le ridicule. Né en 1504, il avait reçu au berceau, l'abbaye de Ferne ; en avançant en âge, l'abbé de Ferne se trouva pourvu de toutes les grâces et de l'esprit le plus brillant : on commença à craindre pour lui lorsqu'on le vit goûter avec passion Horace et Virgile ; on n'eut plus de doute sur son impiété, lorsqu'il parut faire peu de cas d'Aristote. Il sortit de ces montagnes pour voir le continent ; il s'arrêta surtout à Marbourg, où Lambert d'Avignon lui expliqua les saintes Écritures.

Le christianisme ayant attaqué l'empire romain par la séduction des esclaves et du bas peuple, sa doctrine primitive est fort contraire au luxe. Le jeune Hamilton, frappé du contraste, revint en Écosse ; mais, sous prétexte d'une conférence, on l'attira à Saint-André, où l'archevêque Beatown le fit un peu brûler, le dernier jour de février 1528, à l'âge de vingt-quatre ans.

Il mourut bien ; on l'entendit s'écrier du milieu des flammes : « O mon Dieu ! jusqu'à quand ce royaume sera-t-il plongé dans les ténèbres ? O Jésus ! reçois mon âme. »

Un jeune homme d'une si haute naissance périssant avec courage, et par cet affreux supplice, réveilla les Écossais. Le clergé répondit par des bûchers ; cette noblesse-là trouvait dur de renoncer à ses privilèges. Forrest, Straiton, Gourlay, Russell, et nombre de gens illustres, périrent par le feu, de 1530 à 1540. Ce qu'il y a de plaisant, c'est qu'entourés de bûchers les poètes écossais faisaient des chansons fort bonnes contre les prêtres. Deux fois le clergé présenta au roi Jacques V une liste de quelques centaines d'hommes plus ou moins opulents, qu'il dénonçait comme suspects. Beatown était devenu cardinal. Le péril était imminent ;

* Je ne fais que traduire en adoucissant.

Florence, Rome, et tous les coins de l'Italie.

Il fallait orner ces édifices. Les tapisseries de Flandre étaient chères ; on n'avait pas les papiers imprimés ; il ne restait que les tableaux. Vous voyez les multitudes d'artistes, et l'émulation. La sculpture, l'architecture, la poésie, tous les arts, arrivaient rapidement à la perfection. Il ne manqua à ce grand siècle, le seul qui ait eu à la fois de l'esprit et de l'énergie [1], que la science des idées. C'est là sa partie faible ; c'est là ce qui fait tomber ces grands

heureusement le roi mourut ; sa fille, la charmante Marie Stuart, était un enfant ; les libéraux, pressés par le feu, marchèrent à Saint-André, prirent la citadelle, et envoyèrent le cardinal rejoindre le jeune Hamilton, le 29 mai 1546, dix-huit ans après la mort de cet aimable jeune homme. J'épargne à mon lecteur des récits désagréables sur la Suède, la France, etc. On voit à quoi il faut réduire les déclamations jalouses sur la corruption de la belle Italie. Quoi qu'on en dise ce qu'il y a de mieux pour civiliser les hommes, c'est un peu d'excès dans les plaisirs de l'amour ; mais, jusqu'en 1916, certaines gens crieront qu'il vaut mieux brûler vingt Hamilton que faire l'amour d'une manière irrégulière, et le sentiment bas de l'envie leur donnera des auditeurs.

Si l'on regarde comme *vice* ce qui nuit aux hommes, et comme *vertu* ce qui leur sert, toutes les histoires écrites en français avant 1780 seront bientôt lues. Robertson était prêtre, Hume voulait un titre ; mais leurs élèves sont excellents.

1. Quel pays que celui qui fut habité à la fois par l'Arioste, Michel-Ange, Raphaël, Léonard de Vinci, Machiavel, le Corrège, le Bramante, Christophe Colomb, Améric Vespuce, Alexandre VI, César Borgia, et Laurent le Magnifique ! Les gens qui ont lu les originaux diront qu'il est supérieur à la Grèce.

artistes dès qu'ils veulent marcher au sublime [1].

Voyez les idées baroques de Michel-Ange.

1. Marcher *systématiquement;* car chaque homme d'esprit invente pour soi un art de raisonner juste, art qui reste borné ; c'est comme si chacun de nous faisait sa montre.

Où ne fût pas allé Michel-Ange dans l'art d'effrayer le vulgaire et de donner aux grandes âmes le sentiment du *sublime*, s'il avait lu trente pages de la *Logique* de Tracy ? (Tom. III, de 533 à 560.)

Pour Léonard, il entrevoyait ces vérités si simples et si fécondes ; il ne manque à sa gloire que d'avoir imprimé.

Au quinzième siècle, les peintres allèrent plus loin que les peintres de mœurs ; c'est qu'un Molière est un Collé greffé sur un Machiavel, et il faut la logique aux Machiavel pour être parfaits. Voyez celui de Florence ne pas songer aux deux Chambres : la parole a besoin d'une longue suite d'actions pour peindre un caractère tel que celui de la Madonna alla Seggiola ; la peinture le met devant l'âme en un clin d'œil. Lorsque la poésie énumère, elle n'émeut pas assez l'âme pour lui faire achever le tableau.

Le bonheur de la peinture est de parler aux gens sensibles qui n'ont pas pénétré dans le labyrinthe du cœur humain, aux gens du quinzième siècle, et de leur parler un langage non souillé par l'usage, et qui donne un plaisir physique ; car il n'y a pas de meilleure recommandation pour un raisonnement que de s'annoncer toujours par un plaisir physique : avantage du comique. On avait du caractère, et la première impression de la beauté est une légère crainte*. La perfection, mais perfection hors du domaine de l'art, c'est que les manières corrigent cette idée de crainte, et la grâce sublime naît tout à coup ; car on fait pour vous exception à une vertu qui vous défend toujours contre tout le reste.

La logique est moins nécessaire à la peinture qu'à la poésie ; il faut raisonner mathématiquement juste sur certains sentiments ; mais il faut avoir ces sentiments : tout homme qui ne sent pas que la mélancolie est inhérente à l'architecture gothique, et la joie à la grecque, doit s'appliquer à l'algèbre.

Enfin le quinzième siècle était le premier, et la liberté de notre vol est appesantie même par le génie du dernier siècle, qui, sous la forme de science, pèse déjà sur nos ailes.

* Et la grâce plus belle encor que la beauté.

CHAPITRE XXXI

REVUE

JETONS un dernier regard sur le désert. Nous y verrons, parmi des flots d'imitateurs, un petit nombre d'hommes faire renaître la peinture.

Pisano eut l'idée d'imiter l'antique ; Cimabue et Giotto copièrent la nature. Brunelleschi donna la perspective. Masaccio se servit de tout cela en homme de génie, et donna l'expression. Après lui, Léonard de Vinci, Michel-Ange, le Frate, et André del Sarto paraissent tout à coup. C'est le bouquet du feu d'artifice. Il n'y a plus rien.

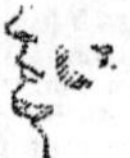

CHAPITRE XXXII

LES CINQ GRANDES ÉCOLES

Vers l'an 1500, les écoles d'Italie commencent à prendre une physionomie. Jusque-là, copiant les Grecs, se copiant servilement l'une l'autre, elles n'ont pas de caractère.

Nous verrons le dessin faire la gloire de l'école de Florence, comme la peinture des passions celle de l'école romaine.

L'école lombarde sera célèbre par l'expression suave et mélancolique des ouvrages de Léonard de Vinci et de Luini [1], et par la grâce céleste du Corrège.

La vérité et l'éclat des couleurs distingueront Venise.

L'école de Bologne, venue plus tard, imitera avec succès tous les grands peintres, et Guido Reni y portera la beauté au point le plus élevé où elle ait peut-être paru parmi les hommes.

1. Qualche cosa di flebile e si soave spirava in lei.
TASSO.

CHAPITRE XXXIII

ÉPREUVE SOUS LA STATUE D'ISIS

Une femme se promenait dans les rues d'Alexandrie d'Egypte, les pieds nus, la tête échevelée, une torche dans une main, une aiguière dans l'autre. Elle disait : « Je veux brûler le ciel avec cette torche, et éteindre l'enfer avec cette eau, afin que l'homme n'aime son Dieu que pour lui-même. »

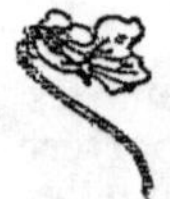

CHAPITRE XXXIV

UN ARTISTE

Chaque artiste devrait voir la nature à sa manière. Quoi de plus absurde que de prendre celle d'un autre homme et d'un caractère souvent contraire ? Que serait devenu le Carravage, élève du Corrège, ou André del Sarto, imitateur de Michel-Ange ? Ainsi parle un philosophe sévère. Rien de mieux. Seulement c'est exiger, en d'autres termes, que tous les artistes soient des gens supérieurs. La pauvre vérité, c'est que, jusqu'à une certaine époque, l'élève ne voit rien dans la nature. Il faut d'abord que sa main obéisse, et qu'après il y reconnaisse ce que son maître a pris. Une fois le bandeau tombé, s'il a quelque génie, il saura y apercevoir les choses qu'il doit imiter à son tour pour plaire aux âmes faites comme la sienne. La grande difficulté pour cela, c'est qu'il faut avoir une âme.

La masse des tableaux médiocres, et

cependant au-dessus du mauvais, nous vient de gens d'esprit et de savoir qui eurent le malheur de n'être jamais tristes. Le caractère de Duclos n'est pas rare dans l'histoire de l'art. Qu'a-t-il manqué à Annibal et à Louis Carrache pour atteindre Raphaël et le Corrège ? Que manque-t-il encore à tant de gens pour être de bons peintres du second ordre ?

On peut être grand général, grand législateur, sans aucune sensibilité. Mais, dans les beaux-arts, ainsi appelés parce qu'ils procurent le plaisir par le moyen du *beau*, il faut une âme, même pour imiter les objets les plus froids.

Quoi de plus froid en apparence que cette observation que les hirondelles font leurs nids dans les lieux remarquables par la pureté de l'air ?

Et rien n'avertit l'homme de sa misère plus vivement, rien ne le jette dans une rêverie plus profonde et plus sombre que ces paroles :

This guest of summer,
The temple-haunting martlet, does approve
By his lov'd mansionry, that the heaven's breath
Smells wooingly here....................
Where they most breed and haunt, I have observed
The air is delicate.

MACBETH, acte I, scène VI.

Voilà l'art de passionner les détails, triomphe des âmes sublimes, et ce qu'il faut se détacher de faire sentir au vulgaire. Il ne verra à jamais, dans la remarque de Banco, qu'une observation d'histoire naturelle fort déplacée, s'il osait le dire.

L'orgue que tient sainte Cécile, elle l'a laissé tomber avec tant d'abandon, surprise par les célestes concerts, que deux tuyaux se sont détachés.

L'habit de cocher ou de cuisinier sous lequel paraît maître Jacques, selon qu'Harpagon l'interpelle, — les rochers sauvages et durs, *sans être sublimes*, au milieu desquels saint Jérôme vit dans le désert[1], occupé à chasser de sa pensée les souvenirs de Rome, sont d'autres exemples.

Tous les hommes doués de quelque curiosité, et qui ont senti vivement l'empire de la beauté, auraient pu devenir artistes. Ils peindraient les passions lorsqu'elles leur laissent quelque repos, un agréable travail les sauverait d'un vide affreux ; mais le talent de couper le marbre manque au statuaire ; l'art de dessiner, au peintre ; l'art de versifier, à l'homme qui eût été poète, et, à côté d'eux, des ouvriers sans âmes triomphent dans ces mécanismes.

1 C'est le célèbre tableau du Titien à l'Escurial.

Quel poète que mademoiselle de Lespinasse si elle eût fait des vers comme Colardeau !

Au quinzième siècle on était plus sensible ; les convenances n'écrasaient pas la vie ; on n'avait pas toujours les *grands maîtres à imiter*. La bêtise dans les lettres n'avait encore d'autre moyen de se déguiser que d'imiter Pétrarque[1]. Une politesse excessive n'avait pas éteint les passions. En tout il y avait moins de métier et plus de naturel. Souvent les grands hommes mêlèrent *l'objet de leur passion au triomphe* de leur talent. Quelques personnes sentiront le bonheur de Raphaël peignant, d'après la Fornarina, sa sublime *Sainte-Cécile*[2].

Les Giorgion, les Corrège, les Cantarini, ces hommes rares qu'étouffe aujourd'hui le grand principe du siècle, « être comme un autre », portèrent cette habitude, fille de l'amour, de sentir une foule de nuances, et d'en faire dépendre son malheur ou sa félicité, dans l'art qui fait leur gloire[3]. Peu à peu ils y trouvèrent des

1. Aussi périt-elle la poésie.

2. The happy few. En 1817, dans cette partie du public qui a moins de trente-cinq ans, plus de cent louis de rente, et moins de vingt mille francs.

3. L'homme de génie, étant plus souvent *comme lui* que *comme un autre*, est nécessairement ridicule à Paris : c'est Charrette à Coblentz.

jouissances vives. Ils pensèrent qu'elles ne pouvaient leur être ravies par le caprice ou par la mort cruelle ; et, un juste orgueil se mêlant sans doute à ces idées, ils attachèrent leur bonheur à exceller dans leur art. C'est à force d'être eux-mêmes qu'ils ont été grands. Comment ne sent-on pas que, dès qu'on invoque la mémoire, la vue de l'esprit s'éteint ? « Qu'eût fait Raphaël à ma place ? » Autre chose que cette sotte question.

Je ne dis pas qu'on ne puisse être amant passionné et fort mauvais peintre ; je dis que Mozart n'a pas eu l'âme de Washington.

La distraction la plus facile pour l'homme que les passions tendres ont rendu malheureux n'est-elle pas celle qui se compose presque en entier du souvenir même de ces passions ? L'autre partie, c'est l'art de toucher les cœurs, art dont il a si bien éprouvé la puissance.

Travailler, pour un artiste, dans ces circonstances, ce n'est presque que se souvenir avec ordre des idées chères et cruelles qui l'attristent sans cesse. L'amour-propre qui vient se mettre de la partie est l'habitude de l'âme la plus ancienne. Elle n'impose pas de gêne nouvelle, et dans la mémoire des choses passées fait trouver un nouveau plaisir. Peu à peu les sensations de l'art viennent se mêler à celles que donne la nature. Dès lors le peintre est sur la bonne route. Il ne reste plus qu'à voir si le hasard lui a donné la force.

Le jeune Sacchini, outré de l'infidélité de sa maîtresse, ne sort pas de la journée. Le cœur plein d'une rage sèche, il se promène à grands pas. Sur le soir, il entend chantonner un air sous sa fenêtre ; il écoute. Cet air l'attendrit. Il le répète sur son piano. Ses yeux se mouillent ; et c'est en pleurant à chaudes larmes qu'il compose le plus bel air de passion qu'il nous ait laissé.

« Mais, me dira quelque Duclos, vous voyez de l'amour partout ? »

Je répondrai, j'ai parcouru l'Europe, de Naples à Moscou, avec tous les historiens *originaux* dans ma calèche.

Dès qu'on s'ennuie au Forum, ou qu'il ne faut plus prendre son arquebuse pour s'aller promener, le seul principe d'activité qui reste, c'est l'amour. On a beau dire, le climat de Naples fait autrement sentir les finesses de cette passion que les brouillards de Middelbourg. Rubens, pour donner le sentiment du *beau*, a été obligé à un étalage d'appas qui en Italie ne plaît que comme singulier.

En ce pays brûlant et oisif, on est amoureux jusqu'à cinquante ans, et l'on se désespère quand on est quitté. Les juges mêmes n'y sont point pédants, et y sont aimables.

En Italie, l'établissement des gouvernements réguliers, vers l'an 1450, jeta une masse énorme de loisir dans la société ; et si dans le premier moment, l'oisiveté est cruelle, au bout d'un peu de temps l'occupation est terrible [1].

Si j'espère être lu, c'est par quelque âme tendre, qui ouvrira le livre pour voir la vie de ce Raphaël qui a fait la *Madone alla Seggiola*, ou de ce Corrège qui a fait la tête de la *Madone alla Scodella.*

Ce lecteur unique, et que je voudrais unique dans tous les sens, achètera quelques estampes. Peu à peu le nombre des tableaux qui lui plaisent s'augmentera.

Il aimera ce jeune homme à genoux avec une tunique verte dans l'*Assomption* de Raphaël [2]. Il aimera le religieux bénédictin qui touche du piano dans le *Concert* du Giorgion [3]. Il verra dans ce tableau le grand ridicule des âmes tendres ; Werther, parlant des passions au froid Albert. Cher ami inconnu, et que j'appelle cher parce

1. Voilà le malheur de l'Italie actuelle, ou plutôt le malheur *de sa gloire.* Un homme célèbre disait au patriarche de Venise : « Vos jeunes gens passent leur vie aux genoux des femmes. » (Son expression était plus énergique.)
2. N° 1124.
3. N° 965.

que tu es inconnu, livre-toi aux arts avec confiance. L'étude la plus sèche en apparence va te porter, dans l'abîme de tes peines, une consolation puissante.

Peu à peu ce lecteur distinguera les écoles, il reconnaîtra les maîtres. Ses connaissances augmentent ; il a de nouveaux plaisirs. Il n'aurait jamais cru que penser fît sentir ; ni moi non plus : et je fus bien surpris quand, étudiant la peinture uniquement par ennui [1], je trouvai qu'elle portait un baume sur des chagrins cruels.

Mon lecteur sentira que les tableaux du Frate, qui naguère ne pouvaient arrêter son attention, élèvent son âme ; que ceux du Dominiquin la touchent. Il finira par être sensible même à l'*Assassinat de l'inquisiteur Pierre*, du Titien, et aux tableaux de Michel-Ange de Carravage.

Un jour viendra que, plaignant les peintres d'Italie d'avoir eu à traiter de si tristes sujets, il sera sensible aux seules parties de l'art dans lesquelles il ait été libre à leur génie d'imiter la nature [2]. Il aimera ces jouissances, que les sots ne peuvent lui profaner. Oubliant le sujet, ou

1. Car le fluide nerveux n'a, tous les jours, si je puis m'exprimer ainsi, qu'une certaine dose de sensibilité à dépenser ; si vous l'employez à jouir de trente beaux tableaux, vous ne l'emploierez pas à pleurer la mort d'une maîtresse adorée.

2. Le clair-obscur et le coloris.

ridicule, ou révoltant, il aimera le clair-obscur du Guerchin, la belle couleur de Paris Bordone. C'est peut-être là le plus beau triomphe des arts[1].

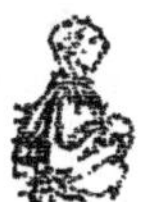

1. Voir la note de la page 67

CHAPITRE XXXV

CARACTÈRE DES PEINTRES DE FLORENCE

Voulez-vous, dès votre arrivée à Florence, prendre une idée de son style, allez sur la place de Saint-Laurent ; examinez le bas-relief qui est à droite, en regardant l'église.

C'est un malheur pour Florence qu'on n'y arrive qu'après Bologne, cette ville des grands peintres. Une tête du Guide gâte furieusement les Salviati, les Cigoli, les Pontormo, etc., etc. Il ne faut pas être dupe de tout ce que dit Vasari à l'honneur de son école florentine, la moindre de toutes, du moins à mon gré. Ses héros dessinent assez correctement ; mais ils n'ont qu'un coloris dur et tranchant, sans aucune harmonie, sans aucun sentiment. Werther aurait dit : « Je cherche la main d'un homme, et je ne prends qu'une main de bois. »

Il faut excepter deux ou trois génies supérieurs.

Les draperies, dans cette école, ne sont

ni brillantes par l'éclat des couleurs, ni d'une ampleur majestueuse. Venise, plaisantant les Florentins sur leur avarice connue, a dit que leurs draperies étaient choisies et taillées avec économie. Cette école ne marque pas non plus par le relief des figures, ou par la beauté. Les têtes ont de grands traits, mais peu d'idéal : c'est que Florence a été longtemps sans bonnes statues grecques. Elle vit tard la *Vénus de Médicis*, et ce n'est que de nos jours que le grand-duc Léopold lui a donné l'*Apollino* et la *Niobé*. On peut dire, à cet égard, des Florentins, qu'ils ont copié la nature avec assez de vérité, et que quelques-uns ont su la choisir.

Le grand défaut de cette école, c'est le manque d'expression ; sa partie triomphante, celle qui fut, pour ainsi dire, le patrimoine de tous ses peintres, c'est le dessin. Ils étaient portés à ce genre de perfection par le caractère national, exact et attentif aux détails, plutôt que passionné. La noblesse, la vérité, l'exactitude historique, brillent dans leurs tableaux avec la science du dessin. C'est que Florence fut de bonne heure la capitale de la pensée. Le Dante, Boccace, Pétrarque, Machiavel, et tant de gens d'esprit rassemblés par les Médicis, ou formés par les discussions politiques, répandirent les lumières. Ou les artistes furent des gens instruits, comme Michel-Ange, Léonard, le Frate, le Bronzino, ou la peur de la critique leur fit demander conseil. On n'eût pas représenté impunément aux rives de l'Arno les convives des noces de Cana vêtus à la mode du jour[1].

A Paris, on peut se faire une idée de la plupart des défauts de cette école par le tableau de Salviati, *Jésus et saint Thomas*[2], ou par cette réflexion qu'à la sensibilité près, elle est en tout l'opposé des Hollandais.

L'école romaine fut grandiose à cause du Colisée et des autres ruines ; Venise, voluptueuse ; Florence, savante ; le Corrège, tendre :

> La terra molle e lieta e dilettosa,
> Simili a se gli abitator produce.
>
> (Tasso, I, 62.)

1. *Noces de Cana* de Paul Véronèse.
2. Ancien Musée Napoléon, nº 1154.

CHAPITRE XXXVI

LA FRESQUE A FLORENCE

Michel-Ange disait, en comparant les deux peintures à la fresque et à l'huile, que cette dernière n'est qu'un jeu. Ce sont deux talents divers. La fresque cherche de plus grands résultats en suivant la nature de moins près.

Le maçon prépare une certaine quantité de plafond ; il faut la remplir en un jour ; la chaux boit la couleur ; l'on ne peut plus y toucher. Ce genre n'admet ni retard ni correction. Le peintre est obligé de faire vite, et bien, ce qui partout est le comble de la difficulté [1].

Les églises et les palais de Florence font foi que cette difficulté a été emportée d'une manière brillante par un grand nombre de ses peintres.

Quant à ces vastes ouvrages que, dans le dix-septième siècle, et lorsque l'art avan-

1. Exemple à Paris, les plafonds de la galerie des Antiques. Cette condition est ce qu'il y a de mieux dans la gloire militaire.

çait déjà vers sa décadence, on appela *quadri di machina* (tableaux de machine), on a reproché aux Florentins de ne pas assez grouper leurs figures, et de mettre trop de personnages. Mais ces grands tableaux, qui ont fait la gloire de Pierre de Cortone et de Lanfranc [1], forment un genre inférieur par lui-même. C'est à peu près comme les beautés de style que l'on peut mettre dans des pièces officielles. Un bavardage sonore et vague n'y est point déplacé, et la céleste pureté de Virgile y serait pauvreté.

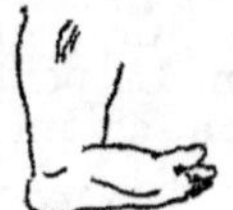

1. Pierre de Cortone, mort en 1669 ; Lanfranc en 1647. C'est comme la musique de Paër.

CHAPITRE XXXVII

DIFFÉRENCE ENTRE FLORENCE ET VENISE

L'ÉCOLE de Venise paraît être née tout simplement de la contemplation attentive des effets de la nature, et de l'imitation presque mécanique et non raisonnée des tableaux dont elle enchante nos yeux.

Au contraire, les deux lumières de l'école de Florence, Léonard de Vinci et Michel-Ange, aimèrent à chercher les causes des effets qu'ils transportaient sur la toile [1]. Leurs successeurs regardèrent plutôt leurs préceptes que la nature. Cela était bien loin de l'idée de Léonard, que toute science ne consiste qu'à voir les circonstances des faits.

La méthode de raisonner, dans laquelle les préceptes avaient été donnés, se trouvant vicieuse, les peintres ne virent presque jamais la pensée du maître. Le peu qu'on

1. Comment, à Paris, M. G*** peignant une touffe de lilas dans le portrait de la belle duchesse de B***, n'a-t-il pas l'idée d'attacher à sa toile une branche de lilas, et de s'éloigner à dix pas ?

en comprit fit que les Vasari, au lieu d'être plats à leur manière, furent détestables en outrant les défauts du maître. Il faudrait être profond dans la connaissance de la nature de l'homme, et non dans la connaissance du talent d'un certain homme. Il est vrai que la première de ces études demande autant d'esprit que la seconde de patience.

L'école de Florence, malgré sa science, ou plutôt à cause de sa science, ne brilla qu'un instant. Du vivant encore de Michel-Ange, vers 1530, Vasari et ses complices prirent fièrement la place des grands hommes [1] ; mais voyons l'époque heureuse [2].

1. C'est exactement le même genre de révolution qui arrive aujourd'hui en musique. Les Mayer, les Weigl, les Paër, succèdent fièrement aux Cimarosa et aux Buranello.

2. Michel-Ange, né en 1475, mort en 1564 ; pontificat d'Alexandre VI, de 1492 à 1503.

Léonard, né en 1452, mort en 1519 ; pontificat de Jules II, de 1503 à 1513.

Le Frate, né en 1475, mort en 1517 ; pontificat de Léon X, de 1513 à 1521.

André-del-Sarto, né en 1486, mort en 1531 ; Louis XII, de 1498 à 1515.

Pontormo, né en 1494, mort en 1557 ; François 1er, de 1515 à 1547.

Daniel de Volterre, le meilleur imitateur de Michel-Ange, né en 1509, mort en 1566 ; Henri VIII, de 1509 à 1547.

Le Franciabigio, né en 1482, mort en 1525.

Le Rosso, né en 1494, mort en 1525.

Salviati, né en 1510, mort en 1563.

Bronzino, né en 1502, mort en 1572.

Allori, né en 1535, mort en 1607*.

* A l'exemple de M. Paul Arbelet nous avons complété ce petit tableau dont beaucoup de dates étaient fausses. N. D. L. E.

LIVRE TROISIÈME

VIE DE LÉONARD DE VINCI

Odi profanum vulgus.

CHAPITRE XXXVIII

SES PREMIÈRES ANNÉES (1452)

Je suis parti de Florence à cheval, à l'aurore d'un beau jour de printemps ; j'ai descendu l'Arno jusqu'auprès du délicieux lac Fucecchio : tout près sont les débris du petit château de Vinci. J'avais dans les fontes de mes pistolets les gravures de ses ouvrages ; je les avais achetées sans les voir ; j'en voulais recevoir la première impression sous les ombrages de ces collines charmantes au milieu desquelles naquit le plus ancien des grands peintres, précisément trois cent quarante ans avant ma visite, en 1452.

Il était fils naturel d'un messer Pietro, notaire de la république, et aimable comme un enfant de l'amour.

Dès sa plus tendre enfance, on le trouve l'admiration de ses contemporains. Génie élevé et subtil, curieux d'apprendre de nouvelles choses, ardent à les tenter, on le voit porter ce caractère, non seulement dans les trois arts du dessin, mais aussi en mathématiques, en mécanique, en musique, en poésie, en idéologie, sans parler des arts d'agrément, dans lesquels il excella : l'escrime, la danse, l'équitation ; et ces talents divers, il les posséda de telle sorte, que, duquel qu'il fît usage pour plaire, il semblait né pour celui-là seul.

Messer Pietro, étonné de cet être singulier, prit quelques-uns de ses dessins, qu'il alla montrer à André Verocchio, peintre et statuaire alors très renommé. André ne put les croire les essais d'un enfant ; on le lui amena : ses grâces achevèrent de le séduire, et il fut bientôt son élève favori. Peu après, Verocchio, peignant à Saint-Salvi, pour les moines de Valombreuse, un tableau de *Saint Jean baptisant Jésus*, Léonard y fit cet ange si plein de grâces.

Toutefois la peinture ne prenait pas tous ses moments. On voit, par les récits aveugles de ses biographes, qu'il s'occupait également de chimie et de mécanique. Ils rapportent, avec quelque honte, que Léonard avait des idées extravagantes. Un jour il cherchait à former, par le mélange de matières inodores, des odeurs détestables. Ces gaz, venant à se développer tout à coup dans l'appartement où la société était rassemblée, mettaient tout le monde en fuite. Une autre fois, des vessies cachées étaient enflées par des soufflets invisibles, et, remplissant peu à peu toute la capacité de la chambre, forçaient les assistants à décamper. Il inventait un mécanisme par lequel, au milieu de la nuit, le fond d'un lit s'élevait tout à coup, au grand détriment du dormeur. Il en trouvait un autre propre à percer les rochers, un autre pour élever de grands poids. Il eut l'idée de soulever l'énorme édifice de Saint-Laurent, pour le placer sur une base plus majestueuse.

On le voyait dans les rues s'arrêter tout à coup pour copier sur un petit livret de papier blanc les figures ridicules qu'il rencontrait. Nous les avons encore, ces charmantes caricatures, et ce sont les meilleures qui existent [1]. Non seulement il cherchait les modèles du *beau* et du *laid*, mais il

1. Elles sont trente-huit, dit Mariette, dessinées à la plume ; je les ai vues gravées par...

prétendait saisir l'expression fugitive des affections de l'âme et des idées. Les choses bizarres et altérées avaient un droit particulier à son attention. Il sentit le premier peut-être cette partie des beaux-arts qui n'est pas fondée sur la sympathie, mais sur un retour d'amour-propre[1]. Il amenait dîner chez lui des gens de la campagne, pour les faire rire à gorge déployée, par les récits les plus étranges et les contes les plus gais. D'autres fois on le voyait suivre les malheureux au supplice.

Une rare beauté, des manières pleines de charme, faisaient trouver admirables ces idées singulières, et il paraît que, comme Raphaël, ce génie heureux fut une exception à la règle si vraie :

> Aucun chemin de fleurs ne conduit à la gloire.
> (La Fontaine.)

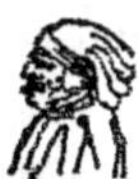

1. On rit, par une jouissance d'amour-propre, à la vue subite de quelque perfection que la faiblesse d'autrui nous fait voir en nous.

CHAPITRE XXXIX

LES ÉPOQUES DE SA VIE

Il faut qu'il eût trouvé l'art de rendre ses travaux utiles, car son père n'était pas riche, et l'on voit un jeune peintre commençant sa carrière, avoir à Florence, cette Londres du moyen âge, des chevaux et des domestiques, et tenir beaucoup à ce que ses chevaux fussent les plus vifs et les plus beaux de la ville. Avec eux *il faisait les sauts les plus hardis*, à faire frémir les amateurs les plus intrépides : sa force était telle, qu'il pliait facilement un fer de cheval.

La vie de ce grand homme peut se diviser en quatre époques.

Sa jeunesse, qu'il passa dans Florence ; le temps qu'il vécut à Milan, à la cour de Louis le Maure ; les douze ou treize ans qu'il revint passer en Toscane, ou en voyages, après la chute de Ludovic ; et enfin sa vieillesse et sa mort, à la cour de François Ier.

Son plus ancien ouvrage est peut-être

un carton d'*Adam et Eve cueillant la pomme fatale*, qu'il fit pour le roi de Portugal.

Son père lui demanda de peindre un bouclier pour un paysan de Vinci. Il fallait y mettre ou la tête de Méduse, ou quelque animal horrible. Messer Pietro ne songeait plus au bouclier lorsqu'un jour il vint frapper à la porte de Léonard : celui-ci le prie d'attendre, place le tableau en bon jour, et le fait entrer. Le père recula d'horreur, crut voir un serpent véritable, et s'enfuit effrayé.

Tout ce que les couleuvres, les chauves-souris, les gros insectes des marais, les lézards, ont de plus horrible et de plus dégoûtant était réuni dans ce monstre ; on le voyait sortir des fentes d'un rocher, et lancer son venin vers le spectateur.

Ce qu'il y a de mieux, c'est que toute cette terreur avait été réunie par une longue observation de la nature. Messer Pietro embrassa son fils, et le bouclier fut vendu trois cents ducats au duc de Milan, Galéas.

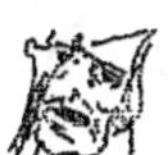

CHAPITRE XL

SES PREMIERS OUVRAGES

Les Milanais ont beau jurer leurs grands dieux que Léonard vint de bonne heure chez eux ; il paraît que jusqu'à trente ans il ne quitta pas l'aimable Florence.

C'est d'après la tête de *Méduse*, à la galerie, qu'il faut se faire une idée de son talent à cette époque. On n'aperçoit le visage qu'en raccourci. Il semble que le peintre ait plus cherché à rendre l'horreur de la chevelure de la fille de Phorcus... que l'horreur de sa physionomie. La vie est dans les couleuvres vertes qui s'agitent sur sa tête. Pour elle, il ne l'a pas peinte morte, mais mourante : son œil terne n'est pas encore fermé ; elle rend le dernier soupir, et l'on voit le souffle impur qui s'exhale de sa bouche.

D'un autre genre d'expression, mais de la même époque est cet enfant couché dans un riche berceau, que l'on voit à Bologne. Il y a beaucoup de patience dans ce ta-

....

bleau, qui n'offre de partie nue que la tête de l'enfant ; mais il n'y a rien du style connu de Léonard [1]. La lumière est prodiguée, le peintre ne songe pas encore à cette économie savante qui fut dans la suite une des bases de sa manière. C'est la réflexion qui frappe en voyant la *Madeleine* du palais Pitti, celle du palais Aldobrandini à Rome, les *Saintes Familles* de la galerie Giustiniani, de la galerie Borghèse, etc. On fait souvent admirer aux curieux des têtes de saint Jean-Baptiste ou de Jésus, de ce premier style de Léonard. Quelques-unes sont de lui.

En général, je trouve plus de délicatesse que de beauté dans ces premiers tableaux ; surtout il n'y a rien de cet air un peu dur qui frappe quelquefois dans la beauté antique [2], et qui semble avoir été antipathique à Léonard dans tous les temps de sa vie. Son génie le portait à inventer le *beau moderne;* c'est ce qui le distingue bien de tous les peintres florentins ; il ne put même prendre sur lui de donner assez de dureté aux figures de bourreaux [3].

1. Par exemple, le portrait de Mona Lisa, ancien Musée Napoléon, n° 1,024.

2. La *Pallas* de Velletri, la *Vénus* du Capitole, la *Mammea*, la *Diane*.

3. Le bourreau qui présente la tête de saint Jean à Hérodiade (galerie de Florence) est plutôt un homme d'esprit goguenard qu'un bourreau.

Toutes ces premières têtes de Léonard ressemblent, comme de juste, aux têtes de Verrocchio. Les plis des draperies sont peu variés, les ombres faibles ; le tout est sec et mesquin, et cependant a de la grâce. Tel fut son premier style.

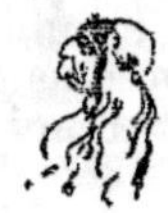

CHAPITRE XLI

DES TROIS STYLES DE LÉONARD

Si j'avais à parler de ces trois styles, voici mes exemples :

Pour le premier, l'*Enfant au berceau*, qui est à Bologne.

Sa seconde manière fut chargée d'ombres extrêmement fortes ; je citerais la *Vierge aux Rochers* [1], et surtout la figure de Jésus qui bénit le petit saint Jean.

Les demi-teintes composent presque en entier son troisième style, plus tranquille et d'une harmonie plus tendre. S'il obtient un grand relief, c'est plutôt en se montrant avare de la lumière qu'en prodiguant aux ombres une extrême énergie, voyez cette charmante *Hérodiade* de la tribune de Florence ; la grâce du style l'emporte sur l'horreur de l'action.

1. Musée royal, nº 933, gravée par Desnoyers. Étudier dans ce tableau la forme des têtes de Léonard.

CHAPITRE XLII

LÉONARD A MILAN

Trois écoliers, échauffés par les beaux passages de Tite-Live, assassinèrent le duc de Milan ; il laissa un fils de huit ans sous la tutelle de son frère le célèbre Louis le Maure. Ce prince aspirait ouvertement à succéder à son pupille, et finit en effet par l'empoisonner.

Ludovic voyait la renommée que les Médicis acquéraient dans Florence en protégeant les arts. Rien ne cache le despotisme comme la gloire. Il appela tous les hommes célèbres qu'il put avoir. Il les réunissait, disait-il, pour l'éducation de son neveu. Cet homme se délassait, par des fêtes continuelles, de la noire politique où il fut toujours engagé [1]. Il aimait surtout la

1. « Je remarquai à la chartreuse de Pavie, si célèbre par ses marbres, un beau tombeau de Galéas Visconti, fondateur du monastère ; au bas est couchée la statue de Ludovic Sforce, dit le Maure, qui mourut en France au château de Loches. Cet homme est si fameux dans notre histoire par ses méchancetés, que j'eus grand empressement à considérer sa physionomie, qui est tout à fait revenante, et celle du meil-

musique et la lyre, instrument célèbre chez les anciens, qui n'est autre pourtant que la triste guitare. On dit que Léonard parut pour la première fois à la cour de Milan dans une espèce de concours ouvert entre les meilleurs joueurs de lyre d'Italie. Il se présenta avec une lyre de sa façon, construite en argent, suivant de nouveaux principes d'acoustique, et à laquelle il avait donné la forme d'une tête de cheval. Il improvisa en s'accompagnant, il soutint thèse, il raisonna avec esprit sur toutes sortes de sujets ; il enchanta toute la ville réunie au palais du duc, qui le retint à son service.

Soutenir thèse dans un salon serait bien ridicule ; mais, au quinzième siècle, on était jeune encore. La cour elle-même, pour un homme supérieur, avait un charme qu'elle a perdu ; elle était la perfection de la société, elle n'en est plus que la gêne. J'explique ainsi le goût de l'élégant Léonard pour la société des princes.

A Milan, il fut bien vite l'homme à la

leur homme du monde. Que les physionomistes argumentent là-dessus. » (DE BROSSES, I, 106).

Ludovic écrivit au pape qu'il avait des remords qui troublaient ses nuits. Le pape lui accorda une entière absolution, pourvu qu'il confessât ses péchés à son aumônier, et qu'il fit un don convenable à l'Église. Il donna la terre de la *Sforzesca*, sur le Tessin, où j'ai lu cette correspondance autographe. (Note de sir W. E.)

mode, l'ordonnateur des fêtes de Ludovic, et de celles que les seigneurs de la ville rendaient au souverain, l'ingénieur en chef pour l'irrigation des eaux, le sculpteur d'une statue équestre que le prince élevait à son père[1], et enfin le peintre de ses deux maîtresses.

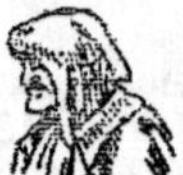

1. « Je commençai la statue le 23 avril 1490, » dit Léonard.

CHAPITRE XLIII

VIE PRIVÉE DE LÉONARD A LA COUR DE LUDOVIC

CÉCILE GALERANI et Lucrèce Crivelli, les deux plus belles personnes de Milan, appartenaient aux premières familles. Le portrait de Cécile, qui faisait de jolis vers, se voyait autrefois chez le marquis Bonesana. Je n'en ai pu trouver qu'une copie à l'Ambrosienne. Pour Lucrèce, c'est peut-être cette femme en habit rouge broché d'or avec un diamant au milieu du front, qui est à Paris[1].

On trouve dans les manuscrits de Léonard[2] le brouillon d'une lettre à Louis le Maure pour lui détailler tous ses mérites. Cette lettre est écrite[3] de droite à gauche,

1. Musée, nº 1,025.
2. Manuscrit de Léonard, vol. atlantique, fol. 382.
3. « Havendo S^or^ mio Ill. visto et considerato oramai ad sufficientia le prove di tutti quelli che si reputano maestri et compositori d'instrumenti bellici; et che le inventione et operatione de dicti instrumenti non sono niente alieni dal commune uso : mi exforsero, non derogando a nessuno altro, farmi intendere da Vostra Excellentia : aprendo a quello li secreti miei : et appresso offerendoli ad ogni suo piacimento in tempi opportuni speraro cum effecto circha

manière simple d'arrêter les indiscrets que Léonard employa toujours sans autre raison

tutte quelle cose, che sub brevità in presente saranno qui di sotto notate.

1. Ho modo di far punti (*ponti*) leggerissimi et ad acti portare facilissimamente et cum quelli seguire et alcuna volta fuggire li inimici ; et altri securi et inoffensibili da fuoco et battaglia : facili et commodi da levare et ponere. Et modi de ardere et disfare quelli de linimici.

2. So in la obsidione de una terra toglier via laqua de' fossi et fare infiniti pontighatti a scale et altri instrument pertinenti ad dicta expeditione.

3. Item se per altezza de argine o per fortezza de loco et di sito non si pottesse in la obsidione de una terra usare lofficio delle bombarde : ho modo di ruinare ogni roccia o altra fortezza se già non fusse fondata sul saxo.

4. Ho anchora modi de bombarde commodissime et facili ad portare : et cum quelle buttare minuti di tempesta : et cum el fumo de quella dando grande spavento al inimico cum grave suo danno et confusione.

5. Item ho modi per cave et vie strette e distorte facte senz alcuno strepito per venire ad uno certo... che bisognasse passare sotto fossi o alcuno fiume.

6. Item fatio carri coperti sicuri ed inoffensibili : e quali entrando intra ne linimici cum sue artiglierie, non è si grandi multitudine di gente darme che non rompessino : et dietro a questi poteranno seguire fanterie assai inlesi e senza alchuno empedimento.

7. Item occorrendo di bisogno farò bombarde mortari et passavolanti di bellissime e utili forme fora del comune uso.

8. Dove mancassi le operazione delle bombarde componerò briccole manghani trabuchi et altri instrumenti di mirabile efficacia et fora del usato : et in somma secondo la varietà de' casi componerò varie et infinite cose da offendere.

9. Et quando accadesse essere in mare ho modi de' molti instrumenti actissimi da offendere et defendere : et navali che faranno resistentia al trarre de omni grossissima bombarda, et polveri o fumi.

10. In tempo di pace credo satisfare benissimo a parogoni de omni altro in architettura in composizione di edifici et publici et privati : et in conducere aqua da uno loco ad un altro.

Item conducerò in sculptura de marmore di bronzo et di

peut-être que son amour particulier pour tout ce qui était original.

Ces trente volumes de manuscrits et de dessins pris à Milan, en avril 1796[1], jettent un grand jour sur la vie de l'auteur : ce n'est pas qu'ils soient intéressants. Léonard n'a pas eu, comme Benvenuto Cellini, l'heureuse idée de se confesser au public. Il aurait une bien autre célébrité[2] ; ce sont des souvenirs la plupart en dessins. Je n'y ai vu qu'une anecdote assez *commune qui arrête pourtant, parce* qu'en marge on trouve ces mots : voleur, menteur, obstiné, gourmand, *ladro, buggiardo, ostinato, ghiotto :* on veut voir quel était ce bon sujet. « Jacques entra chez moi, il avait dix ans. » Léonard raconte ici les escroqueries de Jacques, qui le vola, qui vola Marco et Gianantonio, ses élèves,

terra : similiter in pictura cio che si possa fare ad paragone de omni altro et sia chi vole.

Ancora si poterà dare opera al cavallo di bronzo che sarà gloria immortale et eterno onore della felice memoria del S^re vostro Padre, et de la inclyta Casa Sforzesca.

Et se alchune de le sopra dicte cose ad alchuno paressino impossibili et infactibili me ne offero paratissimo ad farne *experimento in el vostro parco, o in qual loco piacerà a* Vostra Excellentia ad la quale umilmente quanto più posso me raccommando, » etc.

1. Et ramenés par Waterloo à leur premier séjour. Ils avaient été donnés à l'Ambrosienne par Galeazzo Arconato. Charles Ier, roi d'Angleterre, fit offrir jusqu'à mille doubles d'Espagne (60.000 fr.) du plus grand de ces volumes.

2. Toutes les éditions portent : *Ils auraient...* Le singulier vient d'une correction de l'exemplaire Doucet. N. D. L. E.

probablement Marco d'Oggione et G. Beltraffio. Il ajoute : « Item, le 26 janvier de l'année suivante 1491, me trouvant chez le seigneur Galéas de Saint-Severin pour ordonner la joute qu'il donnait, et quelques-uns de ses gens ayant quitté leurs habits pour essayer des costumes d'hommes sauvages que je faisais paraître dans cette fête, Jacques s'approcha adroitement de la bourse de l'un d'eux qui était sur le lit, et déroba l'argent. »

Aimé de Louis le Maure, qui se connaissait en hommes, considéré dans le public comme un des génies de la célèbre Florence, qui venait porter la lumière en Lombardie, Léonard se livrait avec bonheur à l'étonnante fertilité de son génie, et faisait exécuter à la fois vingt travaux divers. Il avait trente ans quand il parut à cette cour brillante, et ne quitta le Milanais qu'après la chute de Ludovic, dix-sept ans plus tard.

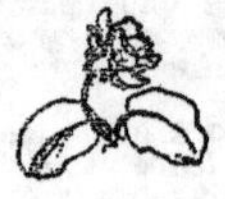

CHAPITRE XLIV

SA VIE D'ARTISTE

Il peignit peu pendant ce long séjour. On suit facilement, dans tout le cours de sa vie, l'effet de sa première éducation chez le Verrocchio. Ainsi que son maître, il dessina plus volontiers qu'il ne peignit. Il aima, dans le dessin et dans le choix des figures, non pas tant les contours pleins et convexes à la Rubens, que le gentil et le spirituel, comme le *Francia* [1]. Des chevaux et des mêlées de soldats se trouvaient sans cesse sous sa plume. L'anatomie fit l'étude de toute sa vie. En général, il travailla plus à l'avancement des arts qu'à en multiplier les modèles.

Son maître avait été un statuaire habile, comme le prouvent le *Saint Thomas* de Florence et le *Cheval de saint Paul* à Venise. A peine Léonard est-il arrivé à Milan, qu'on le voit faire battre de la terre, et modeler un cheval de grandeur

1. Musée, n° 944.

colossale. On le voit cultiver assidûment la géométrie, faire exécuter des travaux immenses en mécanique militaire et en hydraulique. Sous ce ciel brûlant, il fait parvenir l'eau dans tous les coins des prairies du Milanais. C'est à lui que nous devons, nous autres voyageurs, ces paysages admirables où la fertilité et la verdure colossale des premiers plans n'est égalée que par les formes bizarres des montagnes couvertes de neiges qui forment, à quelques milles, un horizon à souhait pour le plaisir des yeux.

Il bannit le gothique des bâtiments ; il dirigea une académie de peinture ; mais, au milieu de tant d'affaires, il ne peignit guère que le *Cénacle* du couvent des Grâces.

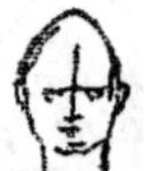

CHAPITRE XLV

LÉONARD AU COUVENT DES GRACES

Il est impossible que vous ne connaissiez pas ce tableau ; c'est l'original de la belle gravure de Morghen.

Il s'agissait de représenter ce moment si tendre où Jésus, à ne le considérer que comme un jeune philosophe entouré de ses disciples la veille de sa mort, leur dit avec attendrissement : « En vérité, je vous le dis, l'un de vous doit me trahir. » Une âme aussi aimante dut être profondément touchée, en songeant que parmi douze amis qu'il s'était choisis, avec lesquels il se cachait pour fuir une injuste persécution, qu'il avait voulu voir réunis ce jour-là en un repas fraternel, emblème de la réunion des cœurs et de l'amour universel qu'il voulait établir sur la terre, il se trouvait cependant un traître qui, pour une somme d'argent, allait le livrer à ses ennemis. Une douleur aussi sublime et aussi tendre demandait, pour être exprimée en peinture, la disposition la plus simple, qui permît à l'attention de se fixer tout entière sur les paroles que Jésus prononce en ce moment. Il fallait une grande beauté dans les têtes des disciples, et une rare noblesse dans leurs mouvements, pour faire sentir que ce n'était pas une vile crainte de la mort qui affligeait Jésus. S'il eût été un homme vulgaire, il n'eût pas perdu le temps en un attendrissement dangereux, il eût poignardé Judas, ou du moins pris la fuite, entouré de ses disciples fidèles.

Léonard de Vinci sentit la céleste pureté et la sensibilité profonde qui font le caractère de cette action de Jésus ; déchiré par l'exécrable indignité d'une action aussi noire, et voyant les hommes si méchants, il se dégoûte de vivre, et trouve plus de douceur à se livrer à la céleste mélancolie qui remplit son âme qu'à sauver une vie malheureuse qu'il faudrait toujours passer avec de pareils ingrats. Jésus voit son système d'amour universel renversé. « Je me suis trompé, se dit-il, j'ai jugé des hommes d'après mon cœur. » Son attendrissement est tel, qu'en disant aux disciples ces tristes paroles : *« L'un de vous va me trahir,* » il n'ose regarder aucun d'eux.

Il est assis à une table longue, dont le côté qui est contre la fenêtre et vers le spectateur est resté vide. Saint Jean, celui de tous les disciples qu'il aima avec le plus de tendresse, est à sa droite ; à côté de saint Jean est saint Pierre ; après lui vient le cruel Judas.

Au moyen du grand côté de la table qui est resté libre, le spectateur aperçoit pleinement tous les personnages. Le moment est celui où Jésus achève de prononcer les paroles cruelles, et le premier mouvement d'indignation se peint sur toutes les figures.

Saint Jean, accablé de ce qu'il vient d'entendre, prête cependant quelque attention à saint Pierre, qui lui explique vivement les soupçons qu'il a conçus sur un des apôtres assis à la droite du spectateur.

Judas, à demi tourné en arrière, cherche à voir saint Pierre et à découvrir de qui il parle avec tant de feu, et cependant il assure sa physionomie, et se prépare à nier ferme tous les soupçons. Mais il est déjà découvert. Saint Jacques le Mineur passant le bras gauche par-dessus l'épaule de saint André, avertit saint Pierre que le traître est à ses côtés. Saint André regarde Judas avec horreur. Saint Barthélémy, qui est au bout de la table, à la gauche du spectateur, s'est levé pour mieux voir le traître.

A la gauche du Christ, saint Jacques proteste de son innocence par le geste naturel chez toutes les nations ; il ouvre les bras et présente la poitrine sans défense. Saint Thomas quitte sa place, s'approche vivement de Jésus, et, élevant un doigt de la main droite, semble dire au Sauveur : « Un de nous ? » C'est ici une des nécessités qui rappellent que la peinture est un art terrestre. Il fallait ce geste pour caractériser le moment aux yeux du vulgaire, pour lui bien faire entendre la parole qui vient d'être prononcée. Mais il n'a point cette noblesse d'âme qui devait caractériser les amis de Jésus. Qu'importe qu'il soit sur le point d'être livré par un ou par deux de ses disciples ? Il s'est trouvé une âme assez noire pour trahir un maître si aimable : voilà l'idée qui doit accabler chacun d'eux, et bientôt après va se présenter cette seconde pensée : Je ne le verrai plus ; et cette troisième : Quels sont les moyens de le sauver ?

Saint Philippe, le plus jeune des apôtres, par un mouvement plein de naïveté et de franchise, se lève pour protester de sa fidélité. Saint Matthieu répète les paroles terribles à saint Simon, qui refuse d'y croire. Saint Thadée, qui le premier les lui a répétées, lui indique saint Matthieu, qui a entendu comme lui. Saint Simon, le dernier des apôtres à la droite du spectateur, semble s'écrier : « Comment osez-vous dire une telle horreur ! »

Mais on sent que tous ceux qui entourent Jésus ne sont que des disciples, et, après la revue des personnages, l'œil revient bien vite à leur sublime maître. La douleur si noble qui l'opprime serre le cœur. L'âme est ramenée à la contemplation d'un des grands malheurs de l'humanité, la trahison dans l'amitié. On sent qu'on a besoin d'air pour respirer ; aussi le peintre a-t-il représentées ouvertes la porte et les deux croisées qui sont au fond de l'appartement. L'œil aperçoit une campagne lointaine et paisible, et cette vue soulage. Le cœur a besoin de cette tranquillité silencieuse qui régnait autour du mont *Sion*, et pour laquelle Jésus aimait à y rassembler ses disciples. La lumière du soir, dont les rayons mourants tombent sur le paysage[1], lui donne une teinte de tristesse conforme à la situation du spectateur. Il sait bien que c'est là la dernière soirée que l'ami des hommes passera sur la terre. Le lendemain, lorsque le soleil sera parvenu à son couchant, il aura cessé d'exister.

Quelques personnes penseront comme moi sur cet ouvrage sublime de Léonard de Vinci, et ces idées paraîtront recherchées au plus grand nombre ; je le sens bien. Je supplie ce plus grand nombre de fermer le livre. A mesure que nous nous connaî-

1. Now fades the glimmering landscape on the sight. (GRAY.)

trions mieux, nous ne ferions que nous déplaire davantage. On trouvera facilement dans les autres histoires de la peinture des descriptions plus exactes, où sont notées fidèlement la couleur du manteau et celle de la tunique de chacun des disciples [1]. D'ailleurs on peut admirer le travail exquis des plis de la nappe.

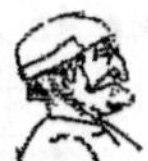

1. *Del Cenacolo*, etc., par Joseph Bossi, 1812.

CHAPITRE XLVI

EXÉCUTION

S'il fut jamais un homme choisi par la nature pour peindre un tel sujet, ce fut Léonard de Vinci. Il avait cette rare noblesse de dessin, plus frappante chez lui que chez Raphaël même, parce qu'il ne mêle point à la noblesse l'expression de la force. Il avait ce coloris mélancolique et tendre, abondant en ombres, sans éclat dans les couleurs brillantes, triomphant dans le clair-obscur, qui, s'il n'avait pas existé, aurait dû être inventé pour un tel sujet. Ses défauts mêmes ne nuisent point ; car la noblesse ne s'offense pas d'un peu de sécheresse dans le dessin et d'ombres tirant sur la couleur de fer [1]. Si enfin l'on considère la hauteur colossale

1. Un peu de *petitesse* même, qui est le contraire de la générosité, de la confiance dans les autres, ne nuit pas à la noblesse. Ceci deviendra sensible dans les belles lettres. Garder toutes les avenues contre la critique est une des qualités du style très-noble. Cela saute aux yeux dans les manières françaises, et l'extrême froideur du grand monde ; l'extrême vanité ramène l'enfance de la civilisation, où l'on ne paraissait jamais qu'armé. Passez le Rhin, ce vice a disparu.

des personnages et la grandeur du tableau, qui a trente et un pieds quatre pouces de large, sur quinze pieds huit pouces de haut, l'on conviendra qu'il dut faire époque dans l'histoire des arts, et l'on me pardonnera de m'y arrêter encore.

L'âme plus noble que passionnée de Vinci ne négligeait jamais de relever ses personnages par l'extrême délicatesse et le fini de l'architecture, des meubles, et des ornements qui les entourent [1]. L'homme sensible qui réfléchira sur la peinture verra avec étonnement que les petites raies bleues qui coupent le blanc de la nappe, que les ornements délicats, réguliers et simples, de la salle où se passe cette scène attendrissante, ajoutent au degré de noblesse. Ce sont là les moyens de la peinture. Quoi de plus vil en soi-même que ce petit morceau de métal nommé caractère d'imprimerie ? Il précipite les tyrans de leurs trônes.

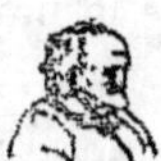

1. Levan di terra in ciel, nostr' intelletto.
(PETRARCA.)

CHAPITRE XLVII

NOMS DES PERSONNAGES

Sous une ancienne copie de la *Cène* qui est à Ponte Capriasca, j'ai trouvé une inscription latine qui indique le nom des apôtres, en commençant par celui qui est debout, à la gauche du spectateur.

Saint Barthélémy, saint Jacques le Mineur, saint André, saint Pierre, Judas saint Jean, Jésus, saint Jacques le Majeur saint Thomas, saint Philippe, saint Matthieu, saint Thadée, saint Simon.

Cet ordre est assez probable. Je veux dire qu'il est très possible que cette inscription existât sous la fresque originale et que d'ailleurs les deux ou trois apôtres qu'il est facile de reconnaître au moyen des détails donnés par l'Evangile, ou par les anciens auteurs, sont placés dans le tableau comme dans l'inscription. Le caractère de cette copie de Ponte Capriasca est la facilité.

Une ancienne tradition du village rapporte qu'elle fut faite par un brillant jeune homme de Milan, qui, fuyant cette grande ville, s'y était venu cacher vers l'an 1520. Il put retourner à Milan quelque temps après l'avoir finie. Les principaux du pays voulurent le payer. Il refusa longtemps ; ne pouvant à la fin se défendre de recevoir soixante-dix écus, il descendit sur la place publique, et distribua cet argent aux plus pauvres habitants. De plus il donna à l'église qui avait occupé son exil une ceinture de taffetas rouge qu'il avait coutume de porter, et dont on se sert encore aux grandes fêtes.

Malgré la tradition et la ceinture, les connaisseurs sont d'avis que cette *Cène* est de Pierre Luini, fils du célèbre Bernardino, et qu'elle ne peut remonter plus haut que l'an 1565.

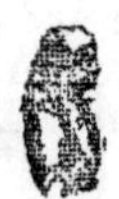

CHAPITRE XLVIII

ÉPOQUE OU LE CÉNACLE FUT FAIT

En 1495, le Montorfano, artiste vulgaire, ayant peint à l'une des extrémités du réfectoire des Grâces *Jésus crucifié entre les deux larrons*, Louis le Maure, devenu duc de Milan par la mort de son neveu, voulut, dit-on, que Léonard y ajoutât d'un côté son portrait, de l'autre celui de sa femme et de ses enfants. Ce qui reste de ces portraits est bien médiocre pour les croire de Léonard.

On a trouvé le livre des dépenses[1] de l'architecte employé par Ludovic aux travaux des Grâces. On lit, au folio 17, la note suivante :

« 1497. Item per lavori facti in lo refectorio dove dipinge Leonardo gli apostoli, con una finestra, lire 37 16 s.[2]. »

Frère Luca Paciolo, géomètre, et ami

1. L'exemplaire Doucet porte cette correction : *le livre de comptes.* N. D. L. E.
2. Pour travaux faits au réfectoire où Léonard peint les apôtres, et pour une fenêtre, liv. 37, 16 sous.

intime de Vinci, nous a laissé le témoignage qu'en 1498 il avait terminé son tableau.

Léonard était alors dans sa quarante-sixième année.

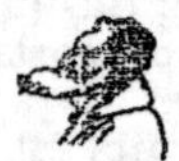

CHAPITRE XLIX

VESTIGES DES ÉTUDES FAITES PAR LÉONARD POUR LE TABLEAU DE LA CÈNE

La prose italienne, antérieure à Alfieri, tombe sans cesse dans le *vague*. C'est le supplice de ceux qui lisent cette langue de chercher un sens net au milieu d'un océan de paroles harmonieuses.

L'envie de faire de l'esprit, l'avilissement, qui ôte tout intérêt d'écrire clairement sur des sujets difficiles, l'amour des princes pour le style vague [1], l'abondance de synonymes qui étouffent cette langue [2], ont jeté dans ce cruel défaut. Je devrais faire précéder d'un *peut-être* ou d'un *on dit* tous les détails un peu précis que j'ai recueillis dans des centaines de bouquins sur les choses anciennes de la peinture. Le renseignement que je viens de citer est donné en ces termes par fra Paciolo : « Léonard,

1. Histoire de la littérature espagnole sous les Philippes ; style des Jésuites.
2. Cette dernière proposition provient d'une addition manuscrite sur l'exemplaire Doucet. N. D. L. E.

de sa main sublime, avait déjà exprimé le superbe simulacre de l'ardent désir de notre salut dans le digne et respectable lieu de la spirituelle et corporelle réfection du saint temple des Grâces, auquel désormais doivent céder tous ceux d'Apelle, de Miron et de Polyclète. » On se rappelle, malgré soi, cet ivrogne qui, voyant trébucher un de ses camarades, s'écrie :

Las ! ce que c'est que de nous cependant,
Voilà l'état où je serai dimanche.

Voilà pourtant ce que sera l'esprit du jour dans trois siècles.

J.-B. Giraldi publia en 1554 des discours sur la manière de composer le roman et la comédie ; on y trouve ce passage : « Le poète dramatique doit suivre l'exemple du fameux Léonard de Vinci. Ce grand peintre, quand il devait introduire quelque personnage dans un de ses tableaux, s'enquérait d'abord en lui-même de la qualité de ce personnage : s'il devait être du genre noble ou vulgaire, d'une humeur joyeuse ou sévère, dans un moment d'inquiétude ou de sérénité ; s'il était vieux ou jeune, juste ou méchant. Après avoir, par de longues méditations, répondu à ces demandes, il allait dans les lieux où se réunissaient d'ordinaire les gens d'un caractère analogue. Il observait attentivement leurs mouvements habituels, leur physionomie, l'ensemble de leurs manières ; et, toutes les fois qu'il trouvait le moindre trait qui pût servir à son objet, il le crayonnait sur le petit livre qu'il portait toujours sur lui. Lorsque, après bien des courses, il croyait avoir recueilli des matériaux suffisants, il prenait enfin les pinceaux.

« Mon père, homme fort curieux de ces sortes de détails, m'a raconté mille fois qu'il employa surtout cette méthode pour son fameux tableau de Milan.

« Le Vinci avait terminé le Christ et les onze apôtres ; mais il n'avait fait que le corps de Judas : la tête manquait toujours, et il n'avançait point son ouvrage. Le prieur, impatienté de voir son réfectoire embarrassé de l'attirail de la peinture, alla porter ses plaintes au duc Ludovic, qui payait très noblement Léonard pour cet ouvrage. Le duc le fit appeler, et lui dit qu'il s'étonnait de tant de retard. Vinci répondit qu'il avait lieu de s'étonner à son tour des paroles de Son Excellence, puisque la vérité était qu'il ne se passait pas de jour qu'il ne travaillât deux heures entières à ce tableau.

« Les moines revenant à la charge, le duc leur rendit la réponse de Léonard. « Seigneur, lui dit l'abbé, il ne reste plus à

« faire qu'une seule tête, celle de Judas ; « mais il y a plus d'un an que non seulement « il n'a pas touché au tableau, mais qu'il « n'est pas même venu le voir une seule « fois. » Le duc, irrité, fait revenir Léonard. « Est-ce que ces pères savent pein- « dre ? répond celui-ci. Ils ont raison, il y « a longtemps que je n'ai pas mis les pieds « dans leur couvent ; mais ils ont tort quand « ils disent que je n'emploie pas tous les « jours au moins deux heures à cet ou- « vrage. — Comment cela, si tu n'y vas « pas ? — Votre Excellence saura qu'il ne « me reste plus à faire que la tête de Judas, « lequel a été cet insigne coquin que tout « le monde sait. Il convient donc de lui « donner une physionomie qui réponde à « tant de scélératesse : pour cela, il y a « un an, et peut-être plus, que tous les « jours, soir et matin, je vais au Borghetto, « où Votre Excellence sait bien qu'habite « toute la canaille de sa capitale ; mais je « n'ai pu trouver encore un visage de scélé- « rat qui satisfasse à ce que j'ai dans « l'idée. Une fois ce visage trouvé, en un « jour je finis le tableau. Si cependant mes « recherches sont vaines, je prendrai les « traits de ce père prieur qui vient se « plaindre de moi à Votre Excellence, et « qui d'ailleurs remplit parfaitement mon « objet. Mais j'hésitais depuis longtemps

« à le tourner en ridicule dans son propre « couvent. »

« Le duc se mit à rire, et, voyant avec quelle profondeur de jugement le Vinci composait ses ouvrages, comprit comment son tableau excitait déjà une admiration si générale. Quelque temps après, Léonard, ayant rencontré une figure telle qu'il la cherchait, en dessina sur la place les principaux traits, qui, joints à ce qu'il avait déjà recueilli pendant l'année, le mirent à même de terminer rapidement sa fresque ; de même, le poète dramatique, etc. »

Telle a été la pratique constante des grands peintres d'Italie. De nos jours encore, Appiani, le dernier des peintres à fresques, ayant eu l'ordre de peindre, au palais de Milan, les *Quatre parties du monde réveillées par les exploits de Napoléon*[1], je me souviens qu'il fut plus de huit jours sans vouloir travailler à une peau de lion. Comme je lui marquais mon étonnement : « Voulez-vous que je devienne un peintre maniéré ? me répondit-il. Combien ai-je vu de peaux de lion en ma vie ? et quelle attention leur ai-je donnée ? Non, je ne ferai celle-ci qu'en présence de la nature. »

Léonard fit, dit-on, pour son tableau un

1. Je corrige d'après l'exemplaire Doucet. L'édition de 1817 porte : *de Buonaparte*. N. D. L. E.

carton de même grandeur. Il fit en petit les ébauches de chaque tête. Les têtes de saint Pierre et de Judas, qui se trouvent dans les manuscrits de Paris, ont été publiées par Gerli[1]. On assure encore que Léonard peignit séparément les figures de chacun des douze apôtres et celle de Jésus. Ces tableaux précieux appartinrent d'abord aux comtes Arconati, changèrent souvent de main, enfin, vers l'an 1740, furent achetés par un M. Odny, consul d'Angleterre.

Lomazzo rapporte que Léonard fit ces mêmes têtes au pastel. La célèbre peintre Angelica Kauffmann disait que celles des apôtres, mais non la tête de Jésus, avaient passé en Angleterre de Rome, où elle les avait vues, et où deux peintres anglais en firent l'acquisition vers la fin du dix-huitième siècle.

Feu M. Mussi, bibliothécaire à l'Ambrosienne de Milan, croyait posséder la tête du Christ, peinte au pastel par Léonard. Angelica Kauffmann, à qui il la montra, la jugea originale et peinte du même style que les apôtres. Cette tête est sans barbe, et a beaucoup servi à Matteini, l'auteur du dessin gravé par Morghen ; car, dans l'original, l'on ne voit pas assez la tête de Jésus pour pouvoir la dessiner. Seulement, par

1. Gerli, in-fol. italien et français, Milan, 1784, chez Galeazzi.

respect pour les anciennes copies, on a ajouté dans la gravure un commencement de barbe.

Après des préparatifs infinis, Léonard peignit le *Cénacle* à l'huile, suivant en cela la méthode nouvellement inventée par Jean de Bruges, méthode qui permet de corriger, de douter, de chercher la perfection, toutes choses qui allaient si bien à son caractère. La fresque où il faut courir, et se contenter d'à peu près, convient plus aux Michel-Ange, aux Lanfranc, aux génies résolus. Léonard semblait trembler quand il prenait les pinceaux.

Le choix qu'il fit dans cette occasion doit laisser des regrets éternels ; la fresque indigne de Montorfano étale une fraîcheur piquante à l'un des bouts du réfectoire, tandis qu'à l'autre extrémité le concierge vous indique quelques traits confus sur la muraille. C'est là le *Cénacle* de Léonard de Vinci.

Singulier en tout, il employa des huiles trop dégraissées. Cette préparation, qui ôte à l'huile de sa consistance, rend aussi les peintures moins sujettes à jaunir ; et c'est ce qu'on observe dans la seule partie qui n'ait pas été repeinte, une portion de ciel qui resplendit encore au fond du tableau, derrière la tête de Jésus.

Toutes les causes de destruction semblèrent réunies par un hasard cruel contre ce premier des chefs-d'œuvre. Vinci, pour préparer la muraille, y appliqua une composition particulière qui, au bout de peu d'années, devait tomber en écailles. Le mur était fait de mauvais matériaux, le couvent bâti dans un fond, le réfectoire situé à l'endroit le plus bas, et, de tout temps, dès qu'il y a eu quelque inondation dans le Milanais, on a trouvé cette salle pleine d'eau.

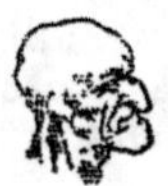

CHAPITRE L

Le fameux Matteo Bandello, que notre aimable François Ier fit évêque, parce qu'il contait bien, met la cinquante-huitième nouvelle de son recueil dans la bouche de Léonard. Il dédie cette nouvelle à Geneviève Gonzaga, et commence ainsi : « Du temps de Ludovic, quelques gentilshommes qui se trouvaient à Milan se rencontrèrent un jour au monastère des *Grâces*, dans le réfectoire des pères dominicains. Ils contemplaient en silence Léonard de Vinci, qui achevait alors son miraculeux tableau de la *Cène*. Ce peintre aimait fort que ceux qui voyaient ses ouvrages lui en dissent librement leur avis. Il venait souvent de grand matin au couvent des *Grâces;* et cela, je l'ai vu moi-même. Il montait en courant sur son échafaudage. Là, oubliant jusqu'au soin de se nourrir, il ne quittait pas les pinceaux depuis le lever du soleil jusqu'à ce que la nuit tout à fait noire le mît dans l'impossibilité absolue de continuer. D'autres fois, il était trois ou quatre jours sans y toucher, seulement il venait passer une heure ou deux, les bras croisés, à contempler ses figures, et apparemment à les critiquer en lui-même. Je l'ai encore vu en plein midi, quand le soleil dans la canicule rend les rues de Milan désertes, partir de la citadelle, où il modelait en terre son cheval de grandeur colossale, venir au couvent sans chercher l'ombre, et par le chemin le plus court, là donner en hâte un ou deux coups de pinceau à l'une de ses têtes, et s'en aller sur-le-champ.

« Mais, pour en revenir à nos gentilshommes, pendant que nous étions à voir travailler Léonard, le cardinal Gurcense, qui avait pris son logement dans notre couvent, vint au réfectoire pour visiter cet ouvrage célèbre. Dès que Léonard aperçut le cardinal, il descendit, vint le saluer, et en fut traité avec toute la distinction possible. On raisonna dans cette occasion de bien des choses, et entre autres de l'excellence de la peinture ; plusieurs désirant que l'on pût voir de ces tableaux antiques qui sont si fort loués dans les bons auteurs, afin de pouvoir juger si nos peintres modernes peuvent se comparer aux anciens [1].

« Le cardinal demanda à Léonard quels

1. Stendhal sur l'exemplaire Doucet souligne *put*, *pouvoir* et *peuvent*, et il écrit en marge : « Trois pouvoir, c'est trop. » N. D. L. E.

étaient ses appointements à la cour du duc ; à quoi il répondit que d'ordinaire il avait une pension de deux mille ducats, sans les présents de toute nature dont Son Excellence le comblait tous les jours. Le cardinal, auquel ce traitement parut fort considérable, nous quitta un moment après pour remonter dans ses appartements.

« Vinci, pour nous montrer alors en quel honneur on avait de tout temps tenu l'art de la peinture, nous conta une histoire que je n'ai jamais oubliée. »

La nouvelle qui suit est une anecdote relative à Fra Filippo, que Léonard commence par des plaisanteries sur l'ignorance du cardinal Gurcense.

Bugati, dans son histoire publiée en 1570, dit bien que Louis le Maure avait assigné à son peintre une pension de cinq cents écus ; mais il est possible que le traitement de Léonard eût été augmenté, ou qu'il en cumulât plusieurs.

Jean-Paul Lomazzo, peintre, aveugle à trente ans, et cependant auteur de vers très gais et très médiocres, l'est aussi du meilleur traité de peinture que nous ayons. Il est vrai qu'il faut chercher les préceptes sensés dans un océan de paroles. On trouve au chapitre IX du Ier livre, écrit vers l'an 1560 :

« Parmi les modernes, Léonard de Vinci,

peintre étonnant, donna tant de beauté et de majesté à saint Jacques le Majeur et à son frère, dans son tableau de la *Cène*, qu'ayant ensuite à traiter la figure de Jésus-Christ, il ne put l'élever au degré de beauté sublime qui lui semblait convenable. Après avoir cherché longtemps, il alla demander conseil à son ami Bernardo Zénale, qui lui répondit : « O Léonard ! elle est d'une « telle conséquence, l'erreur que tu as com- « mise, que Dieu seul peut y porter re- « mède ; car il n'est pas plus en ton pouvoir « qu'en celui d'aucun mortel de donner à « un personnage plus de beauté et un air « plus divin que tu ne l'as fait pour les « têtes de saint Jacques le Majeur et de « son frère. Ainsi laisse le Christ imparfait, « car tu ne le feras jamais être le Christ « auprès de ces deux apôtres. » Et Léonard suivit ce conseil, comme on peut encore le distinguer aujourd'hui, quoique la peinture tombe en ruines. »

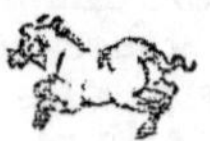

CHAPITRE LI

MALHEURS DE CE TABLEAU

Lorsque le roi François Ier, qui aimait les arts comme un Italien, entra en vainqueur dans Milan (1515), il eut l'idée de faire transporter le *Cénacle* en France ; il demanda à ses architectes si, au moyen d'énormes poutres et de barres de fer, ils se feraient fort de maintenir la muraille, et d'empêcher qu'elle ne se brisât en route ; ce dont personne n'osa lui répondre. De nos jours, rien de plus aisé : on eût mis d'abord le tableau sur toile[1].

Le *Cénacle* était alors dans tout son éclat ; mais, dès l'an 1540, Armenini nous le représente comme à demi effacé. Lomazzo assure, en 1560, que les couleurs avaient bien vite disparu, que, les con-

1. Comme l'empereur vient de le faire faire à Rome pour la *Descente de croix* de Daniel de Volterre. Tôt ou tard quelque Anglais riche rendra le même service aux fresques du Dominiquin à Saint-Nil *.

* Les fresques sont dans la chapelle Saint-Nil au couvent de Grotta-Ferrata. Aussi l'édition de 1854 corrige-t-elle ainsi : « Aux fresques du Dominiquin à *Grotta-Ferrata*. » N. D. L. E.

tours seuls restant, on ne pouvait plus admirer que le dessin.

En 1624, il n'y avait presque plus rien à voir dans cette fresque, dit le chartreux Sanèse. En 1652, les pères dominicains, trouvant peu convenable l'entrée de leur réfectoire, n'eurent pas de remords de couper les jambes au Sauveur et aux apôtres voisins pour agrandir la porte d'un lieu si considérable. On sent l'effet des coups de marteau sur un enduit qui déjà de toutes parts se détachait de la muraille. Après avoir coupé le bas du tableau, les moines firent clouer l'écusson de l'empereur dans la partie supérieure, et ces armes étaient si amples, qu'elles descendaient jusqu'à la tête de Jésus.

Il était écrit que les soins de ces gens-là seraient aussi funestes à nos plaisirs que leur indifférence. En 1726, ils prirent la fatale résolution de faire arranger le tableau par un nommé Bellotti, barbouilleur, qui prétendait avoir un secret. Il en fit l'expérience devant quelques moines délégués, les trompa facilement, et enfin se fit une cabane couverte devant le *Cénacle*. Caché derrière cette toile, il osa repeindre en entier le tableau de Vinci ; il le découvrit ensuite aux moines stupides, qui admirèrent la puissance du secret pour raviver les couleurs. Le Bellotti, bien payé, et qui n'était pas peu charlatan, donna aux moines, par reconnaissance, la recette du procédé.

Le seul morceau qu'il respecta fut le ciel, dont apparemment il désespéra d'imiter avec ses couleurs grossières la transparence vraiment divine : jugez-en par le ciel charmant de ce tableau de Pérugin qui est au bout du Musée.

La partie plaisante de ce malheur, c'est que les louanges sur la finesse pleine de grâce du pinceau de Léonard ne manquèrent pas de continuer de la part des connaisseurs. Un M. Cochin, artiste justement estimé à Paris, trouvait ce tableau fort dans le goût de Raphaël.

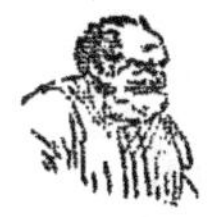

CHAPITRE LII

A LEUR tour, les couleurs de Bellotti se ternirent, et probablement le tableau fut encore retouché avec des couleurs en détrempe. Il fut question, en 1770, de le faire rétablir de nouveau. Mais cette fois on délibérait longuement parmi les amateurs, et avec une attention digne du sujet, lorsque, sur la recommandation du comte de Firmian, gouverneur de Milan, et, de plus, homme d'esprit, dont ce n'est pas là le plus beau trait, le malheureux tableau fut livré à un M. Mazza, qui acheva de le ruiner. L'impie eut l'audace de racler avec un fer à cheminée le peu de croûtes vénérables qui restaient depuis Léonard ; il appliqua même sur les parties qu'il voulait repeindre une teinte générale, afin de placer plus commodément ses couleurs. Les gens de goût murmuraient tout haut contre le barbouilleur et son protecteur. « On devrait bien, disaient-ils, confier la conservation des grands monuments à quelques-uns des corps de l'État toujours si prudents, si lents à se déterminer, si amateurs des choses anciennes. »

Mazza n'avait plus à faire que les têtes des apôtres Matthieu, Taddée et Simon, quand le prieur du couvent, qui s'était empressé de donner les mains à tout ce que Son Excellence avait paru désirer, obtint, mais trop tard, une place à Turin. Son successeur, le père Galloni, dès qu'il eut vu le travail de Mazza, l'arrêta tout court.

En 1796, le général en chef Bonaparte alla visiter le tableau de Vinci ; il ordonna que le lieu où étaient ses restes fût exempt de tout logement militaire, et en signa même l'ordre sur son genou avant de remonter à cheval. Mais, peu après, un général, dont je tairai le nom, se moqua de cet ordre, fit abattre les portes, et fit du réfectoire une écurie. Ses dragons trouvèrent plaisants de lancer des morceaux de briques à la tête des apôtres. Après eux, le réfectoire des dominicains fut un magasin à fourrages : ce ne fut que longtemps plus tard que la ville obtint la permission de murer la porte.

En 1800, une inondation mit un pied d'eau dans cette salle abandonnée, et cette eau ne s'en alla que par évaporation. En 1807, le couvent étant devenu une caserne, le vice-roi fit restaurer cette salle avec le respect dû au grand nom de Léonard. Sous ce gouvernement despotique, rien de ce qui était grand ne se trouvait difficile. Le génie qui de loin civilisait l'Italie voulut rendre éternel ce qui restait du tableau de la *Cène*, et de la même main qui envoyait en exil l'auteur d'*Ajace*, il signait le décret en vertu duquel le *Cénacle* a été copié en mosaïque de la grandeur même de l'original : entreprise qui surpasse tout ce que la mosaïque a tenté jusqu'ici, et qui touchait presque à sa fin, lorsque l'étoile de Napoléon a cessé de briller sur l'Italie.

Pour le travail de l'artiste en mosaïque il fallait une copie. Le prince confia ce travail à M. Bossi. En voyant la copie de la Chartreuse de Pavie, et celle de Castellazo, on prend une haute idée du crédit dont jouissait ce peintre à la cour du prince Eugène[1].

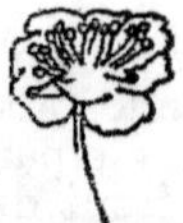

1. Correction de l'exemplaire Doucet. L'édition originale portait : « *idée du crédit que ce peintre avait à la cour...* »
N. D. L. E.

CHAPITRE LIII

EXTRAIT DU JOURNAL DE SIR W. E.

6 Janvier 1817.

Je viens de voir le *Cénacle* de feu M. Bossi, chez Raffaelli ; c'est un gros ouvrage sans génie.

1° Le coloris est l'opposé de celui de Vinci. Le genre noir et majestueux de Léonard convenait surtout à cette scène. L'artiste milanais a pris un coloris de brique, illuminé de partout, mou, trop fondu, sans caractère. Il est sûr que dans une église son tableau ferait plus d'effet que celui de Léonard ; il serait aperçu ; mais il serait surtout admiré des sots.

Dans une galerie, la *Cène* de Bossi déplaira toujours. Un livre fait à l'appui d'un tableau lui ôte la grâce qu'il faut pour toucher. Qu'on pense à l'effet contraire : un tableau trouvé par hasard, d'un auteur malheureux et point intrigant ; 2° Quant à l'expression, je me charge de prouver que tous les personnages ont un fonds de niaiserie. Malgré la grosseur des formes, le style a toutes les petitesses ; Judas ressemble à Henri IV : la lèvre inférieure avancée lui donne de la bonté, et bonté d'autant plus grande, qu'elle n'est pas détruite pas l'esprit. Judas est un homme bon et réfléchi, qui a le malheur d'avoir les cheveux rouges.

Sans sublimer la nature, la figure de M***, le commissaire de police, à Rome, qui m'a dénoncé, donnait sur-le-champ un meilleur Judas, ou celle de l'ambassadeur A***.

La campagne, derrière la tête du Christ, m'a fait beaucoup de plaisir, même avant que j'y aperçusse du véritable vert. Une tête de Christ du Guide, que j'ai trouvée dans l'atelier de M. Raffaelli [1], a été pour moi une terrible critique du tableau de Bossi. Au total, la gravure de Morghen me convient beaucoup mieux. Ce n'est pas une raison décisive. J'ai encore besoin de traduction pour plusieurs peintres : les Carraches, par exemple, dont les noirs me déplaisent.

1. Célèbre mosaïste romain, appelé à Milan par Napoléon. Il n'a plus à faire que la partie du tableau qui est au-dessous de la nappe ; ce morceau de mosaïque a plus de huit cents palmes de superficie. Où placer cette masse énorme ? au Dôme peut-être dont la même main a fini l'interminable façade. Le coloris de cette copie en verre s'éloigne moins de Léonard que la brique de M. Bossi. Placée dans quelque église sombre, elle aura du moins, par sa masse, un peu du grandiose de l'original.

M. Bossi fut un homme d'esprit, très adroit, très considéré, qui fit honorer les arts. Lui, Prina, Melzi, Teulié, et quelques autres, contribuèrent à élever son pays.

Suivant le conseil de Henri, avant d'aller frapper à la caserne delle Grazie, j'ai vu la copie de Castellazo à deux milles de Milan, la copie de la Chartreuse de Pavie[1], celle de Bianchi à l'Ambrosienne, le carton de Bossi[2], et enfin l'atelier de M. Raffaelli. La marche de l'esprit est de la netteté au sublime.

Ce qui m'a le plus frappé, moi ignorant, dans tout cela, c'est la copie de Castellazo. Elle est aussi dans le réfectoire négligé d'un couvent supprimé, mais tout près d'une fenêtre et dans le plus beau jour. Je me suis trouvé devant cette copie de Marco d'Oggiono, trois cent trois ans après qu'elle avait été faite, et, là où elle n'a pas été grattée exprès (pour enlever l'outremer) on compte les coups de pinceau, et les traits sont aussi nets que si elle était peinte d'hier. Par exemple, les yeux de saint Thomas sont brillants de colère, et de la plus belle transparence. Marco n'a soigné que les têtes ; mais elles sont extrêmement pré-

1. Chez MM. Pezzoni, à Milan ou à Lugano ; je leur en ai offert 12,000 francs, qu'ils ont refusés.

2. A la villa Bonaparte ; il a coûté 24,000 francs au prince Eugène, beaucoup meilleur que le tableau.

férables à celles de Bossi, elles sont sans comparaison plus belles, et ont plus de caractère. Saint Barthélémy est un très beau jeune homme, et l'expression de Jésus va au cœur. Il est affligé que les hommes soient si méchants, et nullement irrité de son danger présent.

C'est devant la fresque de Castellazo qu'a été fait le dessin de Matteini, gravé par Morghen[1].

1. J'ai vu dans mes voyages environ quarante copies de la *Cène* de Léonard.

Les principales, après celles dont j'ai parlé sont :

La copie du grand hôpital de Milan, 1500, fresque.

La copie de Saint-Barnaba, à Milan, 1510, probablement par Marco d'Oggiono. C'est une copie faite par lui en présence de l'original, pour le guider dans ses copies en grand.

Copie de Saint-Germain-l'Auxerrois, probablement transportée à Paris en 1517.

Copie d'Écouen. Le connétable de Montmorency la fit faire vers l'an 1520.

Copie de San-Benedetto, près Mantoue, 1525, par Monsignore.

Copie à la bibliothèque Ambrosienne, l'une des plus remarquables, faite par *Bianchi,* dit le Vespino, de 1612 à 1616. Le cardinal Frédéric Borromée voulut conserver ce qu'on pouvait encore distinguer dans l'original. Ce cardinal était connaisseur et homme d'esprit, ainsi qu'en fait foi sa description du *Cénacle.* Le peintre a calqué sur l'original les contours de chaque tête, et, pour travailler plus commodément, a fait chaque tête sur une toile séparée. La réunion de toutes ces petites toiles a formé le tableau. Cette copie, qui ne présente que la moitié supérieure de l'original, a poussé au noir. La tête du Sauveur est la moins bonne.

Copie de la galerie de Munich, vers 1650. Ce tableau, qui a un peu plus de deux brasses de large, est attribué au Poussin (à vérifier). Les accessoires sont changés ; le fond est enrichi de colonnes. L'attitude de saint Matthieu est changée, ainsi que celle de quelques autres apôtres.

Copie de l'Ospedaletto, à Venise, 1660.

Les personnages de Léonard sont assis à table d'une manière beaucoup trop serrée ; à l'exception du Christ, ils ne pouvaient pas se mouvoir.

J'en conviens, l'ordre dans lequel on voit fait tout pour le jeune amateur.

Je doute que, sans cette gradation, j'eusse rien compris au tableau de Léonard.

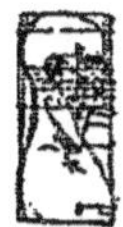

Copie à San-Pietro, in Gessate, à Milan, 1665, par les deux fils de Santagostino ; tableau très-noir, mais la tête de Judas conserve beaucoup d'expression.

Copie célèbre, à Lugano, par Luini. Huit des figures sont de son invention ; mais il a copié celles du Christ et des apôtres Pierre, Thomas, Barthélémy et Jacques le Majeur. La physionomie de Judas est remarquable. André del Sarto a imité le *Cénacle* de Vinci dans celui qu'il a fait à fresque pour le couvent de Saint-Salvi, près Florence.

Il y a un jeune apôtre qui se lève tout à coup en entendant les terribles paroles de Jésus, dont l'expression est charmante et tout à fait dans le génie d'André.

CHAPITRE LIV

DE LA VÉRITÉ HISTORIQUE

On fait une objection à Léonard. Il est certain que les apôtres et le Christ prenaient leurs repas, couchés sur des lits, et non assis à une table, comme les modernes. Mais Vinci est grand artiste, précisément pour n'avoir pas été savant. C'est comme la vérité historique qu'exige la tragédie. Si les usages que vous prenez dans l'histoire passent la science du commun des spectateurs, ils s'en étonnent, ils s'y arrêtent. Les moyens de l'art ne traversent plus rapidement l'esprit pour arriver à l'âme.

Une glace ne doit pas faire remarquer sa couleur, mais laisser voir parfaitement l'image qu'elle reproduit [1]. Les professeurs d'Athénée ne manquent jamais la petite

1. C'est par un artifice contraire que l'abbé Delille soutenait ses vers. Le lecteur tout occupé s'amuse à deviner des énigmes, et n'a pas le temps de remarquer que les mots de ces énigmes, les uns au bout des autres, ne valent guère la peine d'être lus.

remarque ironique sur la bonhomie de nos ancêtres, qui se laissaient émouvoir par des Achille et des Cinna, à demi cachés sous de vastes perruques. Si ce défaut n'avait pas été remarqué, il n'existait pas.

On pardonne à Shakspeare les ports de mer qu'il met en Bohême, si d'ailleurs il peint les mouvements de l'âme avec une profondeur au moins aussi étonnante que le savoir géographique de MM. Dussault, Nodier, Martin, etc.

Quand le cérémonial des repas anciens eût été aussi généralement connu qu'il était ignoré, Vinci l'eût encore rejeté. Le Poussin, ce grand peintre, a fait un tableau de la *Cène*[1] : ses apôtres sont couchés sur des lits. Les demi-savants approuvent du haut de leur savoir ; mais je vous apprends peut-être l'existence du tableau : c'est que les personnages paraissent sous des raccourcis extrêmement difficiles. Le spectateur étonné dit un mot sur l'habileté du peintre, et passe. Si nous avions la vision du dernier repas de Jésus dans toute la vérité des circonstances judaïques qui l'accompagnèrent, frappés d'étonnement, nous ne songerions pas à être émus. Nos barbares ancêtres ayant eu l'idée, en déposant la lance, de prendre l'Ossian de

1. Musée de Paris, n° 57.

ce petit peuple hébreu pour leur livre sacré, les grands peintres ont été gens d'esprit de nous épargner le ridicule de leurs mœurs.

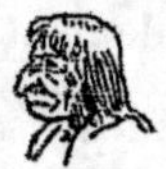

CHAPITRE LV

Vinci fut distrait de ses études (1497), pour la statue colossale et pour le tableau, par les ouvrages qu'il fallut entreprendre pour rendre l'Adda navigable. On voit, par une note, que dès ce temps il avait avec lui l'aimable Salaï[1]. Ce fut son élève favori, ce qu'on appelait alors son *creato*. Vinci, si beau lui-même, et si distingué par l'élégance de ses mœurs, fut sensible aux grâces de même genre qui brillaient dans Salaï. Il l'eut auprès de lui jusqu'à sa mort, et ce bel élève lui servait de modèle pour ses figures d'anges.

Cependant l'étoile de Ludovic commençait à pâlir. Les dépenses d'une guerre obstinée, jointes à celles d'une cour voluptueuse, épuisaient son trésor. Les

1. La Cape de Salaï, le 4 avril 1497 :

Brasses 4 de drap argentin, liv.	15	4
Velours vert pour ornement	9	»
Bindelli	»	9
Magliette	»	12
Façon	1	15
Bindello pour devant	»	5
Punta	1	»

grands travaux languissaient, faute d'argent.

L'affaire importante de Léonard était de jeter en bronze la statue équestre dont il avait fini le modèle. Il fallait, pour cette statue, qui devait avoir vingt-trois pieds de haut (7 mètres 45 centimètres), environ deux cent mille livres de bronze. Je croirais assez que, dans ces calculs, il ne s'agit que du cheval. Les effrénés bavards qui fournissent ces détails ne disent pas un mot de la figure de Sforce, qui n'eût pas manqué de leur inspirer de belles choses. Une telle dépense était bien au delà des moyens actuels, car je trouve dans une lettre adressée au duc par Léonard qu'on devait à celui-ci ses appointements de deux ans.

Ludovic tomba avec courage. Au milieu des derniers soupirs de sa politique, il eut toujours dans son palais les conférences littéraires établies en des temps plus heureux. Je vois, par une épître dédicatoire de Fra Paciolo, qu'un *duel* scientifique, pour me servir de ses termes, eut encore lieu au palais le 8 février 1498, et que Léonard y assistait. Le même Fra Paciolo nous apprend que Vinci, après avoir terminé le grand tableau de la *Cène* et ses Traités sur la peinture, s'adonna tout entier à la physique et à la mécanique ; il peignit pourtant encore une fois, avant la chute de

Ludovic, la belle Cécile Galérani [1], portrait précieux, s'il est vrai qu'on y reconnaisse que les parties colossales du tableau de la *Cène* avaient achevé de guérir Léonard de la sécheresse du Verocchio, et si l'on n'y retrouve plus ce style minutieux, et par conséquent un peu froid, qui règne dans ses premiers ouvrages.

Ludovic, qui voulait du bien à Léonard (1499), voyant que ses affaires prenaient décidément un mauvais tour, et n'ayant plus d'argent, lui fit donation, par un des derniers actes de son gouvernement, d'une vigne située près la porte Verceline. Peu après, Louis XII descendant des Alpes avec une puissante armée, le duc de Milan, sans trésor, sans soldats, fut réduit à la fuite. Le modèle en terre de ce cheval, auquel Léonard avait travaillé seize ans, servit de but à des arbalétriers gascons, et fut mis en poudre. Tout ce qu'il avait peint à la citadelle, alors le palais du duc, eut le même sort.

Ludovic allait partout mendiant des secours contre la France. Maximilien, empereur d'Allemagne, et les Suisses, lui prêtèrent enfin quelques troupes, qui, réunies aux habitants de Milan, très las des insolences françaises, le remirent sur le trône.

1. A Milan, chez MM. Pallavicini.

Mais son bonheur fut de courte durée : ces mêmes Suisses qui l'avaient secouru le vendirent [1] au maréchal de la Trémouille, et Louis XII l'envoya mourir au château de Loches.

Il serait trop long de suivre Léonard pendant cette révolution. Il paraît qu'il eut l'espoir de voir les arts fleurir de nouveau à Milan ; mais, s'étant aperçu que les Français, au milieu de leurs opérations guerrières, ne voulaient que des fêtes et des intrigues avec les jolies femmes, il partit pour Florence, avec son cher Salaï et son ami le géomètre Fra Paciolo.

Le gonfalonier perpétuel Pierre Soderini, celui dont Machiavel a affublé l'incapacité d'une épigramme si plaisante, le fit peintre de sa maison, avec des appointements convenables [2].

1. « In Switzerland, believe me, there is much less liberty than people imagine. I give you my word that few places exhibit more of despotism than Z***. The government of that canton is iniquitous in a very sublime degree... The. aristocracy of Z***raised my indignation, while I staid there. I speak not of the form of which one reads, but of facts which passed under my own eyes. » Voir la conduite de B... en 1815, L. Grey's speech. (*Tweddell's Remains*, page 111.)

2. La notte che mori Pier Soderini.
L'alma n'andó dell' inferno alla bocca :
E Pluto le gridó : anima sciocca.
Che inferno ? Va nel limbo de' Bambini.

CHAPITRE LVI

LÉONARD DE RETOUR EN TOSCANE

Léonard, rentrant dans sa patrie (1500), trouva un dangereux émule dans le jeune Michel-Ange, alors âgé de vingt-six ans ; c'est ce qui paraît bien singulier quand on voit à la tribune de Florence une *Madone* de Buonarroti à côté de l'*Hérodiade* de Léonard. Mais le génie ardent du sculpteur emportait les difficultés avec une sorte de furie qui plaisait aux amateurs[1] ; ils préféraient Michel-Ange, qui travaillait vite, à Léonard, qui promettait toujours.

Vinci trouve en arrivant que les Servites avaient donné à Filippino Lippi le tableau du maître-autel de l'Annunciata. Il laisse entendre qu'il s'en chargerait; Filippino se retire, et les moines, pour augmenter le zèle de Léonard, le prennent dans leur couvent avec toute sa suite ; il y demeura

1. La monarchie nous a rendus bien plus sensibles à la grâce qu'on ne l'était à Florence, république expirante.

longtemps, les payant de promesses. Il fit enfin le carton de *Sainte Anne*, qui, tout divin qu'il est, ne faisait point l'affaire des moines, qui voulaient un tableau d'autel ; ils furent réduits à rappeler Filippino.

Louis XII avait déjà obtenu de Léonard une ébauche du même sujet. Marie, assise sur les genoux de sa mère, se penche en souriant pour recevoir dans ses bras son fils, jeune enfant qui joue avec un agneau[1]. Ce tableau, plein de tendresse et d'une gaieté douce, est, à mes yeux, l'emblème fidèle du caractère de Léonard. On lui attribue trois cartons semblables qui ont produit trois tableaux, l'un de Luini, le meilleur de ses imitateurs, parce qu'il tenait de la nature la même façon de sentir ; le second de Salaï ; le troisième est au musée de Paris, sous le nom de Vinci lui-même. (N° 932.)

A Florence, comme partout, la lutte de la force contre la grâce n'eut pas un succès douteux. Il ne faut que de la foi pour avoir peur des phrases de Bossuet, il faut de l'âme pour goûter Fénelon. J'avouerai d'ailleurs que le genre de vie que Léonard menait à Florence, s'occupant librement,

1. Un de ces cartons, divinement peint par Salaï, a été acheté par le prince Eugène à la sacristie de Saint-Celse et gravé par M. Bonaglia. Le tableau de Luini, peint sur toile et en détrempe, est chez M. Venini, à Milan. (Note de sir W. E., qui a revu l'Italie depuis moi.)

tantôt de mathématiques, et tantôt de peinture, était fort différent de l'application tenace et enflammée par laquelle chacun des moments de Michel-Ange était consacré à ce qu'il y a de plus difficile dans les arts.

L'impétuosité de Buonarroti ne paraissait que dans son atelier. Le reste de sa vie n'était qu'accessoire à ses yeux : la gentillesse et le caractère plus calme de Léonard lui permettaient au contraire de plaire à chaque instant, et d'attacher de la grâce à toutes ses actions comme à tous ses ouvrages. Il y a du bon goût aux Florentins de n'avoir pas préféré l'homme aimable.

Au lieu d'entreprendre des tableaux d'autel qui lui semblaient une trop grande affaire, Léonard se mit à peindre les jolies femmes de la société. D'abord, Ginevra de Benci, la plus belle fille de Florence, dont la jolie physionomie embellit aussi une des fresques de Ghirlandajo ; ensuite Mona Lisa, femme de Francesco del Giocundo. Quand il recevait dans son atelier ces jolis modèles, Léonard, accoutumé à briller dans une cour galante, et qui aimait à jouir de son amabilité, réunissait les gens les plus à la mode et les meilleurs musiciens de la ville. Il était lui-même d'une gaieté piquante, et n'épargnait rien pour changer en parties de plaisir les séances qu'il obtenait ; il savait que l'air ennuyé éloigne toute sympathie, et cherchait l'âme encore plus que les traits de ses charmants modèles. Il travailla quatre ans au portrait de Mona Lisa, qu'il ne donna jamais pour terminé, et que notre François Ier, malgré ses embarras, paya quarante-cinq mille francs. (Musée, no 1,024.) C'est une des sources où il faut puiser le vrai style de Léonard. La main droite est éclairée absolument à la Corrège. Il est singulier que cette jolie femme n'eût pas de sourcils.

Après la chute de Ludovic, Léonard ne retrouva plus cette vie tranquille si nécessaire aux artistes, une fois que les événements de la jeunesse ont formé leur génie.

César Borgia le nomma ingénieur en chef de ses armées [1]. Les fonctions de cette charge, rien moins qu'oisive sous un prince aussi actif, firent voyager Léonard. Ses manuscrits de cette époque montrent bien cette curiosité insatiable et cette activité de tous les moments, qui peut-être ne vont pas avec une âme passionnée.

Nous le trouvons, le 30 juillet 1502, à Urbin, où il dessine un colombier, un escalier remarquable et la citadelle. Le 1er août,

1. La patente commence ainsi :
« Cœsar Borgia de Francia, Dei gratia dux, etc. »

il dessine à Pesaro certaines machines en usage dans le pays ; le 8, il est à Rimini, où il est frappé de l'harmonie que produit la chute des eaux de la fontaine publique. Le 11, à Césène, il dessine une maison, il décrit un char et la manière dont les habitants transportent le raisin. Le 1er septembre, il dessine le port de Cesenatico.

A Piombino, il observe attentivement le mouvement par lequel une onde de la mer en chasse une autre et vient en s'amincissant se perdre sur le rivage. A Sienne, il décrit une cloche singulière.

Ce fut peut-être au retour de cette tournée que ses concitoyens le chargèrent par un décret spécial de peindre la grande salle du conseil nouvellement bâtie en partie sur ses plans.

Soderini lui assigne des appointements ; il commence le dessin ; il donne une préparation au mur. Elle ne tient pas ; il se dégoûte. On l'accuse de manquer de délicatesse. Léonard indigné fait, à l'aide de ses amis, la somme entière qu'il avait reçue, et la porte à Soderini, qui la refusa toujours.

Le sujet que Léonard devait peindre en concurrence avec Michel-Ange, et que ces deux grands hommes ne firent jamais que dessiner, était la bataille d'Anghiari, victoire décisive qui sauva la république des armes de Philippe Visconti ; victoire fatale qui empêcha peut-être l'Italie de se voir une nation. Cette bataille si importante a une circonstance bien plaisante, et qui montre l'horreur des peuples du Midi pour la douleur, c'est qu'il n'y eut qu'un homme de tué, et encore par accident; il fut foulé par les chevaux[1].

L'étoile de Léonard pâlit devant Michel-Ange. Rien de plus simple. Le sujet était tout à fait dans le génie de ce dernier. Un tableau de bataille ne peut guère présenter que la force physique et le courage, et inspirer que la terreur. La délicatesse y serait déplacée, et la noblesse ne s'y sépare pas de la force. Il faut une imagination impétueuse et noire, un Jules Romain, un Salvator Rosa. Tout au plus quelque beau jeune homme moissonné à la fleur des ans peut inspirer une tendre pitié. J'ignore si Léonard eut recours à quelque épisode de ce genre ; son carton disparut pendant les révolutions de Florence[2].

1. Machiavel, lib. V. Il y a une longue note de Vinci sur cette affaire (manusc. in-fol., pag. 83). Elle est écrite de droite à gauche, avec une orthographe et même une syntaxe particulière. Ce génie singulier ne touchait à rien sans inventer.

2. Quel joli tableau, sous le pinceau de Vinci, qu'*Angélique trouvant Médor sur le champ de bataille*, et le faisant porter chez le pasteur ! De la noblesse, de la délicatesse, plutôt que les transports d'une âme passionnée, désignaient ce sujet à Léonard. Heureux les grands peintres s'ils eussent lu un peu moins la Bible et un peu plus l'Arioste et le Tasse !

CHAPITRE LVII

MALHEURS DE LÉONARD

La mémoire de cet homme aimable inspire un tendre intérêt, quand on vient à songer que de ses trois grands ouvrages, la *Cène*, le cheval de grandeur colossale, et le carton de la bataille d'Anghiari, rien n'est resté pour rendre témoignage de lui à la postérité.

Lorsque ces ouvrages existaient, aucun graveur célèbre ne s'en occupa ; longtemps après, Edelynck grava une partie du carton, mais sur un dessin de Rubens, fait d'après Léonard : c'est Virgile traduit par madame de Staël[1].

Je ne suivrai pas la vie privée de Léonard. En 1504, il perdit son père ; l'année suivante il était encore en Toscane. En 1507, nous le trouvons en Lombardie. Il écrit à ses sœurs de la Canonica sur l'Adda, où il habitait une maison de son ami Fran-

1. Il ne reste plus que le croquis de quelques cavaliers combattant pour un étendard. (*Etruria pittrice*, tom. I, pl. XXIX.)

çois Melzi, jeune gentilhomme de Milan.

Cette âme délicate et tendre fuyait avec une horreur qui choque le vulgaire toutes les choses qui peuvent blesser par leur laideur. Il n'avait auprès de lui que des objets beaux ou gracieux. François Melzi, beau comme Salaï, s'attacha également au Vinci, et, quelques années après, le suivit à la cour de France.

On raconte que Léonard se promenait souvent avec ses aimables élèves, et prenait plaisir à se laisser charmer avec eux des aspects touchants ou sublimes que la nature offre à chaque pas dans sa chère Lombardie. Tout était bonheur pour lui,

> Jusqu'au sombre plaisir d'un cœur mélancolique.
>
> LA FONTAINE.

Un jour, par exemple, il s'approcha avec une curiosité d'enfant de certaines grandes cages où des marchands exposaient en vente de beaux oiseaux. Après les avoir considérés longtemps, et admiré avec ses amis leurs grâces et leurs couleurs, il ne put s'éloigner sans payer les plus beaux, qu'il prit lui-même dans la cage, et auxquels il rendit la liberté : âme tendre, et que la contemplation de la beauté menait à l'attendrissement !

On montre à la Canonica, près d'une des

fenêtres, un portrait, qui dit-on, offre les traits et l'ouvrage de Léonard.

Au château voisin de Vaprio, appartenant aussi à l'illustre famille Melzi[1], on fait voir comme de lui une *Madone* colossale. Ce qu'il y a de sûr, c'est qu'en 1796 des soldats allumèrent le feu de leur marmite contre le mur sur lequel elle est peinte. Les têtes seules ont résisté à cet outrage de la guerre. La tête de Marie a six palmes de proportion, celle de Jésus quatre palmes. Quelques personnes attribuent cet ouvrage au Bramante.

Il paraît que cette année et la suivante Léonard s'occupa encore de l'Adda, que ses travaux avaient rendu navigable sur un espace de deux cents milles. Dans tous les genres, son affaire n'était pas de faire exécuter des choses connues, mais de créer l'art à mesure des difficultés. Je vois la date de 1509 à côté du dessin d'une de ses écluses qui subsiste encore.

A cette époque, c'était Louis XII qui tenait la Lombardie, et ses troupes remportèrent, non loin de l'Adda et de la retraite de Léonard, la fameuse victoire d'Agnadel. On dit que Léonard fit le portrait du général vainqueur, Jean-

1. Le duc de Lodi était de ce nom ; il aima vraiment sa patrie et la liberté. Il fut trompé aux comices de Lyon par Bonaparte.

Jacques Trivulzi. Le bon Louis XII récompensa Vinci de ses travaux d'hydraulique en faisant sortir la récompense du travail même : il lui donna douze pouces d'eau à prendre dans le grand canal, près San-Cristoforo ; il eut de plus le titre de peintre du roi, et des appointements.

En 1510, l'année où son ancien maître Ludovic acheva sa triste vie, il revit Florence. Deux ans après, il se trouva à Milan, justement *pour y voir rentrer le jeune* Maximilien, fils de Ludovic, ce même prince pour l'enfance duquel il avait peint jadis un livre de prières. Ce triomphe n'eut rien de décisif. *En Lombardie, tout était confusion, vengeance et misère.* « Je partis de Milan pour Rome, le 24 septembre 1514, avec François Melzi, Salaï, Lorenzo et Fanfoja, » dit Léonard dans ses manuscrits [1].

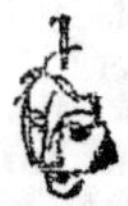

1. Manuscrit B, page 1.

CHAPITRE LVIII

LÉONARD A ROME

Les arts allaient triompher. Léon X venait d'être élevé au souverain pontificat. Julien de Médicis, qui se rendait à Rome pour le couronnement de son frère, y mena Léonard. Un exemple des préventions que donne l'intrigue, même aux princes qui ont le plus de génie naturel, c'est que l'aimable Léon X n'ait pas goûté l'aimable Vinci. Léon X commande un tableau à Léonard ; celui-ci se met à distiller des herbes pour composer les vernis ; sur quoi le pape dit publiquement : « Certes, nous n'aurons jamais rien de cet homme, puisque avant de commencer il s'occupe de ce qui doit finir. »

Vinci sait ce propos, et quitte Rome d'autant plus volontiers qu'il apprend que Michel-Ange y est rappelé. On trouve dans ses manuscrits une machine qu'il inventa pour frapper les monnaies du pape et les rendre parfaitement rondes.

Sa vie philosophique et sa manière de

méditer ses ouvrages ne convenaient plus à une cour bruyante. D'ailleurs, après la furie de Jules II, on était accoutumé, en fait d'arts à Rome, à voir terminer rapidement les plus grandes entreprises. Ce défaut, inhérent à un trône toujours rempli par des vieillards, était fortifié par l'habitude d'avoir des gens résolus, des Bramante, des Michel-Ange, des Raphaël.

Il avait débuté par faire à Saint-Onuphre, où le Tasse repose, une *Madone portant Jésus dans ses bras*, peinture raphaëlesque qui s'est déjà écaillée et détachée du mur en plusieurs endroits. Le dataire de Léon X, Balthazard Turini, eut de lui deux tableaux, l'un desquels se trouvait, dit-on, à la galerie de Dusseldorff[1].

Mais un ouvrage d'une tout autre importance, c'est la *Madone* de Pétersbourg, un des plus beaux tableaux qui aient pénétré dans ces climats glacés.

Peut-être a-t-il été fait pour Léon X lui-même. Ce qu'il y a de sûr, c'est qu'il se trouvait dans le palais des ducs de Mantoue ; car il y fut volé lors du pillage de cette ville par les troupes allemandes. Les voleurs le tinrent caché un grand nom-

1. Voir planche XIV, n° 67. Le séjour à Rome de Léonard est bien court pour tant d'ouvrages, peut-être y alla-t-il deux fois.

bre d'années. Il passait pour perdu, lorsqu'en 1777 on l'offrit à l'abbé Salvadori, l'un des secrétaires du comte de Firmian. Cet abbé faisait un grand secret de sa bonne fortune, de peur que son maître ne voulût l'acheter. Il fit cependant entrevoir son tableau à quelques amis sûrs, entre autres à M. de Pagave, amateur célèbre.

A la mort de l'abbé, ses héritiers emportèrent le chef-d'œuvre de Léonard à Moris, bourg du Trentin, où les agents de Catherine II le déterrèrent et l'achetèrent à grand prix.

Ce qui arrête devant ce tableau, c'est la manière de Raphaël employée par un génie tout différent. Ce n'est pas que Léonard fût homme à imiter quelqu'un. Tout son caractère s'y oppose. Mais, cherchant le sublime de la grâce et de la majesté, il se rencontra tout naturellement avec le peintre d'Urbin. S'il avait été en lui de chercher l'expression des passions profondes et d'étudier l'antique, je ne doute pas qu'il n'eût reproduit Raphaël en entier ; seulement il lui eût été supérieur pour le clair-obscur. Dans l'état des choses, cette *Sainte Famille* de Pétersbourg est, à mon sens, ce que Léonard a jamais fait de plus beau. Ce qui la distingue des *Madones* de Raphaël, outre la différence extrême d'expression, c'est que toutes les parties sont trop terminées. Il manque un peu de facilité et d'aménité dans l'exécution matérielle. C'était la faute du temps. Raphaël lui-même a été surpassé par le Corrège.

Il faut que Vinci appréciât lui-même son ouvrage ; car il y plaça son chiffre, les trois lettres D. L. V. enlacées ensemble, signature dont on ne connaît qu'un autre exemple dans le tableau de M. Sanvitali, à Parme.

Quant à la partie morale de la *Madone de l'Ermitage*, ce qui frappe d'abord, c'est la majesté et une beauté sublime [1]. Mais, si dans le style Léonard s'est rapproché de Raphaël, jamais il ne s'en éloigna davantage pour l'expression.

Marie est vue de face; elle regarde son fils avec fierté ; c'est une des figures les plus grandioses qu'on ait jamais attribuées à la mère du Sauveur. L'enfant, plein de gaieté et de force, joue avec sa mère. Derrière elle, à la gauche du spectateur, est une jeune femme occupée à lire. Dans le tableau, cette figure, pleine de dignité, prend le nom de sainte Catherine ; mais c'est probablement le portrait de la belle-sœur de Léon X. Du côté opposé est un

1. Le tableau, en général, est sublime : les têtes ne sont nullement grecques.

saint Joseph, la tête la plus originale du tableau. Saint Joseph sourit à l'enfant, et lui fait une petite mine affectée, pleine de la grâce la plus parfaite. Cette idée est tout entière à Léonard. Il était bien loin de son siècle, de songer à mettre une figure gaie dans un sujet sacré ; et c'est en quoi il fut le précurseur du Corrège.

L'expression sublime de ce saint Joseph tempère la majesté du reste, et écarte toute idée de lourdeur et d'ennui. Cette tête singulière se retrouve souvent chez les imitateurs de Vinci ; par exemple, dans un tableau de Luini, au musée de Brera.

A côté du tableau de Léonard, on trouvait à l'Ermitage, en 1794, une *Sainte Famille* de Raphaël, contraste éclatant. Autant celle du peintre de Florence présente de majesté, de bonheur et de gaieté, autant celle de Raphaël a de grâce et de mélancolie touchante. Marie, figure de la première jeunesse, offre l'image la plus parfaite de la pureté de cet âge. Elle est absorbée dans ses pensées ; sa main gauche s'est éloignée insensiblement de son fils, qu'elle contenait sur ses genoux. Saint Joseph a les yeux fixés sur l'enfant avec l'expression de la tristesse la plus profonde. Jésus se retourne vers sa mère, et jette sur saint Joseph un dernier regard avec ces yeux qu'il fut donné d'exprimer au seul Raphaël. C'est une de ces scènes d'attendrissement silencieux que goûtent quelquefois les âmes tendres et pures que le ciel a voulu rapprocher un instant.

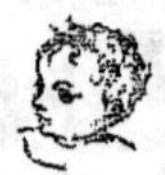

CHAPITRE LIX

LÉONARD ET RAPHAEL

Pour peu que l'on compare les récits que font les contemporains de l'âme noble, affectueuse, pleine de discernement, toujours désireuse de s'avancer vers la perfection qui anima ces deux lumières de l'art, on n'a pas de peine à rejeter toute idée d'imitation. L'un et l'autre tirait des divers effets de la nature, parmi lesquels ils choisissaient avec un génie semblable, des ouvrages qui paraissent sortir du même pinceau : mais, s'ils peuvent tromper l'œil exercé, ils ne tromperont jamais l'âme sensible.

Je mettrais parmi les ouvrages de Léonard qui rappellent le mieux le génie de Raphaël le portrait de Léonard lui-même à l'âge qu'il avait lors de son voyage à Rome[1]. Ce portrait, qu'un juste respect a placé sous verre, se voit à Florence, dans

1. Très bien gravé dans la collection de l'imprimeur Bettoni, à Padoue.

ces salles où le cardinal Léopold de Médicis recueillit les portraits des grands peintres faits par eux-mêmes. La force du style fait pâlir tous les portraits qui l'entourent. Telle est encore cette tête de jeune homme, que, dans une autre salle, l'on fait passer pour le portrait de Raphaël ; et enfin, pour finir par l'exemple le plus frappant, cette célèbre demi-figure de jeune religieuse dans la galerie Nicolini, dont je ne dirai rien, de peur de paraître exagéré aux personnes qui n'ont pas vu Florence. C'est un de ces tableaux qui impriment profondément l'amour de la peinture, et donnent la chaleur nécessaire pour dévorer vingt volumes de niaiseries.

Qui a vu Rome et ne se rappelle pas avec une douce émotion, au milieu de tant de souvenirs que laisse la ville éternelle, cette *Dispute de Jésus-Christ* à la galerie Doria, et ce portrait que l'on croit être de la belle reine Jeanne de Naples, la Marie-Stuart de l'Italie ; et ces deux figures du palais Barberini, où Léonard chercha à exprimer la vanité et la modestie ? On voit ce grand homme arrivant au sublime. Après avoir atteint toutes les parties matérielles de son art, il cherche à rendre les mouvements de l'âme. Les Romains font remarquer qu'aucun peintre n'a jamais pu faire de copie passable de ces deux figures.

Le Corrège a réuni la grâce de l'expression à celle du style. Léonard, dont le style était mélancolique et solennel[1], eut la grâce de l'expression presque au même point que le Corrège. Voyez, au palais Albani, cette *Madone* qui semble demander à son fils une belle tige de lis avec laquelle il joue. L'enfant, enchanté de sa fleur, semble la refuser à sa mère, et se penche en arrière : action charmante dans un jeune Dieu, et qui surpasse de bien loin tout ce que les bas-reliefs antiques de l'éducation de Jupiter par les nymphes du mont Ida offrent de plus gracieux.

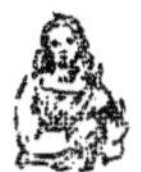

1. Voyez la *Vierge au Rocher*, au Musée de Paris, et *Saint-Georges*, à Dresde, ou celui de M. Frigeri, à Milan.

CHAPITRE LX

Je croirais que ces tableaux ont été faits pendant les divers séjours de Léonard à Florence, plutôt que pendant le peu de temps qu'il s'arrêta dans Rome. Dans l'état actuel de nos connaissances biographiques, ce serait imiter de trop près Winckelmann et les autres historiens de l'art antique que vouloir assigner l'époque de chacun d'eux. Il s'agit d'un homme qui fut grand de bonne heure, tenta sans cesse de nouvelles voies pour arriver à la perfection, et souvent laissa ses ouvrages à moitié terminés, lorsqu'il désespérait de les porter au sublime[1].

Nous pouvons répéter de Léonard ce que nous aurons à dire du Frate, du Corrège, et de tous les peintres qui ont excellé dans le clair-obscur.

Il donna au sculpteur Rustici le modèle des trois statues de bronze qui sont au dessus de la porte boréale du baptistère à Florence.

1. Par exemple, le grand tableau de la galerie de Florence.

Le cardinal Frédéric Borromée, le neveu du grand homme saint Charles, faisant la description du tableau qui est à Paris (nº 1033), et que Luini a peint sur le dessin de Vinci, dit que l'on conservait encore de son temps le modèle fait en terre par Léonard pour la figure de l'enfant. Lomazzo se glorifiait d'avoir dans son atelier une petite tête de Jésus, où il trouvait toute l'expression possible. Léonard disait souvent que ce n'est qu'en modelant que le peintre peut trouver la science des ombres.

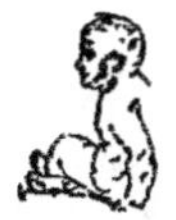

CHAPITRE LXI

ÉTUDES ANATOMIQUES DE LÉONARD

Les idées à la fois exactes et fines ne pouvaient être rendues par le langage du quinzième siècle. Pour peu que nous ne voulions pas raisonner comme un faiseur de prose poétique, nous sommes réduits à deviner.

Probablement Léonard approcha d'une partie de la science de l'homme, qui même aujourd'hui est encore vierge : la connaissance des faits qui lient intimement la science des passions, la science des idées, et la médecine. Le vulgaire des peintres ne considère dans les larmes qu'un signe de la douleur morale. Il faut voir que c'en est la marque *nécessaire*. C'est à reconnaître la nécessité de ce mouvement, c'est à suivre l'effet anatomique de la douleur, depuis le moment où une femme tendre reçoit la nouvelle de la mort de son amant jusqu'à celui où elle le pleure, c'est à voir bien nettement comment les diverses pièces de la machine humaine forcent les yeux à répandre des larmes, que Léonard s'appliqua. Le curieux qui a étudié la nature sous cet aspect voit souvent les autres peintres faire courir un homme sans lui faire remuer les jambes.

Je ne connais que deux écrivains qui aient approché franchement de la science attaquée par Léonard : Pinel et Cabanis [1]. Leurs ouvrages, pleins du génie d'Hippocrate, c'est-à-dire de faits et de conséquences bien déduites de ces faits, ont commencé la science. Les phrases de Zimmermann et des Allemands ne peuvent qu'en donner le goût.

Lorsque le bon curé Primerose [2] arrive au milieu de la nuit, après un long voyage, devant sa petite maison, et qu'au moment où il étend le bras pour frapper il l'aperçoit tout en feu, et les flammes sortant de toutes les fenêtres, c'est la physiologie qui apprend au peintre, comme au poète, que la terreur marque la face de l'homme par une pâleur générale, l'œil fixe, la bouche béante, une sensation de froid dans tout le corps, un relâchement des muscles de la face, souvent une interruption dans la chaîne des idées. Elle fait plus, elle donne

1. *Traité de la manie* et *Rapports du moral*. (Voir *Crichton*.) *An inquiry into the nature and origin of mental derangements*. Londres, 1798.
2. *The Vicar of Wakefield*.

le pourquoi et la liaison de chacun de ces phénomènes.

Un peintre a présenté Valentine de Milan pleurant son époux [1]. Il a réussi à toucher le public par la jolie devise : « *Plus ne m'est rien, rien ne m'est plus*, » par l'écusson des Visconti placé aux vitraux de la fenêtre [2], et par un chien fidèle. Assurément cela fait l'éloge de la sensibilité française.

Un peintre du quinzième siècle eût probablement négligé cette harmonie des convenances, présent fait aux arts par la moderne littérature. Mais, au lieu de faire un petit visage gris d'un pouce de proportion, qui n'est que l'accessoire du beau gothique de la voûte, il eût prêté une oreille attentive à la physiologie, qui lui disait :

« Le chagrin profond produit un sentiment de langueur générale, la chute des forces musculaires, la perte de l'appétit, la petitesse du pouls, le resserrement de la peau, la pâleur de la face, le froid des extrémités, une diminution très sensible dans la force du cœur et des artères, d'où vient un sentiment trompeur de plénitude, d'oppression, d'anxiété, une respiration laborieuse et lente qui entraîne les soupirs et les sanglots, et le regard presque farouche,

1. Exposition de 1812.
2. Dove dell' angue esce l'ignudo fanciullo.
L'Arioste

qui complète la profonde altération des traits. »

Suivant les préceptes pratiqués par Léonard pour le tableau de la *Cène*, le peintre italien eût pénétré dans les prisons et dans les loges de Bedlam. Il eût reconnu la vérité de ces traits caractéristiques. Ceux que son art ne peut rendre lui eussent aidé, en présence de la nature, à reconnaître les circonstances qu'il peut imiter. Enfin, après des études réfléchies, rempli d'une profonde connaissance de la *tristesse*, et ayant devant les yeux ce qu'il y avait de commun dans les traits de tous les malheureux qu'il avait observés, l'Italien aurait peint sa tête de Valentine sur le premier fond venu, sans songer à tout le parti que l'on peut tirer d'une corniche ; mais tout le monde comprend une corniche.

Voilà, ce me semble, le genre d'observation dont Léonard s'occupa toute sa vie ; mais il n'y avait que le même nom d'*anatomie* pour cette étude-ci, et la science des muscles où triompha Michel-Ange. Le peu de figures nues que Léonard a laissées prouve assez que la science des muscles fut pour lui sans attrait particulier. On conçoit facilement, au contraire, son goût dominant pour une étude qui tirait parti de toutes les observations que l'homme d'esprit avait faites dans le monde.

Un amour-propre délicat devait trouver des jouissances vives dans ce genre de découvertes. Leur évidence plaçait leur auteur bien au-dessus de tous les prétendus philosophes de son siècle, qui, follement partagés entre les chimères dePlaton et celles d'Aristote, changeaient de temps en temps d'absurdités, sans pour cela approcher davantage du vrai.

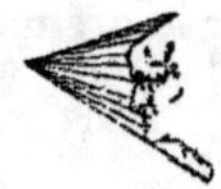

CHAPITRE LXII

IDÉOLOGIE DE LÉONARD

Depuis douze siècles, l'esprit humain languissait dans la barbarie. Tout à coup un jeune homme de dix-huit ans osa dire : « Je vais me mettre à ne rien croire de ce qu'on a écrit sur tout ce qui fait le sujet des discours des hommes. J'ouvrirai les yeux, je verrai les circonstances des faits, et n'ajouterai foi qu'à ce que j'aurai vu. Je recommande à mes disciples de ne pas croire en mes paroles. »

Voilà toute la gloire de Bacon, et, quoique le résultat auquel il arrive sur le *froid* et le *chaud*, qu'il prend avec quelque emphase pour exemple de sa manière de chercher la vérité, soit ridicule, l'histoire des idées de cet homme est l'histoire de l'esprit humain.

Or, cent ans avant Bacon[1], Léonard de Vinci avait écrit ce qui fait la grandeur de

1. Bacon, né en 1561, mort en 1626. — Vinci, né en 1452, mort en 1519.

Bacon ; son tort est de n'avoir pas imprimé[1]. Il dit :

« L'interprète des artifices de la nature, c'est l'expérience ; elle ne trompe jamais ; c'est notre jugement qui quelquefois se trompe lui-même.

« ... Il faut consulter l'expérience, et varier les circonstances jusqu'à ce que nous en ayons tiré des règles générales, *car c'est elle qui fournit les règles générales*[2].

« Les règles générales empêchent que nous ne nous abusions nous-mêmes, ou les autres, en nous promettant des résultats que nous ne saurions obtenir.

« Dans l'étude des sciences qui tiennent aux mathématiques, ceux qui ne consultent pas la nature, mais les auteurs, ne sont pas des enfants de la nature ; je dirai qu'ils n'en sont que les petits-fils. Elle seule, en effet, est le guide des vrais génies ; mais voyez la sottise ! on se moque d'un homme qui aime mieux apprendre de la nature elle-même que des auteurs qui ne sont que ses élèves. »

Ces idées ne sont point une bonne fortune due au hasard : Léonard y revient souvent. Il dit ailleurs :

1. Je corrige ici d'après l'exemplaire Doucet, car la première édition porte:« *de ne l'avoir pas imprimé.* » N. D. L. E.

2. Et non pas les axiomes, qui sont cause de la vérité des cas particuliers comme on le criait dans les écoles.

« Je vais traiter tel sujet. Mais, avant tout, je ferai quelques expériences, parce que mon dessein est de citer d'abord l'expérience, et de démontrer ensuite pourquoi les corps sont contraints d'agir de telle manière ; c'est la méthode qu'on doit observer dans la recherche des phénomènes de la nature. »

Si l'on trouve encore un peu d'embarras dans ses phrases, qu'on relise Bacon ; on verra que le Florentin est plus clair. La raison en est simple : l'Anglais avait commencé par lire Aristote ; l'Italien, par copier les visages ridicules qu'il rencontrait dans Florence.

Il y a dans Vinci beaucoup de ces vérités de détail, chose si rare chez le philosophe anglais [1].

1. En mécanique, Léonard connaissait : la théorie des forces appliquées obliquement aux bras du levier ; la résistance respective des poutres ; les lois du frottement données ensuite par Amontons ; l'influence du centre de gravité sur les corps en repos ou en mouvement ; plusieurs applications du principe des vitesses virtuelles ; il construisait des oiseaux qui s'envolaient, et des quadrupèdes qui marchaient sans aucun secours extérieur.

En optique,

Vinci a décrit avant Porta la chambre obscure ; il explique avant Maurolicus l'image du soleil dans un trou de forme anguleuse ; il connaît la perspective aérienne, la nature des ombres colorées, les mouvements de l'iris, la durée de l'impression visible.

En hydraulique,

Il connut tout ce que le célèbre Castelli publia un siècle après lui.

Léonard a dit vers 1510 : « Le feu détruit sans cesse l'air

Au quinzième siècle, les écrits des artistes sont beaucoup plus lisibles que ceux des grands littérateurs. Quand ces derniers sont supportables, c'est qu'ils ont fait pour leurs sujets ce que font aujourd'hui les gens qui veulent savoir l'histoire : regarder les Daniel, les Fleury, les d'Orléans, tout ce qui est imprimé avant 1790 comme non avenu, et voir les auteurs originaux.

Mais, dira-t-on, le *Traité de la peinture* de Léonard de Vinci ne prouve guère cet éloge. Je réponds : Lisez aussi les Traités de Bacon. Vinci veut quelquefois avoir de l'esprit, c'est-à-dire imiter les grands littérateurs de son temps. D'ailleurs, le *Traité de la peinture* est, comme les *Pensées* de Pascal, un extrait tiré des manuscrits du

qui le nourrit ; il se ferait du vide si d'autre air n'accourait pour le nourrir. Lorsque l'air n'est pas dans un état propre à recevoir la flamme, il n'y peut vivre ni flamme ni aucun animal terrestre ou aérien. En général, aucun animal ne peut vivre dans un endroit où la flamme ne vit pas. »

Cela est un peu supérieur à la définition du calorique donnée par Bacon*.

Dans les sciences physico-mathématiques, Léonard est aussi grand qu'en peinture.

Voir la brochure de Venturi (Duprat, 1797) ; et M. Ventur n'a déchiffré qu'une petite partie des manuscrits de Léonard de Vinci.

* « La forme ou l'essence de la chaleur est d'être un mouvement expansif, comprimé en partie, faisant effort, ayant lieu dans les parties moyennes du corps, ayant quelque tendance de bas en haut, point lent, mais vif et un peu impétueux. » (*Novum organum*, lib. II.)

grand homme, et par un ouvrier qui le perd de vue dès qu'il s'élève.

En 1630, cet extrait se trouvait à la bibliothèque Barberine, à Rome ; en 1640, le cavalier del Pozzo en obtint une copie, et le Poussin en dessina les figures. Le manuscrit du Pozzo fut la base de l'édition donnée par Raphaël Dufresne en 1651. Il existe encore avec les dessins du Poussin, dans la collection des livres de Chardin, à Paris. Entre autres omissions, le compilateur a laissé la comparaison de la peinture avec la sculpture. Quel sujet sous la plume de Léonard, s'il eût trouvé une langue pour exprimer ses idées !

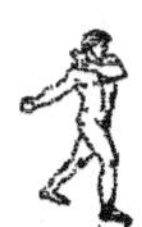

CHAPITRE LXIII

En 1515, François Ier succède à Louis XII, gagne la bataille de Marignan, et entre à Milan, où, sur-le-champ, nous trouvons Léonard.

La connaissance commença entre ces deux hommes aimables par un lion que Vinci exécuta à Pavie ; ce lion, marchant sans aide extérieur, s'avança jusque devant le fauteuil du roi, après quoi il ouvrit son sein, qui se trouva plein de bouquets de lis[1].

François Ier alla signer à Bologne le fameux concordat avec Léon X, et ces princes furent d'autant plus contents l'un de l'autre, que chacun sacrifia ce qui ne lui appartenait point. Il paraît que Léonard suivit le roi, et qu'il ne fut pas fâché de montrer au pape qu'il savait plaire aux gens de goût.

Bientôt après, François Ier parla de son retour en France. Léonard se voyait arrivé à l'âge où l'on cesse d'inventer ; l'attention de l'Italie était occupée par deux

1. Lomazzo, *Traité de la peinture*, liv. II, chap. I.

jeunes artistes dignes de leur gloire. Accoutumé dès longtemps à l'admiration exclusive d'une cour aimable, il accepta sans regret les propositions du roi, et quitta l'Italie pour n'y jamais rentrer, vers la fin de janvier 1516. Il avait soixante-quatre ans.

François Ier crut faire passer les Alpes au génie des arts en emmenant ce grand homme ; il lui donna le titre de peintre du roi, et une pension de sept cents écus. Du reste, c'est en vain qu'il le pria de peindre le carton de *Sainte Anne*, qu'il emportait avec lui. Léonard, loin du soleil d'Italie, ne voulut plus travailler aux choses qui veulent de l'enthousiasme. Tout au plus fit-il quelques plans pour des canaux dans les environs de Romorantin [1].

L'admiration tendre pour François Ier inspire une réflexion. L'énergie de la Ligue sème des grands hommes. Louis XIV naît en même temps qu'eux ; il a bien de la peine à comprendre leurs ouvrages [2]. Il est sans génie, il n'a pour âme que de la vanité [3], et l'on dit le *siècle de Louis XIV*. François Ier eut tout ce qui manquait à

1. En janvier 1518.
2. Corneille et la Fontaine ; car, pour peu qu'on ait d'usage en France on a l'intelligence du comique et la critique verbale.
3. On annonce à Louis XIV que la duchesse de Bourgogne vient de se blesser. (Saint-Simon, édition complète de Levrault.)

l'autre, et c'est Louis XIV qu'on appelle le protecteur des arts.

Tout ce que nous savons du séjour de Léonard en France, c'est qu'il habitait une maison royale appelée le Cloux, située à un quart de lieu d'Amboise.

En 1518, il songea à la religion [1].

Par son testament [2] il donne tous ses livres, instruments et dessins à François de Melzi ; il donne à Baptiste de Villanis, *suo servitore*, c'est-à-dire son domestique, la moitié de la vigne qu'il possède hors des murs de Milan, et l'autre moitié à Salaï, aussi *suo servitore*, le tout en récompense des bons et agréables services que lesdits de Villanis et Salaï lui ont rendus. Enfin, il laisse à de Villanis la propriété de l'eau qui lui avait été donnée par le roi Louis XII.

1. On ne peut faire de découvertes qu'autant que l'on raisonne de bonne foi avec soi-même. Léonard avait trop d'esprit pour admettre la religion de son siècle ; aussi, un passage de Vasari, supprimé dans la deuxième édition, dit-il : « Tanti furono i suoi capricci che filosofando delle cose naturali attese a intendere la propietà delle erbe, continuando ed osservando il moto del cielo, il corso della luna, e gli andamenti del sole. Per il che fece nell' animo un concetto si eretico che non si accostava a qualsivoglia religione, stimando, per avventura, assai più lo esser filosofo, che cristiano. »

Vasari ajoute qu'un an avant sa mort Vinci revint au papisme. Si l'on demande à l'histoire un portrait fidèle des choses, il faut entendre à demi-mot tout ce qui échappe contre le préjugé dominant.

2. Fait au Cloux, près d'Amboise, le 18 avril 1518.

CHAPITRE LXIV

Voici une lettre de F. Melzi aux frères de Léonard :

« Monsieur Julien et ses frères, très honorables, je vous crois informés de la mort de maître Léonard, votre frère, et mon excellent père ; il me serait impossible d'exprimer la douleur que j'ai sentie. Tant que mes membres me soutiendront ensemble, j'en garderai le triste souvenir. C'est un devoir, car il avait pour moi l'amitié la plus tendre, et il m'en donnait journellement des preuves. Tout le monde ici a été affligé de la mort d'un tel homme ....
.... Il sortit de la présente vie le 2 de mai, avec tous les sacrements de l'Eglise ; et, parce qu'il avait une lettre du roi très chrétien, qui l'autorisait à tester, il a fait un testament que je vous enverrai par une occasion sûre, celle de mon oncle, qui viendra me voir ici, et qui ensuite retournera à Milan... Léonard a dans les mains du camerlingue de Santa-Maria-Nuova... quatre cents écus au soleil,

lesquels ont été placés au cinq pour cent, il y aura six ans le 16 octobre prochain. Il possède aussi une ferme à Fiesole. Ces choses doivent être partagées entre vous, » etc., etc., etc.

La lettre est terminée par ces mots latins : « Dato in Ambrosia, die primo junii 1519. Faites-moi réponse par les Pondi tanquam fratri vestro.

« FRANCISCUS MENTIUS. »

Lorsque Melzi se rendit à Saint-Germain-en-Laye pour annoncer la mort de Léonard à François Ier, ce roi donna des larmes à la mémoire de ce grand peintre. Un roi pleurer !

CHAPITRE LXV

Telle fut la vie d'un des cinq ou six grands hommes qui ont traduit leur âme au public par les couleurs ; il fut aimé des étrangers comme de ses concitoyens, des simples particuliers comme des princes, avec lesquels il passa sa vie, admis à leur plus grande familiarité, et presque leur ami.

On ne vit peut-être jamais une telle réunion de génie et de grâces. Raphaël approcha de ce caractère par l'extrême douceur de son esprit et sa rare obligeance ; mais le peintre d'Urbin vécut davantage pour lui-même. Il voyait les grands quand il y était obligé. Vinci trouva du plaisir à vivre avec eux, et ils l'en récompensèrent en lui faisant passer sa vie dans une grande aisance.

Il manqua seulement à Léonard, pour être aussi grand par ses ouvrages que par son talent, de connaître une observation, mais qui appartient à une société plus avancée que celle du quinzième siècle. C'est qu'un homme ne peut courir la chance d'être grand qu'en sacrifiant sa vie entière à un seul genre ; ou plutôt, car connaître n'est rien, il lui manqua une passion profonde pour un art quelconque. Ce qu'il y a de singulier, c'est qu'il a été longtemps la seule objection contre cette maxime qui est aujourd'hui un lieu commun. De nos jours, Voltaire a présenté le même phénomène.

Léonard, après avoir perfectionné les canaux du Milanais, découvert la cause de la lumière cendrée de la lune et de la couleur bleue des ombres, modelé le cheval colossal de Milan, terminé son tableau de la *Cène* et ses Traités de peinture et de physique, put se croire le premier ingénieur, le premier astronome, le premier peintre, et le premier sculpteur de son siècle. Pendant quelques années, il fut réellement tout cela ; mais Raphaël, Galilée, Michel-Ange, parurent successivement, allèrent plus loin que lui, chacun dans sa partie ; et Léonard de Vinci, une des plus belles plantes dont puisse s'honorer l'espèce humaine, ne resta le premier dans aucun genre.

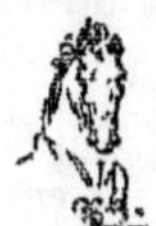

CHAPITRE LXVI

QUE DANS CE QUI PLAIT NOUS NE POUVONS ESTIMER QUE CE QUI NOUS PLAIT

Chez le Titien, la science du coloris consiste en une infinité de remarques sur l'effet des couleurs voisines, sur leurs plus fines différences, et en la pratique d'exécuter ces différences. Son œil exercé distingue dans un panier d'oranges vingt jaunes opposés qui laissent un souvenir distinct.

L'attention de Raphaël, négligeant les couleurs, ne voyait dans ces oranges que leurs contours, et les groupes plus ou moins gracieux qu'elles formaient entre elles. Or l'attention ne peut pas plus être à deux objets à la fois que ne pas courir au plus agréable. Dans une jeune femme allaitant son enfant, que ces deux grands peintres rencontraient au quartier de Transtevère en se promenant ensemble, l'un remarquait les contours des parties nues qui s'offraient à l'œil, l'autre les fraîches couleurs dont elles étaient parées.

Si Raphaël eût trouvé plus de plaisir aux beautés des couleurs qu'aux beautés des contours, il n'eût pas remarqué ceux-ci de préférence. En voyant le choix contraire du Titien, il fallait, ou que Raphaël fût un froid philosophe, ou qu'il se dît : « C'est un homme d'un extrême talent, mais qui se trompe sur la plus grande vérité de la peinture : l'art de faire plaisir au spectateur. » Car, si Raphaël eût cru son opinion fausse, il en eût changé.

Le simple amateur qui n'a pas consacré quinze heures de chacune de ses journées à observer ou reproduire les beaux contours admire davantage le Titien. Son admiration n'est point troublée par cette observation importune que le Vénitien se trompe sur le grand but de la peinture.

Seulement, comme l'amateur n'a pas sur le coloris les deux ou trois cents idées de Raphaël, dont chacune se termine par un acte d'admiration envers le Titien, en ce sens il admire un peu moins le peintre de Venise.

Beaucoup des idées du Titien étaient inintelligibles à Raphaël, si l'on doit le nom d'idées à cet instinct inéclairci qui conduit les grands hommes.

Au milieu de cette immense variété que la nature offre aux regards de l'homme, il ne remarque à la longue que les aspects qui sont analogues à sa manière de chercher le bonheur. Gray ne voit que les scènes imposantes ; Marivaux, que les points de vue fins et singuliers. Tout le reste est ennuyeux. L'artiste médiocre est celui qui ne sent vivement ni le bonheur ni le malheur, ou qui ne les trouve que dans les choses communes, ou qui ne les trouve pas dans les objets de la nature, dont l'imitation fait son art.

Un bizarre château de nuages sous le ciel embrasé de Pœstum, une mère donnant le bras à son fils, jeune soldat blessé, tandis qu'un petit enfant s'attache à sa redingote d'uniforme pour ne pas tomber sur le pavé glissant de Paris, absorbe pendant huit jours l'attention du véritable artiste. Ce groupe marchant péniblement lui fait découvrir dans son âme deux ou trois des grandes vérités de l'art.

On peut devenir artiste en prenant les règles dans les livres, et non dans son cœur. C'est le malheur de notre siècle qu'il y ait des recueils de ces règles. Aussi loin qu'elles s'étendent, aussi loin va le talent des peintres du jour. Mais les règles boiteuses ne peuvent suivre les élans du génie.

Bien plus comme elles sont fondées sur la somme[1] du goût de tous les hommes,

1. Mathématiques. En faisant la somme, les quantités affectées de signes différents se détruisent ; la vivacité

leur principe se refuse à favoriser le degré d'originalité inhérent à chaque talent. De là tant de ces tableaux qui embarrassent les jeunes amateurs aux expositions, ils ne savent qu'y blâmer ; y blâmer, serait inventer.

Le comble de l'abomination, c'est que ces artistes perroquets font respecter leurs oracles comme s'ils partaient directement de l'observation de la nature.

La Harpe a appris la littérature à cent mille Français, dont il a fait de mauvais juges, et étouffé deux ou trois hommes de génie, surtout dans la province.

Le talent vrai, comme le Vismara, papillon des Indes, prend la couleur de la plante sur laquelle il vit ; moi, qui me nourris des mêmes anecdotes, des mêmes jugements, des mêmes aspects de la nature, comment ne pas jouir de ce talent qui me donne l'extrait de ce que j'aime ?

En 1793, les officiers prussiens de la garnison de Colberg avaient une table économique que quelques pauvres émigrés se trouvaient tout aises de partager ; ils remarquaient un jour un vieux major de hussards tout couvert d'antiques balafres, reçues jadis dans la guerre de sept ans

provençale est détruite par la froideur picarde : il ne faut donc être ni chaud ni froid.

et à moitié cachées par d'énormes moustaches grises.

La conversation s'engagea sur les duels. Un jeune cornette à la figure grossière et au ton tranchant se mit à pérorer sur un sujet dont parler est si ridicule. « Et vous, monsieur le major, combien avez-vous eu de duels ? — Aucun, grâce au ciel ! répond le vieux hussard avec sa voix prudente. J'ai quatorze blessures, et, grâce à Dieu, elles ne sont pas au dos ; ainsi je puis dire que je me tiens heureux de n'avoir jamais eu de duel. — Pardieu ! vous en aurez un avec moi ! » s'écrie le cornette en s'allongeant de tout son corps pour lui donner un soufflet. Mais la main sacrilège ne toucha pas les vieilles moustaches.

Le major, tout troublé, se prenait à la table pour se lever, quand un cri unanime se fait entendre : *Stehen Sie ruhig, Herr Major*[1] ! Tous les officiers présents saisissent le cornette, le jettent par la fenêtre, et l'on se remet à table comme si de rien n'était. Les yeux humides de larmes peignaient l'enthousiasme.

Ce trait est fort bien, les officiers émigrés l'approuvèrent ; mais il ne leur serait pas venu.

Dans les insultes, le Français se dit :

1. Ne bougez, monsieur le major.

« Voyons comment il s'en tirera. » L'Allemand, plus disposé à l'enthousiasme, compte plus sur le secours de tous. Le vaniteux Français s'isole rapidement. Toute l'attention est profondément rappelée au *moi*. Il n'y a plus de sympathie [1].

Qu'importent ces détails fatigants, et dont Quintilien ne parle pas ? Blair et la Harpe veulent jeter au même moule les plaisirs de ces deux peuples.

Quelquefois l'enthousiasme de Schiller nous semble niais. L'honneur français, au delà du Rhin, paraît égoïste, méchant, desséchant.

Le véritable Allemand est un grand corps blond; d'une apparence indolente. Les évènements figurés par l'imagination, et susceptibles de donner une impression attendrissante, avec mélange de noblesse produite par le *rang* des personnages en action, sont la vraie pâture de son cœur : comme ce titre que je viens de rencontrer sur un piano [2] :

Six valses favorites de l'impératrice d'Autriche Marie-Louise, jouées à son entrée à Presbourg par la garde impériale [3].

Quand la musique donne du plaisir à

1. C'est que nos plus grands périls sont de vanité.
2. 21 juin 1813, à Sagan.
3. Une correction de l'exemplaire Doucet modifie ainsi

un Allemand, sa pantomime naturelle serait de devenir encore plus immobile. Loin de là, ses mouvements passionnés, faits extrêmement vite, ont l'air de l'exercice à la prussienne. Il est impossible de ne pas rire [1].

La pudeur de l'attendrissement manque au dur Germain, et il voit des monstres dans les personnages de Crébillon fils.

Vous voyez le mécanisme de l'impossibilité qui sépare Gray de Marivaux : ceci porte sur une différence non pas morale, mais physique. Que dire à un homme qui, par une expérience de tous les jours, et mille fois répétée, préfère les asperges aux petits pois ?

Quelle excellente source de comique pour la postérité ! les la Harpe et les gens de goût français, régentant les nations du haut de leur chaire, et prononçant hardiment des arrêts dédaigneux sur leurs goûts divers, tandis qu'en effet ils ignorent les premiers principes de la science de l'homme [2]. De là l'inanité des disputes sur Racine

ce texte : « *Six valses favorites de l'Impératrice des Français Marie-Louise, jouées à son entrée à Mayence par la garde impériale.* » N. D. L. E.

1. Le jeune Allemand veut être gracieux, et ce qu'il fait dans cette vue le rend déplaisant.

2. Or tu chi se', che vuoi sedere a scranna,
Per giudicar da lungi mille miglia,
Colla veduta corta d' una spanna?

DANTE.

et Shakspeare, sur Rubens et Raphaël. On peut tout au plus s'enquérir, en faisant un travail de savant, du plus ou moins grand nombre d'hommes qui suivent la bannière de l'auteur de *Macbeth*, ou de l'auteur d'*Iphigénie.* Si le savant a le génie de Montesquieu, il pourra dire : « Le climat tempéré et la monarchie font naître des admirateurs pour Racine. L'orageuse liberté et les climats extrêmes produisent des enthousiastes à Shakspeare. » Mais Racine ne plût-il qu'à un seul homme, tout le reste de l'univers fût-il pour le peintre d'*Othello*, l'univers entier serait ridicule s'il venait dire à cet homme, par la voix d'un petit pédant vaniteux : « Prenez garde, mon ami, vous vous trompez, vous donnez dans le mauvais goût : vous aimez mieux les petits pois que les asperges, tandis que *moi* j'aime mieux les asperges que les petits pois. »

La préférence dégagée de tout jugement accessoire, et réduite à la pure sensation, est inattaquable.

Les bons livres sur les arts ne sont pas les recueils d'arrêts à la La Harpe ; mais ceux qui, jetant la lumière sur les profondeurs du cœur humain, mettent à ma portée des beautés que mon âme est faite pour sentir, mais qui, faute d'instruction, ne pouvaient traverser mon esprit.

De là un tableau de génie, et par conséquent original, doit avoir moins d'admirateurs qu'un tableau légèrement au-dessus de la médiocrité [1]. Il lui manquera d'abord les amateurs à *goût appris*. L'extraordinaire ne se voit guère sur les bancs de l'Athénée. Les professeurs nous façonnent à admirer *Mustapha et Zéangir* ou l'*Essai sur l'homme;* mais ils seront toujours choqués d'*Hudibras* ou de *Don Quichotte :* les génies naturels sont des roturiers dont la fortune, à la cour, scandalise toujours les véritables grands seigneurs [2].

Si je prends mes exemples dans les belles-lettres, c'est que la peinture n'est pas encore asservie à la dictature d'un La Harpe ; c'est encore, grâce au ciel, un gouvernement libéral, où celui qui a raison a raison.

Il était impossible qu'un homme froid comme Mengs ne détestât pas le Tintoret [3].

1. Voilà en quoi l'Italie avait un goût si excellent. L'Albane ne l'emportait pas sur le Dominiquin ; si Paris était à la hauteur de Bologne, MM. Girodet et Prudhon seraient millionnaires.

2. Le genre comique nécessite plus d'esprit ; il peut moins se construire d'après les règles, comme un maçon bâtit un mur sur le plan tracé de l'architecte ; aussi est-il en disgrâce auprès des sots. Ils aiment le genre grave, et pour cause. Les écrivains qui comptent sur cette classe de lecteurs le savent bien. Voyez la grande colère de MM. Chat*** et Schle*** sur le pauvre genre comique.

3. Car, si le Tintoret est un grand peintre, Mengs ne l'est plus.

On se souvient encore à Rome de ses *sorties* à ce sujet, ce qui ne veut pas dire que l'amateur qui ne peut admirer les ouvrages de Mengs comme Mengs lui-même ne voie avec plaisir la furie du Vénitien. Le peintre saxon, avec une philosophie plus froide, ou une tête plus forte, eût supputé le nombre d'amateurs auxquels il avait vu admirer le Tintoret et le Corrège. Il eût dit vrai pour la plupart des hommes en écrivant : « Le Tintoret est un excellent peintre du second ordre, excellent surtout parce qu'il est original. »

Mais la vérité d'un tel jugement, évidente pour l'esprit de Mengs, n'aurait pu changer son cœur. Le temps que l'homme froid met à voir ces sortes de vérités, le génie ardent l'emploie à préparer ses succès.

Nous autres gens de Paris, congelés par la crainte du ridicule, bien plus que par les brouillards de la Seine, nous disons : « Cela est infiniment sage, » si nous rencontrons dans le monde un artiste indulgent pour l'artiste qui prend une route opposée. Mais un certain bon sens et l'enthousiasme[1] ne se marient pas plus que le soleil et la glace, la liberté et un conquérant, Hume et le Tasse.

1. L'enthousiasme avec lequel on fait de grandes choses porte sur la connaissance parfaite d'un petit nombre de vérités mais sur une ignorance totale de l'*importance* de ces vérités.

Le véritable artiste au cœur énergique et agissant est essentiellement non tolérant. Avec la puissance, il serait affreux despote. Moi, qui ne suis pas artiste, si j'avais le pouvoir suprême, je ne sais pas trop si je ne ferais pas brûler la galerie du Luxembourg, qui corrompt le goût de tant de Français.

La duchesse de la Ferté disait à madame de Staal : « Il faut l'avouer, ma chère amie, je ne trouve que moi qui aie toujours raison. »

Plus l'on aura de génie naturel et d'originalité, plus sera évidente la profonde justesse de cette saillie. On réplique :

> Si l'eau courbe un bâton, ma raison le redresse.
> LA FONTAINE.

Oui, mais si la raison fait voir, elle empêche d'agir[1], et il est question de gens qui agissent. Les Napoléon fondent les empires, et les Washington les organisent.

La paresse nous force à nous préférer. Pour qu'une idée nouvelle soit intelligible, il faut qu'elle rapproche des circonstances que nous avions déjà remarquées sans les lier. Un philosophe me tire par la manche :

1. Rien n'est digne de tout l'effort qu'on met à l'obtenir.

« Bossuet, me dit-il, était un hypocrite plein de talent, dont l'orgueil trouvait un plaisir délicieux à ravaler en face de ce puissant Louis XIV toutes les grandeurs dont il était si vain. » Je suppose cette idée vraie et nouvelle pour le lecteur ; il la comprend, parce qu'il se rappelle mille traits des oraisons funèbres, le génie hautain de Bossuet, sa jalousie contre Fénelon, et son agent à Rome.

Si cette idée ne rapprochait pas des circonstances déjà remarquées, elle serait aussi inintelligible que celle-ci : le cosinus de quarante-cinq degrés est égal au sinus, que deux mois de géométrie rendent palpable.

On admire la supériorité d'autrui dans un genre dont on conteste la supériorité ; mais vouloir faire sincèrement reconnaître à un être humain la supériorité d'un autre dans un genre dont il ne puisse contester la suprême utilité, c'est lui demander de cesser d'être soi-même, ce que personne ne peut demander à personne ; c'est vouloir que la courbe touche l'asymptote [1].

Tant que vous ne demandez à votre ami que le second rang après lui, il vous l'accorde, et vous estime. A force de mérite et

1. Un traité d'idéologie est une insolence. Vous croyez donc que je ne raisonne pas bien.

d'actions parlantes voulez-vous aller plus loin ? un beau jour vous trouvez un ennemi. Rien de moins absurde que de faire quelquefois des sottises bien absurdes.

Je conclus que, dans les autres, nous ne pouvons estimer que nous-mêmes : heureuse conclusion qui m'empêche d'être tourmenté de tant de jugements contradictoires que je vois les grands hommes porter les uns sur les autres. Désormais les jugements des artistes sur les ouvrages de leurs rivaux ne seront pour moi que des commentaires de leur propre style.

FIN DU LIV. III ET DU TOME I

APPENDICE

TABLE CHRONOLOGIQUE

DES ARTISTES LES PLUS CÉLÈBRES

PEINTRES ET DESSINATEURS	SCULPTEURS ET GRAVEURS
IXe SIÈCLE AVANT JÉSUS-CHRIST	
	895. Dibutade, Grec, mort en 895.
VIIIe SIÈCLE AVANT JÉSUS-CHRIST	
765. Ludius, Grec.	
VIIe SIÈCLE AVANT JÉSUS-CHRIST	
654. Cléophante, Grec.	
VIe SIÈCLE AVANT JÉSUS-CHRIST	
	590. Turianus, d'Étrurie. 568. Dipaenus, Grec. 569. Scyllis, Grec. 560. Mnésarque, graveur, Grec. 538. Bupale, Grec. 539. Antermus, Grec.
Ve SIÈCLE AVANT JÉSUS-CHRIST	
480. Agatharque, Grec. 457. Panaeus, Grec. 439. Apollodore, Grec. 424. Damophile, Grec.	487. Téléphanès, Grec. 453. Sophroniscus, Grec. 445. PHIDIAS, Grec. 444. Alcamène, Grec.

PEINTRES ET DESSINATEURS	SCULPTEURS ET GRAVEURS
423. Gorgasus, Grec.	430. Scopas, Grec.
422. POLIGNOTE, Grec.	410. Myron, Grec.
420. Timarète, Grecque.	
420. PARRHASIUS, Grec.	
400. Micon, Grec.	

IVe SIÈCLE AVANT JÉSUS-CHRIST

PEINTRES ET DESSINATEURS	SCULPTEURS ET GRAVEURS
380. ZEUXIS, Grec.	390. Socrate, Grec.
360. Pamphile, Grec.	355. Briaxis, Grec.
352. Pausias, Grec.	354. Timothée, Grec.
350. Timanthe, Grec.	353. Léocharès, Grec.
331. Antiphile, Grec.	352. Echion, Grec.
330. APELLE, Grec.	351. Thérimachus, Grec.
329. Melantius, Grec.	350. Lysippe, Grec.
328. Amphion, Grec.	340. PRAXITÈLE, Grec.
327. Asclépiodore, Grec.	329. Céphisodote, Grec.
320. PROTOGÈNE, Grec.	327. Lysistrate, Grec.
303. Nicias, Grec.	326. Eutycrate, Grec.
300. Aristide, Grec.	325. Pyrgotelès, Grec.

IIIe SIÈCLE AVANT JÉSUS-CHRIST

PEINTRES ET DESSINATEURS	SCULPTEURS ET GRAVEURS
269. Fabius Pictor.	289. Charès, Grec.
	232. Polyclète, Grec.

IIe SIÈCLE AVANT JÉSUS-CHRIST

PEINTRES ET DESSINATEURS	SCULPTEURS ET GRAVEURS
111. Euphranor, Grec.	176. Euphranor, Grec.

Ier SIÈCLE AVANT JÉSUS-CHRIST

PEINTRES ET DESSINATEURS	SCULPTEURS ET GRAVEURS
61. Timomaque, Grec.	72. Arcésilaüs, Grec.
	70. Posis, Romain.
	57. Praxitèle, grav. et sculpt., Romain.
	23. Diogène, Grec.

Ier SIÈCLE DEPUIS JÉSUS-CHRIST

PEINTRES ET DESSINATEURS	SCULPTEURS ET GRAVEURS
	14. Dioscoride, graveur, Grec.
	15. Apollonide, graveur, Grec.
	17. Solon, graveur, Grec.
	18. Cronius, graveur, Grec.
	40. Archélaüs, Grec.
	66. Zénodore, Gaulois.
	76. Agésandre, Grec.

PEINTRES ET DESSINATEURS	SCULPTEURS ET GRAVEURS
	77. Polydore, Grec. 78. Athénodore, Grec.
IIe SIÈCLE DEPUIS JÉSUS-CHRIST	
	138. Maxalas, graveur, Grec.
XIIIe SIÈCLE DEPUIS JÉSUS-CHRIST	
294. Taffi (André), Ital. 300. Cimabué, Ital.	
XIVe SIÈCLE DEPUIS JÉSUS-CHRIST	
312. Gaddo Gaddi, Ital. 340. Lorenzetti (Ambrozio), Ital. 350. Gaddi (Taddeo), Ital. 389. Pisani (André), Ital.	1360. Calendario (Phil.), Italien 1389. Pisano (André), Italien.
XVe SIÈCLE DEPUIS JÉSUS-CHRIST	
426. Eyck (Hub. Van), Flamand 427. Eyck (Jean Van) ou Bruges (J. de), Flamand. 433. Antoine de Messine, Ital. 443. Francesca (Pietro della), Ital. 488. Verrochio (André), Ital.	1466. Donato, dit le Donatello, Italien.
XVIe SIÈCLE DEPUIS JÉSUS-CHRIST	
501. Bellin (Gentil), Ital. 511. Giorgion (le), Ital. 512. Bellin (Jean), Ital. 517. Mantegna (André), Ital. 518. VINCI (Léonard de), Ital. 518. Francia (François), Ital. 520. RAPHAEL (d'Urbin), Ital. 521. Cosimo (Pietro), Ital. 524. Pérugin (Pierre), Ital. 527. Maturino, Ital. 528. Durer (Albert), Allemand. 529. Matsys (Quintin, Mesius), Flamand. 530. ANDRÉ DEL SARTO, Ital. 533. Lucas de Leyde, Holland. 534. CORRÈGE (Le), Italien	1526. Propertia de Rossi, Italien. 1528. Rustici (Jean-Franç.), Ital. 1540. Marc-Antoine, Italien. 1546. Valerio Vincentini, Ital. 1548. Nassaro (Math. del), Ital. 1551. Caraglio (J.-J.), Italien. 1552. Anichini (Louis), Italien. 1555. Bernardi (Jean), Italien. 1570. Cellini (Benvenuto), Ital. 1572. Goujon (Jean), Français. 1574. Ponce (Paul), Italien. 1578. Cort (Corneille), Holl. 1589. Birague (Clément), Italien. 1590. Pilon (Germain), Franç. 1590. Vico (Enée), Italien. 1598. Bry (Théod. de), Flamand.

PEINTRES ET DESSINATEURS	*SCULPTEURS ET GRAVEURS*
1540. Pordenone (J.-A. Licinio de), Italien.	
1540. Parmesan (Le), Italien.	
1541. Rosso (Le), maître Roux, It.	
1543. Caravage (Polidore de), It.	
1546. Romain (Jules), Italien.	
1547. Buonacorsi ou Perrin del Vaga, Italien.	
1554. Holbein (Jean), Allemand-Suisse.	
1560. Abbate (Nicolo del), Ital.	
1561. Pordenone le jeune (Jules Licinio de), Italien.	
1563. Salviati (le Rossi ou Franc.), Italien.	
1564. MICHEL-ANGE BUONARROTI, Italien.	
1564. Udine (Jean de), Italien.	
1566. Zuccharo (Thadée), Ital.	
1570. Primatice (Franc.), Italien.	
1570. Floris (Franz), Flamand.	
1574. Hesmekerk, Hollandais.	
1576. TITIEN (Le), Italien.	
1582. Schiavone, Italien	
1585. Cangiasi ou Cambiasi (Lucas), Italien.	
1588. VERONESE (Paul), Italien.	
1589. Cousin (Jean), Français.	
1590. Vargas (Louis de), Espag.	
1590. Muziano (Jérôme), Ital.	
1592. Tibaldi (Pelegrino), Ital.	
1592. Bassan (Le), Italien.	
1592. Sophonisbe de Crémone, Italien.	
1594. Tintoret (Le), Italien.	
1594. Schwartz (Christ.), Allem.	

XVIIe SIÈCLE DEPUIS JÉSUS-CHRIST

1606. Farinato (P.), Italien.	1606. Bologne (Jean de), Italien
1607. Vermander (Ch.), Flam.	1612. Thomassin (Phil), Franç
1612. Baroche (Frédéric), Italien.	1620. Sadeler (Gilles), Belge.
1613. Civoli (Louis), Italien.	1630. Gonnelli (Jean), Italien.
1617. Paduanino (Francesco), It.	1635. Callot (Jacques), Franç.
1618. CARRACHE-ANNIBAL.	1639. Vosterman (Lucas), Holl

PEINTRES ET DESSINATEURS

1619. Calvart (Denis), Flamand.
1619. Freminet (Martin), Franç.
1622. Porbus (Fr.), Flamand.
1624. Feti (Dominique), Italien.
1629. Bril (Paul), Flamand.
1629. Paggi (J.-J.), Italien.
1630. Carlone (Jean), Italien.
1630. Tempesta (Antoine), Ital.
1630. Gonelli (Jean), Italien.
1631. Scorza-Sinibaldo, Italien.
1632. Valentin, Français.
1634. Venius-Otto, Hollandais.
1635. Callot (Jacques), Français.
1637. Romboutz (Théod.), Flam.
1648. Blanchart (Jacq.), Franç.
1640. RUBENS (Pierre-Paul), Fl.
1640. Baur ou Bawr (Guill.). All.
1640. Arpino (Jos. Ces. d'), Ital.
1641. LE DOMINIQUIN, Italien.
1641. VAN-DYCK (Ant.), Flam.
1641. Vouet (Simon), Français.
1641. LE GUIDE, Italien.
1642. Breughel (Jean), Flamand.
1645. Toutin (Jean), peintre en émail, Français.
1647. Lanfranc (Jean), Italien.
1647. Blomaert (Abraham), Holl.
1647. Dobson (Guill.), Anglais.
1650. Pierre (François du), Fr.
1654. Légers (Gérard et Daniel), Flamands.
1654. Poter (Paul), Hollandais.
1655. LE SUEUR (Eustache), Fr.
1655. Pierre (Guillaume du), Fr.
1655. Testelin (Louis), Français.
1656. Hire (Laurent de la), Fr.
1656. Espagnolet (L'), Espagnol.
1657. Stella (Jacques), Français.
1657. Snyders (François), Flam.
1658. Metzu (Gabriel), Holl.
1660. Van-Huden (Lucas), Holl.
1660. Albane (L'), Italien.
1660. Poelemburg (Corn.), Holl.
1660. Michel-Ange-des-Batailles, Italien.

SCULPTEURS ET GRAVEURS

1644. Quesnoy (Fr. le), Flamand.
1648. Villamène (François), Ital.
1654. Algardi (Alexandre), Ital.
1658. Guillain (Simon), Français
1660. Sarazin (Jacques), Franç.
1660. Bosse (Abraham), Franç.
1667. Lasne (Michel), Français.
1668. Obstal (Gerard van), Holl.
1671. Silvestre (Israël), Franç.
1674. Marsy (Balthasar), Franç.
1676. Chauveau (François), Fr.
1678. Ballin (Claude), Français.
1678. Nanteuil (Rob.), Français.
1680. Bernini ou Bernin (Jean-Laurent), It.
1681. Marsy (Gaspard), Flamand.
1686. Anguier (Michel), Franç.
1690. Hongre (Etienne de), Fr.
1693. Poilly (François), Franç.
1694. Desjardins (Martin Bogaert), Flamand.
1699. Anguier (François), Franç.
1699. Roullet (Jean-Louis), Fr.
1700. Zumbo (Gaëtan-Jules).

PEINTRES ET DESSINATEURS	SCULPTEURS ET GRAVEURS
1660. Cavedone (Jacques), Ital.	
1660. Metelli (Augustin), Italien.	
1660. Bréenberg (Barthol.), Holl.	
1660. Veenix (J.-B.), Holland.	
1660. VELASQUEZ (Diego de), Esp.	
1661. Sacchi (André), Italien.	
1663. Dorigny (Michel), Franç.	
1664. Miel (Jean), Flamand.	
1665. POUSSIN (Nicolas), Franç.	
1665. Dufresnoy (Ch.-Alph.), Fr.	
1666. Daniel de Volterre.	
1667. LE GUERCHIN, Italien.	
1668. Wouvermans (Phil), Holl.	
1670. Benedette (Benoît Castiglione le), Italien.	
1670. Veronese (Alex), Italien.	
1671. Bourdon (Sébast.), Franç.	
1673. Rosa (Salvator), Italien.	
1673. Schurman (Anne-Marie de) Hollandaise.	
1673. Fiori (Mario di), Italien.	
1674. Boulongne (Louis), Fr.	
1674. Champagne (Phil), Flam.	
1674. REMBRANDT (Paul), Holl.	
1675. Diepenbeck (Abrah.), Fl.	
1675. Fèvre (Cl. le), Français.	
1676. Chauveau (François), Fr.	
1678. Nanteuil (Rob.), Français.	
1678. Jordaens (Jacq.), Flam.	
1678. Dujardin (Karel), Holl.	
1680. Grimaldi (Jean-François), surnommé le Bolognese, Italien.	
1680. Dow (Gérard), Hollandais.	
1680. Lely (Pierre), All.-Anglais.	
1681. Mieris (François), Holl.	
1681. Terburg (Girard), Holl.	
1682. Gelée (Claude-Lorrain), Fr.	
1683. Sandrart (Joachim), All.	
1683. Berghem (Nicolas), Holl.	
1684. Coquès-Gonzalès, Esp.	
1684. Robert (Nicolas), Franç.	
1685. MURILLO (Barthél.), Esp.	
1685. Van-Ostade (Adrien), All.	
1686. Dolci (Charles), Italien.	

PEINTRES ET DESSINATEURS

1687. Nestcher (Gasp.), Allem.
1688. Mellan (Claude), dessinateur, Français.
1689. Ciro-Ferri, Italien.
1690. Brun (Charles le), Franç.
1690. Vander-Meulen (Ant.-Fr.), Flamand.
1691 Slingeland (Jean-Pierre), Hollandais.
1691. Petitot (Jean), Genevois.
1693. Rousseau (Jacq.), Franç.
1694. Teniers (David), Flamand.
1695. Félibien (And.), écrivain français.
1695. Mignard (Pierre), Franç.
1699. Preti (Mathias), surnommé le Calabrais, Italien.

SCULPTEURS ET GRAVEURS

XVIIIe SIÈCLE DEPUIS JÉSUS-CHRIST

PEINTRES ET DESSINATEURS

1704. Parrocel (Joseph), Franç.
1705. Jordans (Lucas), Italien.
1707. Coypel (Noël), Français.
1709. Piles (Roger de), écrivain français.
1711. Chéron (Elisabeth-Sophie), Française.
1712. Vender-Heyden(Jean), Hol.
1713. Maratte (Carle), Italien.
1716. Fosse (Charles de la), Fr.
1717. Jouvenet (Jean), Français.
1717. Boullongne (Bon.), Franç.
1717. Merian (Marie-Sibylle), All.
1717. Santerre (J.-B.), Français.
1721. Watteau (Ant.), Français.
1722. Coypel (Ant.), Français.
1723. Kneller (Godefroy), All.
1724. Lutti (Benedetto), Italien.
1730. Troy (Franc. de), Franç.
1733. Boullongne (Louis), Fr.
1733. Picart (Bernard), dessinateur, Français.
1734. Raoux (Jean), Français.
1734. Thornhill (Jacq.), Anglais.
1735. Rivalz (Ant.), Français.

SCULPTEURS ET GRAVEURS

1703. Smith (Jean), Anglais.
1703. Audran (Gérard), Français.
1707. Edelinck (Gérard), Franç.
1713. Théodon (Jean-Bapt.), Fr.
1714. Clerc (Sébast. le), Franç.
1715. Girardon (François), Fr.
1720. Coysevox (Antoine), Fr.
1721. Picart (Etienne), Holl.
1725. Reisen (Ch. Christ.), Ang.
1728. Simonneau (Charles), Fr.
1733. Picart (Bernard), Franç.
1733. Coustou (Nicol.), Franç.
1733. Clève (Joseph Van), Franç.
1737. Sirlet (Flavius), Français.
1739. Drevet (Pierre fils), Franç.
1741. Thomassin (Henri-Simon), Français.
1743. Lorrain (Robert le), Franç.
1743. Becker (Phil.-Christ.), All.
1744. Pautre (Pierre le), Franç.
1744. Frémin (René-Franç.), Esp.
1746. Barrier (Franç.-Julien), Fr.
1748. Germain (Thomas), Fr.
1749. Tardieu (Nicol.-Henri), Fr.
1754. Vinache (Jean-Joseph), Fr.

PEINTRES ET DESSINATEURS

1735. Vivien (Jos.), Français.
1735. Ranc (Jean), Français.
1736. Hallé (Cl.-Guy), Français.
1737. Moine (Franç. le), Franç.
1739. Bianchi (Pierre), Italien.
1743. Arlaud(Jacq.-Ant.), Genev.
1743. Rigaud (Hyacinthe), Fr.
1743. Desportes (François), Fr.
1745. Vanloo (Jean-Baptiste), Fr.
1746. Largillière (Nic.), Franç.
1747. Crespi (Jos.-Mar.), Italien.
1749. Subleyras (Pierre), Fr.
1749. Vanhuysum (Jean), Holl.
1752. Troy (Jean-Franç. de), Fr.
1752. Parrocel (Charles), Fr.
1754. Cases (P.-Jacq.), Français.
1754. Piazetta (J.-Bap.), Italien.
1755. Oudry (J.-Bap.), Franç.
1757. Carriera (Rosa-Alba), Ital.
1760. Sylvestre (Louis), Franç.
1761. Galloche (Louis), Franç.
1761. Hogarth (Guill.), Anglais.
1763. Verdussen (J.-Pierre), Fr.
1765. Vanloo (Carle), Français.
1766. Servandoni (J.-J.), Italien.
1766. Nattier (Jean-Marc), Fr.
1767. Massé (J.-B.), Français.
1768. Restaut (Jean), Français.
1770. Boucher (François), Fr.
1771. Vanloo (Louis-Michel), Fr.
1779. Mengs (Ant.-Raphaël), All.
1786. Watelet (Cl.-Henri), Fr.
1789. Vernet (Joseph), Français.
1792. Reynolds (Josué), Anglais.

SCULPTEURS ET GRAVEURS

1754. Cochin (Ch.-Nicolas père), Français.
1755. Lépicié (Bernard), Fr.
1757. Duchange (Gaspard), Fr.
1759. Dassier (J.-Ant.), Genev.
1759. Adam (Lambert-Sigisbert), Français.
1761. Duvivier (Jean), Français
1763. Slodtz (René-Michel), Fr.
1764. Dacier (Jean), Français.
1765. Balechou (J.-J.), Fr.
1769. François (Jean.-Ch.), Fr.
1775. Schmidt (George-Frédéric), Prussien.
1777. Coustou (Guill.), Français.
1778. Piranési (Jean-Bapt.), Ital.
1784. Lépicié (Nic.-Bernard), Fr.
1785. Pigalle (Jean-Bapt.), Fr.
1790. Cochin (Ch.-Nicolas fils), F.

XIXe SIÈCLE DEPUIS JÉSUS-CHRIST

1805. Greuze (J.-B.), Français.
1806. Barry (Jacques), Anglais.
1807. Vien, Français.
1807. Opie, Anglais.
1816. Bossi (Giuseppe), Milanais.

1809. Masquelier (Nic.-Fr.-Jos. Français.
1810. Chaudet, Français.

ARTISTES VIVANTS

Canova (Antonio), marquis d'Ischia, né en 1757 à Possagno, près de Trévise.
Appiani (André), peintre, né à Bosisio, dans le Milanais, vers 1750.
Morghen-Raphaël, graveur à Florence.
Longhi, graveur à Milan.
Cammucini, peintre à Rome.
Landi, *idem* à Rome.
Thorwalsen, sculpteur danois, à Rome.
Garavaglia, graveur à Milan.
Anderloni, *id.*
Raffaelli, mosaïste à Milan.
Sabatelli, peintre et dessinateur, *id.*
Demeulemeester, dessinateur et graveur, à Rome.
Mets, dessinateur, à Rome.
David, peintre français.
Girodet, *id.*
Guérin, *id.*
Gros, *id.*
Gérard, *id.*
Prudhon, *id.*
Isabey, peintre en miniature.
Bervic, graveur.
Ponce, *id.*
Desnoyers, *id.*
Massard.
West, peintre à Londres.
Westall, *id.*
Woollett, graveur, à Londres.
Bartolozzi, graveur, en Portugal.
Sanquirico, Landriani, Fuentès, Perego, peintres de décorations à Milan.
Benvenuti, peintre, à Florence.

COMPOSITEURS CÉLÈBRES

Pergolese	né en 1704	mort en 1733
Cimarosa	1754	1801
Mozart	1756	1792
Durante	1693	1755
Leo	1694	1745
Vinci	1705	1732

Hasse	né en 1705	mort en 1783
Haendel	1684	1759
Galuppi	1703	1785
Jomelli	1714	1774
Porpora	1685	1767
Benda	1714	1790
Piccini	1728	1800
Sacchini	1735	1786
Paisiello	1741	1816
Guglielmi	1727	1804
Anfossi	1736	1775
Sarti	1730	1802
Traetta	1738	1779
Ch. Bach	1735	1782
Haydn	1732	1809

COMPOSITEURS VIVANTS

Rossini, né à Pezaro en 1783.
Mayer, né en 1765.
Zingarelli, né en 1752.
Paër.
Beethoven.

LISTE DES GRANDS PEINTRES

Je sais ce que je perds à sortir du vague. Je prête le flanc aux critiques amères des gens qui *savent* la peinture, et aux critiques respectables des gens qui sentent autrement. Je n'écris pas pour eux ; c'est pour toi seulement, noble Wilhelmine. Tu n'es plus et j'ose invoquer ton nom ! Mais peut-être ton petit appartement dans le monastère, au milieu de la forêt, est-il échu en partage à quelque âme semblable à la tienne. Combien tu étais inconnue ! Que de jours j'ai passé près de toi ! Tu n'étais que la plus belle et la plus silencieuse des femmes ! Le ciel si sévère envers moi m'a privé d'une consolation à tous mes malheurs, en ne permettant pas que je pusse lire avec toi cet ouvrage entrepris pour tâcher de t'oublier. Je placerai du moins ici la liste que je t'envoyais pour guider ton attention parmi cette foule de grands artistes dont le nombre t'effrayait.

CINQ ÉCOLES

ÉCOLE DE FLORENCE

MICHEL-ANGE (1474-1563).
LÉONARD, chef de l'école lombarde (1452-1519)
2. Le FRATE.
2. ANDRÉ DEL SARTO.
3. Daniel de VOLTERRE.
4. Le BRONZINO.
4. PONTORMO.
4. Le ROSSO.
4. Le CIGOLI.
CIMABUE.
GIOTTO.
MASACCIO.
GHIRLANDAJO.
LIPPI.
} Intérêt historique.
VASARI, écrivain.

ÉCOLE ROMAINE

RAPHAEL ((1483-1520).
2. JULES ROMAIN.
2. Le POUSSIN.
3. Le FATTORE.
3. PERINO DEL VAGA.
3. SALVATOR ROSA.
3. Le LORRAIN.
3. Gaspard POUSSIN.
3. Polydore de CARRAVAGE.
3. Michel-Ange de CARRAVAGE.
3. Le GAROFALO.
4. Frédéric ZUCCARI.
4. Pierre PERRUGIN.
5. RAFFAELLINO da Reggio.
5. Le cavalier d'ARPIN.
2. Le BAROCHE.

4. Andréa SACHI.
4. Carle MARATTE.
3. PIERRE de CORTONE.
3. Rapaphël MENGS.
6. BATTONI.

ÉCOLE LOMBARDE

LÉONARD de Vinci.

Imitateurs de Léonard à Milan

3. LUINI (Bernardino).
4. CESARE DA SESTO.
4. SALAÏ.
3. GAUDENZIO FERRARI.
4. MARCO D'OGGIONO; duquel les meilleures copies de la *Cène*.
5. Le MORAZZONE.
4. Le MANTÈGNE, probablement le maître du Corrège (1430-1506).

Le CORRÈGE (1494-1534).

3. Le PARMIGIANINO.
4. Daniel CRESPI.
4. Camille PROCACCINI.
4. Hercule PROCACCINI.
5. Jules CÉSAR-PROCACCINI.
6. LOMAZZO, écrivain.

ÉCOLE VÉNITIENNE

GIORGION, mort d'amour en 1511, à trente-quatre ans Morto da Feltre, un de ses élèves, lui avait enlevé sa maîtresse.

Le TITIEN (1477-1576).

2. Paul VERONÈSE.
2. Le TINTORET.
2. Jasques BASSAN.
3. PARIS-BORDONE.
3. Sébastien Fra del PIOMBO.
4. PALMA vecchio.
4. PALMA giovine.
4. Le MORETTO.
4. Jean D'UDINE.
4. Le PADOVANINO.
5. Le LIBERI.
6. Les deux BELLIN, maîtres du Giorgion et du Titien.

ÉCOLE DE BOLOGNE

Annibal CARRACHE.
Guido RENI (1575-1642).
Le DOMINIQUIN (1586-1614).
Le GUERCHIN (1590-1666).
2. Louis CARRACHE.
2. AUGUSTIN CARRACHE.
2. L'ALBANE (1578-1660).
2. LANFRANC, le peintre de coupoles (1581-1647).
3. Simon CANTARINI, detto il Pesarèse, mort jeune.
4. TIARINI.
4. Lionello SPADA.
4. Lorenzo GARBIERI.
4. Le CAVEDONE.
4. Le CIGNANI.
5. Le PRIMATICE.
5. Élisabeth CIRANI.
5. BAGNACAVALLO.
5. FRANCIA.
5. INNOCENZO DA IMOLA.
5. MELOZZO.
5. Dosso DOSSI.
5. LE BONONE.

Un ami me donna les listes qui précèdent; j'y ai mis des numéros en parcourant l'Italie et le musée de Dresde; je n'en mis point à ces noms dont le rang changeait à mes yeux comme les dispositions de mon âme.

NOTE POUR LA PAGE 133

L'éditeur aurait mis un carton, s'il n'avait trouvé dans le *Gentlemen Magazine* d'avril 1817, page 365, la bulle que N. S. P. le pape a adressée, le 29 juin 1816, au primat de Pologne.

Les lignes suivantes sont assez remarquables :

« Horruimus sane vaferrimum inventum, quo vel ipsa religionis fundamenta labefactantur; adhibitisque in consilium...... vener. fratr. N. S. R. E. cardinalibus, quænam pontificiæ auctoritatis remedia *ad eam pestem*, quoad fieri posset curandam delendamque opportuniora futura sint..... cum tua jam sponte exarseris ad impias novatorum machinationes detegendas et oppugnandas..... experimento autem manifestum esse, e sacris Scripturis, quæ vulgari lingua edantur, plus detrimenti quam utilitatis oriri ob hominum temeritatem, etc... etc... »

TABLE
DU PREMIER VOLUME

LIVRE PREMIER

ECOLE DE FLORENCE

RENAISSANCE ET PREMIERS PROGRÈS DES ARTS VERS L'AN 1300

LIVRE SECOND

ECOLE DE FLORENCE

PERFECTIONNEMENT DE LA PEINTURE DE GIOTTO A LÉONARD DE VINCI, DE 1349 A 1466

LIVRE TROISIÈME

Ecole de Florence

VIE DE LÉONARD DE VINCI

DES PRÉFÉRENCES

FIN DE LA TABLE DU PREMIER VOLUME

www.ingramcontent.com/pod-product-compliance
Lightning Source LLC
LaVergne TN
LVHW020602110826
845149LV00002B/356

* 9 7 8 2 3 2 9 1 7 5 0 7 2 *